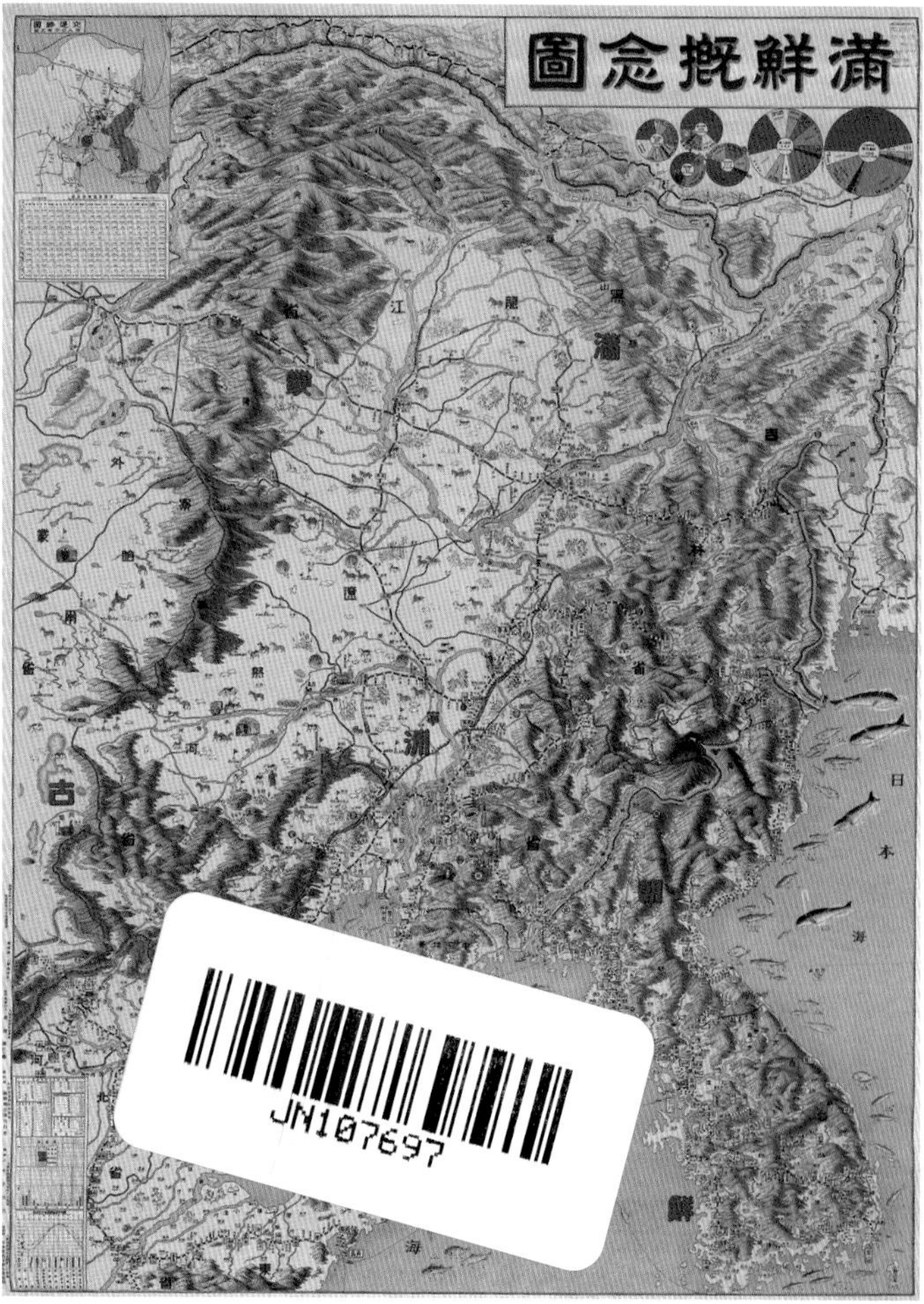

満鮮概念図。1930(昭和５)年、満鮮概念図刊行会

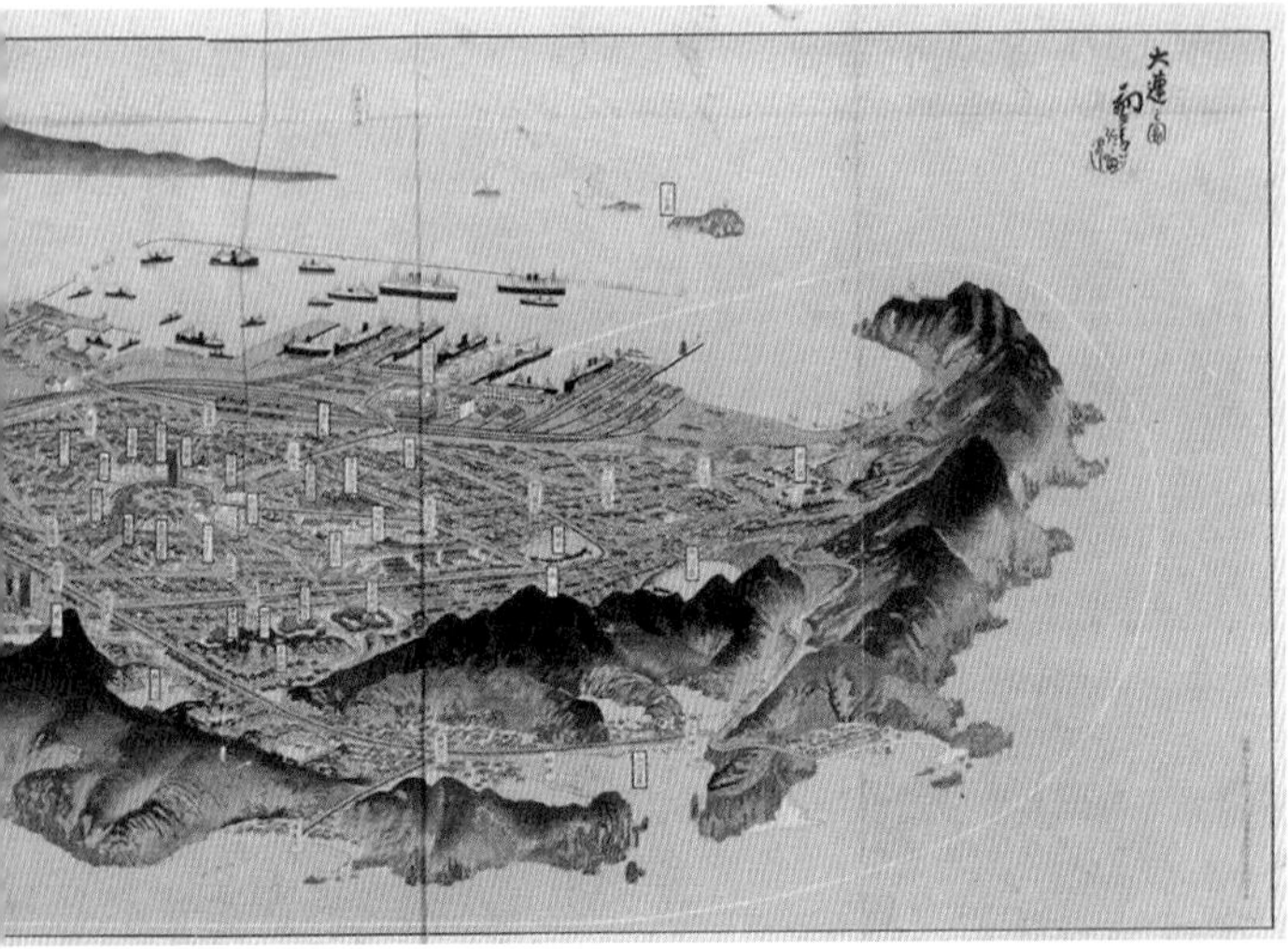

ハルピン観光案内。1939(昭和14)年、哈爾濱交通株式会社

奉天の観光案内。1936(昭和11)年、奉天交通株式会社

満蒙の交通産業案内「大連之図」。
吉田初三郎筆

炭都撫順案内。1940(昭和15)年、奉天交通株式会社

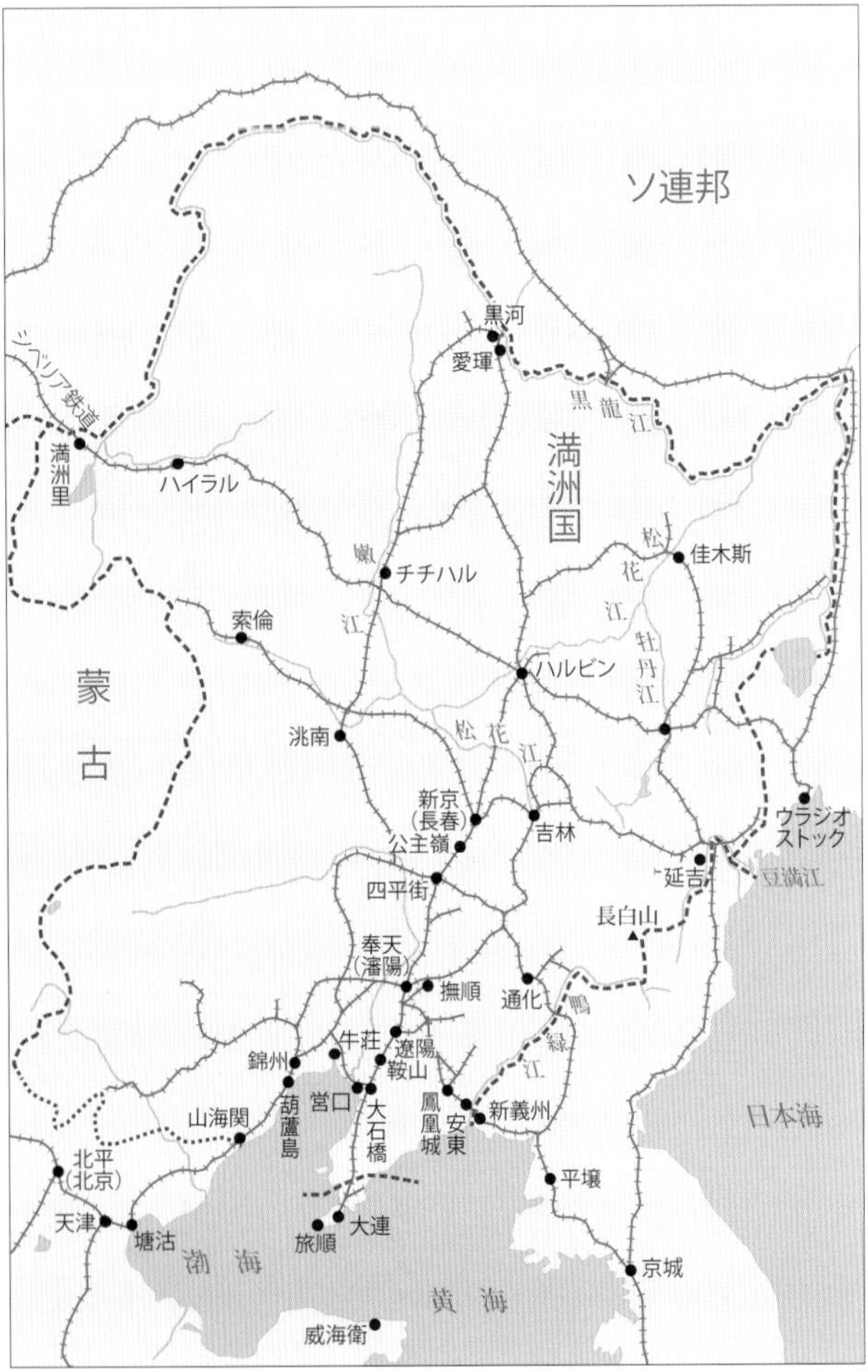
ソ連邦
黒河
愛琿
シベリア鉄道
黒龍江
満洲国
満洲里
ハイラル
嫩江
チチハル
松花江
佳木斯
牡丹江
索倫
蒙古
ハルビン
洮南
新京
(長春)
公主嶺
吉林
ウラジオストック
延吉
豆満江
四平街
長白山
奉天
(瀋陽)
撫順
通化
鴨緑江
牛荘
遼陽
鞍山
錦州
葫蘆島
営口
大石橋
鳳凰城
安東
新義州
山海関
北平
(北京)
天津
塘沽
旅順
大連
平壌
京城
日本海
渤海
黄海
威海衛

満洲国参考図

平凡社新書
967

満洲国
交錯するナショナリズム

鈴木貞美
SUZUKI SADAMI

HEIBONSHA

満洲国●目次

編集協力＝今井章博

凡例

＊本書では、原則として、作品のタイトルをふくめ、引用文の旧漢字・旧仮名遣いを新漢字・新かなづかいに改めた。引用文の漢字を平仮名に変えることはしない。ただし、詩・歌・句は底本に従う。

＊人名には適宜ルビをふった。「満洲国」の地名には、馴染みのない読者のためにカタカナ表記を多く用いた。

＊出版物（新聞、雑誌、書籍）のタイトルには『　』を用いた。

＊不適切な差別用語をふくんでいても、当時の文献は、そのまま引用した。

＊本文中の西洋人名の原綴、中国人名のピンインは巻末の索引に委ねる。

序章　いま、なぜ、「満洲国」か

1 「満洲国」の葬式と再評価

ポスト植民地主義の流れに

第二次世界大戦後、中国現代文学研究に活躍した竹内好《よしみ》は、一九六三年、「満州国研究の意義」のなかで、次のように述べた。

「満州国」は、一九四五年にみずから解体宣言を発した。しかし「満州国」をでっちあげた日本国家は、「満州国」の葬式を出していない。口をぬぐって知らん顔をしている。これは歴史および理性に対する背信行為だ。

また、こうも書いている。

……残念なことに、国家が意識的に忘却政策を採用し、学者がそれに便乗して研究をさぼっているために、満州国に関する知識の集積がさまたげられている。われわれのような小さなグループの力をもってしては、史料の収集だけでも思うにまかせない。*1

日本の国家が、かつての植民地「満洲国」の問題を振り返ろうとしないことを告発し、その研究の困難さを訴えている。いま読むと隔世の感がある。

ちょうどそのころ、かつての宗主国が旧植民地でとった政策と、それが第二次世界大戦後にもさまざまに響いていることについて、問題が提起されはじめていた。それは、ポスト植民地主義《コロニアリズム》と呼ばれる思想のうねりを生み出し、「満洲国」についての研究も、二一世紀に入るころには、国内だけでなく、中国、台湾、韓国、アメリカ等諸外国に及びはじめた。

日本では、二〇〇一年一一月、国立公文書館アジア歴史資料センターが開設され、明治期から第二次世界大戦末期までの関係文書をウェブで公開している。そしていま、満洲論は、一種のブームといわれるほど活況を呈している。

先の竹内好の告発に、先駆的な意義を認めてよいだろう。竹内好がそこで、日本の戦前の植民地政策の責任を問うたのは、一九六〇年に日米安保条約が改定された後だった。敗戦で一度、死んだ日本帝国主義は、アメリカ国防省のリードで「逆コース」を辿り、岸信介ら戦前・戦中期の政策の担い手たちを復権させていた。岸信介は、建国五年後の「満洲国」に乗り込み、一九三七年四月から重化学工業化を中心とする産業開発五ヵ年計画の実施をリードした人だった。一九三九年一〇月に帰国し、商工次官を務め、四一年秋からは東條英機内閣の商工大臣を務め、対米英戦争を閣僚として支えた。その人が首相となり、冷たい

岸信介

世界戦争をソ連と繰り広げているアメリカと手を組み、アジアに新たな秩序を形づくったのである。

　第二次世界大戦後、国際的につくられた新しい秩序は、かつてとは異なり、旧植民地の独立を認め、経済的に進出するやり方だった。「新植民地主義」と呼ばれた。たとえばアルジェリア独立運動の過程で、フランツ・ファノンはチュニジアとモロッコが独立を認められ、新たなフランスの秩序に組み込まれてゆくことに対して、鋭くノンを突きつけ、黒い肌の被抑圧民族が白い肌の文化に取り込まれることなく、自らの歴史を歩みはじめることを「脱植民地主義」と呼んだ。「第三世界」に民族独立の大きなうねりが生まれていた。

　竹内好が、かつて「満洲国」を独立国として「でっちあげた」旧宗主国・日本に、その葬式を出す責任があると訴えたのも、むべなるかな、という思いがしないではない。岸信介は、国論を二分した日米安保条約を改定後、引退し、かつて彼が率いた満洲産業開発五ヵ年計画が「ソ連のまね」だったことを重々承知で取り組んだことを明らかにした（『岸信介の回想』文藝春秋、一九八一）。岸信介が「昭和の妖怪」と称されたのも故なしとしない。

　だが、竹内は、ただ「満洲国」の葬式をいっただけではなかった。先の「満州国研究の意義」のなかで、「満洲国」に「多くの理想とエネルギイが投入されたのだから、そのすべてを無益にしたくない」「ある部分については復権を考えてみる必要がある」ともいっていた。ここで理想というのは、しばしばいわれる「五族協和」ないしは「民族協和」というスローガンのことだろう。竹内好は、それ以前、「近代の超克」（一九五九）で、「あの戦争」、つまり日中戦争から「大東亜戦争」にかけては、帝国主義侵略戦争であると同時に「アジア解放」の側面もあったと論じていた。「満洲国」の「民族協和」のスローガンが「大東亜共栄圏」構想に繋がったと見ていたのだろう。[*2] 歴史的な経緯として、それがのち、「東亜共同体」論へ、そして「共栄圏」に向かったことはたしかだが、それは、しかし、日中戦争の泥沼化や第二次世界大戦のヨーロッパ・ステージの開幕など、国際関係の屈曲に満ちた再編が条件としてはたらいてのことである。

「民族協和」は、そもそも、実のところ「満洲国」を独立国として「でっちあげる」ために不可欠なスローガンだった。それに情熱とエネルギーを注ぎこんだ人々がいたこともたしかである。だが、それは、はたして復権すべき価値があるものか、どうか。その内実に踏み込んで考えることも、われわれに求められていよう。

いま、世界的なポスト・コロニアリズムの流れは、歴史学が生活文化に向かう傾向（フランス・アナール派やイギリス・ケンブリッジ大学歴史学科に発するカルチュラル・スタディーズ）とあいまって、多彩と詳細を極め、むしろ「満洲国」の文化の多様性、複雑性に関心が集まっている。それには、一九三二年三月一日に建国宣言したが、僅か一三年半で終焉したこと、記録や記憶が比較的辿りやすくなってきたことも手伝っているだろう。

その流れは、とくに「民族協和」のスローガンと種々雑多な民族が雑居した状態を多文化共存主義（multiculturalism）の先駆けと見、そこにはらまれた多種多様な問題にアプローチする姿勢を見せている。「五族協和」のスローガンを多民族主義の先駆とする見解を、一九九〇年代にアメリカ西海岸のシンポジウムで提出したコリアン系アメリカ人の女性研究者がいた。彼女は日本でも祖父母ら家族の写真を見せながらファミリー・ヒストリーをレクチュアしてくれた。

「満洲国」は、政治的ないし経済的混乱を逃れて、亡命する人々を受け入れつづけた。なかには、メイドや洗濯屋、美容師まで連れて渡った裕福な人々もいた。朝鮮族に類する人々もいた。日本が支配する朝鮮半島より、「五族協和」の旗を掲げる「満洲国」の方が生活しやすかったことは想像に難くない。

ナチス・ドイツがユダヤ系の差別に出たときも、日本の五相会議（総理・陸海相・外務・大蔵）は、彼らの資本力を利用するために積極的に受け入れることを決定していた（河豚《ふぐ》計画、一九三八年）。それは必ずしも計画どおりには行かなかったが、シベリア鉄道および「満洲国」を経由して、北米に逃れたユダヤ人がかなりいたことはたしかである。「満洲国」の崩壊後、亡命者の多くもアメリカに移住した。彼らは子供や孫たちに「満洲国」は、まるで当代の「楽園」だったと語ってきかせた。それを聴いて育った人々が集まってシンポジウムを開き、「満洲国」は多文化主義の先駆地と評されたのである。むろん、それは、亡命することができた、ごく限られた人々のファミリー・ヒストリーである。その陰で、亡命もままならず、どれだけの人々が差別を受け、また貧困に喘ぎ、命を落としていったことか。そして、そのシンポジウムは、北米で多文化主義が盛んに論じられていた時期のことである。つまり、歴史的事象の評価は、評価する側の、そのときどきの立場や価値観に左右されがちだ。

そのようなさまざまな立場は、北米の研究者たちの動向を映した玉野井麻利子編『満洲——交錯する歴史』（山本武利監訳、藤原書店、二〇〇八）にも垣間見える。[*3]そしてそこには、長く「満洲国」と植民地・朝鮮、戦後の韓国の関連を問いつづけ、シカゴ大学で社会学の博士号をとったソクジョン・ハン（韓国名、韓錫政）の論考「植民者を模倣する人々——満洲国から韓国への統制国家の遺産」（小林聡明訳）も収められている。

巨大な実験室

ソクジョン・ハンの論考は、次のような大胆な提言にはじまっている。

……満洲国を傀儡《かいらい》国家とみなすことは、満洲国の多面的な性格を明らかにするのに大きな妨げとなっている。日本にとって満洲国の建設は、台湾と朝鮮を植民地化するよりも、はるかに複雑なことであった。さらに満洲国は、さまざまな近代化の試みにとって巨大な実験室でもあった。

そして「満洲国」では、どれほど多くの祭日や記念日が国民の習慣をつくりだしたかが説かれてゆく。たとえば満洲事変時に犠牲になった人々を祀る忠霊塔が一九三五年四月、新京（長春）に建てられ、招魂祭がものものしく執り行われた。その後も、何かにつけて国家のシンボルとされ、パレードなどの出発点や終着点にされていた。とくに日中戦争勃発後、さまざまな慰霊祭が頻繁に執り行われ、それらのモニュメントや記念日が「興亜」のシンボルになっていったことも説かれてゆく。これは、かなりの人々が気づいていながら、正面からとりあげなかったテーマだった。それについて、ソクジョン・ハンは「満洲国の日本人支配者は、ある意味で儒教という戦略を用いて地方の中国人地主階級の忠誠心を得ていたのである」という。鋭く正確な立論である。

「満洲国」の建国宣言には、たしかに、礼教（儒教と同義だが、道徳秩序や祭礼面を表に立てる）を国教とするとうたわれていた。それは愛新覚羅溥儀《あいしんかくらふぎ》を担いだ旧清朝帝政派の人々のリードによるもので、関東軍はそれを承認した関係である。それについては本書〔第二章3節〕で明らかにするが、ソクジョン・ハンの提言のとおり、「満洲国」の傀儡性を暴き立てている限り、その点に届かない。建国宣言は、関東軍が「でっちあげた」ものとばかり信じて疑わない人々がいかに多いことか。

ソクジョン・ハンは、なぜ、それをいうのか。彼は、儒学を国民統制の道具とすることを、満洲国軍の副官として反共産活動に活躍した朴正熙《パクチョンヒ》が第二次世界大戦後の韓国で、いかに応用したかを明らかにしてゆく。その「満洲国」の経験は、朱子学が李氏朝鮮時代に沁《し》み込んだ文化基盤に支えられ、第二次世界大戦を越えて、韓国で復活した。つまり、一九六〇年代半ばから七〇年代を通して韓国に高度経済成長を現出させた朴正熙政権は、いわば「満洲国」の亡霊に守られていたのだった。

この論考の示唆する射程は広い。彼は「満洲国」で九月一八日が「満洲事変記念日」と制定されたことにもふれているが、それは台湾でも制定され、その日には防災訓練が行われていたことが日本語新聞の記事をまとめた台湾の研究者のリポートにあったと記憶する。

そもそも満洲は日露戦争で戦場になったところである。いまも旅順の白玉山の頂きに立つ塔は、もと「表忠塔」と呼ばれ、大連を訪れる日本人は必ずといってよいほど、お参りしていた。今日でも変わらないかもしれない。他方、中華民国政府も一九二〇年代、革命の犠牲者を記念する烈士の碑を盛んに立てた。国家に尽くした犠牲者の慰霊碑が競いあって建てられた時代だった。

一九三七年、吉林市の南東部、第二松花江《スンガリー》をせきとめて造られた豊満ダムの東岸にも慰霊塔が建っていた。過酷な条件で酷使され、飢えと寒さで死んでいった苦力《クーリー》と呼ばれる中国人の肉体労働者たちが埋葬されていた。当時、「東洋一」とうたわれたダム建設が国家事業だったからこそ、それは建てられた。鉱山や都市開発など、「満洲国」内の至るところに土木工事現場は数限りなく広がっていた。「満洲国」の近代化は、数多くの漢族・朝鮮族の血と汗のうえに成り立っていたことを、その塔は、よく語っていた。

先の竹内好「満州国研究の意義」にもタイトルが登場するが、同じ一九六三年、星野直樹『見果てぬ夢——満州国外史』（ダイヤモンド社、非売品）が刊行されていた。星野は建国間もない新国家に財政官僚として乗り込み、その建設過程をその立場からよく把握していた。その最後近く、「豊満ダム建設の思い出」に一章を割き、日本人技術官僚たちの奮闘ぶりを書いている。発電所は、アメリカから買いつけた発電機で運転をはじめたが、フル稼働には遠く及ばないうちに敗戦を迎えた。ドイツから買いつけた発電機は、一九四一年四月、日ソ中立条約が結ばれて間もない時期、シベリア鉄道を経由して運びこまれたものの、倉庫に眠ったままだった。一度はソ連軍に接収されたが、やがて中華人民共和国に戻されたという。

豊満ダムは、その後も長く付近一帯に灌漑用水・水道・電気を供給してきた。が、老朽化が激しく、二〇一九年に解体された。跡地には記念館が建てられ、公園になると伝えられているが、慰霊塔は残されるのだろうか。

そう、先のソクジョン・ハンの提言のとおり「日本にとって満洲国の建設は、台湾と朝鮮を植民地化するより、はるかに複雑なことであった」。戦争と革命に彩られた二〇世紀前半の国際政治のなかで、一つの新国家を組織するという「壮大な実験」のもつ歴史的な意味をあらためて問いなおしてみたい。

そして、「満洲国」と台湾や朝鮮の植民地化との根本的なちがいも確認したい。なぜなら、今日、ポスト・コロニアリズムの流行は、租借《そしゃく》地や租界なども均《ひとし》並みに「植民地」と一括し、そこに生活した人々を植民者《コロン》と被抑圧者に二分して考える傾向（本質還元主義）を強くしている。そして、支配に「抵抗」する側にも、そこに生きている以上、体制に「協力」する一面がある、などと公式のようにいわれてもいる。公式で割り切る限り、政策もイデオロギーも、民族のほかにも国家や階級、職分などがあることも忘れられてしまう。それでは「複雑な歴史」に向きあえない。

「傀儡」と規定してすますことも同じである[*4]。たとえば星野直樹『見果てぬ夢——満洲国外史』は、溥儀について、「非常に聡明な、むしろ気が付きすぎるくらいの人だった。なかんずく日本、ことに皇室との関係については、意を用いること深く、つねに最高の敬意を表することと怠らなかった」と述べている。国務総理大臣を務めていた時期の張景恵《ちょうけいけい》についても「実に面白い、大きな人物」「正式の学問はしていないが、まことに知恵のある人」「政治家としては、実に恵まれた天分をもったひとであった」と評し、彼らの人品について、どちらも「ロボット」などと評することは、とうていできないと述べている。*5

むろん、それは星野が実際に接した限りでの印象であり、彼の立場からの見方である。が、そこで星野が書いているように、張景恵は、日系も「満洲国人」として働くことを国是として「満洲国」は成り立ったという信念を保持しつづけていたし、日中戦争に心を痛めていたのもまちがいなかろう。溥儀についても、その立場と思想に、少しでも踏み込んでみれば、歴史はまたちがう相貌を見せてくれるだろう。

当時の事情に分け入れば分け入るほど、侵略や搾取、差別という概念で割り切るだけではすまないことが立ち現れる。しばしば日系と満系官吏の給与の差が二倍ないし三倍ほどあったと語られる。いわゆる「外地手当」が官吏や一流企業には、五割から一〇割ついており、それは「満洲国」に限ったことではない。欧米の外務でも商社でも、それに準じた手当がついていただろうし、今日でも条件は異なるが、その種の調整はある。それによって現地人のメイド（女中）などを雇い入れれば、労働分配になる。それとは別だが、当時の開拓移民にも苦力を雇って耕作させる人たちがかなりいた。差別は厳然としてあった。だが、それを今日の日本の国内基準で額面どおり受けとると、本質還元主義に似た単純な錯誤に陥ることもあろう。「満洲国」の「見果てぬ夢」の欠片《かけら》を拾い集め、「民族協和」や「近代化の実験」の様相を明らかにすること、今日までの歴史の展開を踏まえ、それらの意味を絶えず、問い返してゆくこと、そこにこそ本書の企図がある。

2 「でっちあげ」史観を問いなおす

時代離れした大芝居

たとえば、広い知見に立ち、古代からの東洋史の展開を論じてきた宮崎市定は、その『中国史』（下）（岩波全書、一九七八、岩波文庫、二〇一五）において、満洲事変から「満洲帝国」の建設に至る大局を、次のように論じている。第一次世界大戦に協商国側に立って参戦し、勢力範囲を拡大した日本は、戦後、アメリカに権益拡大の道を塞がれ（ワシントン体制）、かつ「中国人民及び外国資本家による排日運動によって商権が脅かされる立場にあった」。そして一九二九年の「アメリカの株式大暴落に続く世界経済の大不況が各国の保護貿易化の傾向を招く」なかで、「勢力範囲を設定しようとすればするほど排日運動の激化を招く」しかなく、「いよいよ中国における既得権に固執せざるをえなくなり」（……）「最後の奥の手を出して武力発動に踏み切り、張学良軍を追い出して全満を占領した（一九三一年）、そのあと天津に蟄居中の宣統廃帝溥儀を連れ出して執政とし、やがて皇帝に即《つ》かせ、満洲帝国を造るという、時代離れのした大芝居をうった（康徳元年＝一九三四年）」[*6]と。

突き離して見れば、一九三〇年代に至って、皇帝を担いだ新国家を建設するなど、まったく時代の趨勢にそぐわないものだった。中国では、一九一一年、辛亥革命で清朝皇帝溥儀を退位させた袁世凱《えんせいがい》が、一九一五年に帝政を復活させ、自ら皇帝を名のり、革命勢力から総スカンを食って、翌年、失意のうちに病歿した。また第一次世界大戦に敗戦したオーストリア＝ハンガリー帝国は分裂・崩壊の道を辿るしかなかった。だが、この「大芝居」は、日本が当初から筋書きを描いて、演出したものではなかった。ここに「でっちあげ」史観の陥穽《かんせい》が口を開く。

満洲事変は、よく知られるように、一九三一年九月一八日夜、関東軍が満鉄・奉天（瀋陽）駅近くの柳条湖の線路を爆破し、それを中国国民革命軍の仕業と喧伝し、満鉄付属地の自衛のためと称して、近くの張学良軍の兵営、北大営を占拠したのがその発端である（柳条湖事件、奉天事件とも）。そののち、日本が「満洲国」を承認するまでのあいだに、日本では二度、内閣が解散している。

柳条湖事件の翌一〇月には、陸軍のクーデター計画が発覚し（一〇月事件）、一二月には、第二次若槻礼次郎内閣が閣内不統一に陥り解散、替わって組閣した犬養毅《つよし》首相は、翌年五月に五・一五事件で凶弾に倒れた。[*7]三二年九月一五日に斎藤実《まこと》内閣は日満議定書を結んで、「満洲国」を承認した。そして、三三年三月、国際連盟総会で「満洲国」の独立は圧倒的多数で否決され、日本は連盟脱退を通告、国際的孤立の道を歩むことになった。そののち、三四年三月に、溥儀を皇帝に即位させ、「満洲帝国」をつくったのである。

「満洲国」承認に至るまで、日本の国家意志は「満洲国」建国すら認めていなかった。つまり、柳条湖事件からほぼ一年のあいだ、関東軍ないし陸軍首脳の意志と内閣の意志は離反したままだった。それゆえ、日本の国家意志が「満洲国」を「でっちあげた」とはいえない。これが第一の問題である。

柳条湖事件後、一九三二年三月一日の東北行政委員会による「満洲国」独立宣言、九日の溥儀の執政就任式までもっていったのは、関東軍のリードによるもの。日本の国家意志は、それに引きずられ、事後的に承認したのである。

「満洲国」は、関東軍によってでっちあげられた傀儡国家であることは誰にも否めない。ところが、柳条湖事件を起こした関東軍に当初から「満洲国」を「でっちあげる」計画があったかというと、そうではなかった。これが第二の問題になる。いま、その発端を覗いてみよう。

満洲事変——発端

柳条湖事件は、中国東北、東三省（奉天・吉林・黒龍江の三省）を支配下に置く張学良軍閥政権の軍の本隊が関内に展開中の留守を狙ったもので、さほど大きな衝突には至らなかった。「関内」は、万里の長城が渤海に迫る隘路に設けられた関所・山海関より華北平原・中原の側をいう。

東三省に軍閥政権を築いた張作霖《ちょうさくりん》が関東軍に爆殺され（一九二八年六月）、その跡を継いで富国強兵政策に力を注いだ張学良は、北伐によって中国統一を目指す蔣介石国民革命軍に二八年末、東三省の地方政権の保持と引き換えに帰順し（易幟《えきし》、五色条旗から青天白日旗に転換）、その共産党討伐戦の支援に北平《ペイピン》（北京）方面に展開していた。

この敵の留守を突いた関東軍高級参謀・板垣征四郎と作戦主任参謀・石原莞爾《かんじ》の作戦は、鮮やかに見える。密《ひそ》かに運び込んだ二四センチ榴弾砲二門も威力を発揮した。が、それもあって、九月に入ると関東軍の不穏な動きは周辺に知れていた。

一八日夜の時点で、奉天領事館は外務省に通報、翌日、午前中の若槻礼次郎内閣（第二次）の閣議で、幣原喜重郎《しではらきじゅうろう》外相が謀略であることを告げ、事態不拡大、満鉄沿線への撤兵が命じられた。南次郎陸相も、これに従わざるをえなかった。

だが、関東軍は一九日、奉天特務機関長・土肥原《どいはら》賢二大佐を奉天市の首班に任命し[*8]、銀行なども接収した。奉天の市街地は満鉄の付属地で、その行政権は日本の租借地・遼東半島の南端・関東州を治める関東庁が握っていた。だが、これは張学良政権が拠点とする地方政府をのっとったのである[*9]。同日中に、港湾都市・営口や吉林省の長春も圧《お》さえた。内閣の方針を踏みにじり、陸軍本部の意向も無視して、関東軍は謀略を重ね、満洲の制覇に突き進んでいった。

次いで二一日、関東軍は吉林省政府のある吉林に、謀略で不穏な情勢をつくり出して侵攻、局地戦にはなったものの、それほど大きな衝突には至らずに制圧した。吉林は長春の南東、松花江の港町として開けた都市で、一九二九年には瀋陽との間に鉄道が開通していた。いわゆる満鉄包囲線、張学良政権が自らの増収をはかるために敷設した鉄道である。満鉄の収益は一九二九年一〇月からの国際恐慌の煽りを受け、また国民党南京政府の反日政策を承けた張学良政権の圧迫により、急速に悪化していた（後述）。

しかも関東軍は朝鮮駐留軍の応援を頼んでおり、二一日午後、朝鮮軍司令官・林銑十郎《せんじゅうろう》が独断で朝鮮軍一万に越境命令を下し、その日のうちに国境を越え、満鉄付属地の守備についた。陸軍本部の許可なく、朝鮮派遣軍が動いたことは、天皇の指揮権を無視した犯罪にあたる（統帥権の干犯《かんぱん》）。だが、南次郎陸相は内閣崩壊につながる辞任を周辺にちらつかせ、天皇に上奏して、事後に奉勅命令を出した。このようにして事態をウヤムヤにしてしまった。

そののち、一九三三年三月、関東軍が万里の長城を挟んで関内と接する熱河省を制圧し、五月末に中国国民革命軍とのあいだに停戦（塘沽《タンクー》）協定を結ぶまでの二年弱が満洲事変と呼ばれる。その間、一九三二年三月一日、旧清朝帝政派や張学良政権から離反した人々、蒙古族の王たちによる東北行政委員会によって「満洲国」独立宣言がなされ、九日には清朝最後の皇帝・溥儀の執政就任式が執り行われた。関東軍は謀略に次ぐ謀略を重ね、三二年一月には上海事変を起こし、海軍をも国際戦争に巻き込んだ。

関東軍の方針転換

では、陸軍本部に断りなしに、謀略を断行した高級参謀・板垣征四郎と作戦主任参謀・石原莞爾に「満洲国」を「でっちあげる」計画があったのか。実は彼らにも、そのつもりはまったくなかった。柳条湖事件の謀略は、満鉄の自衛という名目を大きく外れ、満洲（東三省）を占領するためのものだった。

石原莞爾は一九二八年、満洲への赴任以前から満蒙領有論を著し、赴任後には、関東軍による領有計画を練り、講演もしたという。関東軍高級参謀・河本《こうもと》大作が一九二八年に張作霖爆殺事件をしかけたころから、陸軍内部に満蒙領有論が燻《くすぶ》っていた。そして旧藩閥が顔を利かす陸軍の刷新を目指す陸軍士官学校出身者、永田鉄山や東條英機らのグループ、一夕会《いっせきかい》でも満蒙領有論が議論されていた。河本大作の後任として満洲に赴任した板垣征四郎も、また石原莞爾も、そのメンバーだった。つまり当初は、誰一人として「満洲国」を「でっちあげる」意志などもっていなかったのである。

関東軍は、内閣の事態不拡大方針を踏みにじり、かつ陸軍本部に無断で全満（東三省）占領方針に走り、次にハルビンを目指そうとした。一九三一年九月二一日夜、ハルビンの朝鮮銀行支店と日本の領事館に爆弾が投げ込まれたことを二二日の『東京朝日新聞』が報じている。特務機関の陰ではたらいていた甘粕正彦の謀略である。ここに甘粕の名が登場することにはあとでふれる機会があろう。領事館は邦人保護のため、軍の出動を要請した。が、参謀総長は中央の指示を待つよう命じた。

実は、関東軍のハルビン侵攻に立ち塞がった人がいた。九月一八日、柳条湖事件の当夜、奉天を訪れていた参謀第一部長・建川美次《よしつぐ》大佐である。建川は、関東軍の動きを察知した陸軍本部から、自重を促すため、という名目で奉天入りしていた。そして、九月二〇日の時点で、関東軍司令官・本庄繁中将を交えた会議で、関東軍の行動を拘束するものではないと明言した上で、情勢分析として、張学良政権を潰さなくてはならないこと、だが、長春より北へ進軍することは、対ソ戦略上、得策ではないことを告げた。いくら謀略で不穏な情勢をつくろうと、ソ連と軍事衝突を起こせば、満鉄付属地の邦人保護のため、という名目など消し飛んでしまう。実のところ、甘粕は、それ以前、一八日のうちに奉天を発《た》っていた。板垣は、その方針転換を知らせず、そのまま、謀略を実行させたらしい[*10]。

東條英機

そもそも関東軍は陸軍の方面軍、出先機関にすぎない。日本が日露戦争にかろうじて勝利し、ロシアから譲り受けた権益——ロシアが清朝から租借していた旅順・大連を含む遼東半島の南端の関東州と、ロシアが経営する南満洲鉄道の旅順から長春までと、日露戦争中に日本が敷設した奉天―安東（朝鮮との国境・鴨緑江の木材集積地）間の軽便鉄道の沿線――を守るために駐屯する部隊である（はじめは、それらを監督する軍政、関東総督府の軍隊だったが、一九〇六年に民政に移行して都督府となっていた。さらに一九一九年に都督府が廃止され、行政を担う関東庁と関東軍は分離、司令部を旅順においていた。一九三〇年までには、清朝は一九一二年に中華民国に、ロシアは一九一七年にソ連に変わっていた。当時、駐留していた関東軍は、一万人ほどといわれる）。

もう一度、確認するが、南満洲鉄道の旅順・大連から長春までは、日本の満鉄の経営であり、その警備が関東軍の役割である。長春の北辺の町・寛城子より北、ハルビンまでの南満洲鉄道、そしてハルビンを拠点に、シベリア鉄道と併行して中国領内を走る東清鉄道（のち東支鉄道などと呼び変えられた）の本線は、名目上はソ連と中国の共同経営になっていたが、ソ連が実質的に経営権を握っていた。張作霖は、ロシア革命期の混乱に乗じて、さまざまにその権益回収を企ててきたが、一九二九年秋から冬にかけて、張学良軍が実力行使に出て、ソ連赤軍に撃退され、手ひどい被害を被っていた（中ソ紛争）。

そして建川美次は、前述の九月二〇日の会議で、清朝最後の皇帝、退位した宣統帝（愛新覚羅溥儀）を「盟主」として立てる親日政権を樹立するのが「得策」と告げたという[*11]。

建川は一九二五年、加藤高明内閣で「軍縮」（軍事予算縮減を目的に師団縮小など）を断行した陸軍大臣・宇垣一成《かずしげ》の側近として知られ、一夕会とは距離をとっていた。が、軍部独裁政権を目指す桜会とは関係していたといわれる。

一九三一年四月、建川を中心に参謀本部第二部で「情勢判断」が策定されていた。そこでは、親日的地方政権樹立、独立国家建設、満蒙占領の三段階の選択肢ないし発展段階が並べられていた。建川が関東軍に伝えたのは、そのうちどれか、はっきりしない。溥儀を盟主として立てる以上、中華民国から独立した国家と想える。だが、その建川も「民族協和」の新国家を計画していたわけではない。

関東軍は、その二〇日から方針転換を図りはじめた。会議に列席していた若い片倉衷《ただし》参謀のメモ（以下、片倉メモ）には「東北四省及蒙古ヲ領域トセル支那政権ヲ樹立シ在満蒙各種民族ノ楽土タラシム」とある。「東北四省」は熱河省を含んでいう。「支那政権」の意味もはっきりしない。同じメモのうち「要領」には「国防外交ハ新政権ノ委嘱《いしょく》ニ依リ日本帝国ニ於テ掌理《しょうり》シ」ともある。国防と外交を日本が握るなら、中華民国から切り離し、植民地・朝鮮と同じ状態に置くことを意味しよう。

そして片倉メモは、旧清朝帝政派と見られる有力者をリストアップしている。この会議に参加していた奉天特務機関長・土肥原賢二のもたらした情報だろう。精確なものではない。が、参謀部は手分けして、それら有力者と連絡を取りはじめた。

九月二二日には、天津から溥儀の名代《みょうだい》として羅振玉《らしんぎょく》が奉天を訪れ、二三日には板垣征四郎と会談、旧清朝帝政派の意向が伝えられた。羅振玉は、その足で吉林の熙洽《きこう》、また張海鵬の根回しにまわった。[*12] 張海鵬も張作霖のもとで頭角を現した軍人だが、一〇月一日に独立宣言し、満洲北西部・洮索《とうさく》辺境保安司令を名のる。

羅振玉は著名な考古学者で、辛亥革命の争乱を逃れて来日、中国史家・内藤湖南らと親交を結び、帰国後、溥儀の家庭教師を務めていた。このすでに六〇代半ばを超えた老大家の動きは、かつての清朝帝政と大日本帝国とのかかわりを想い起こさせよう。

なぜなら、辛亥革命の過程で、北平を押さえた軍閥に、溥儀が紫禁城を追われたとき、長く溥儀の家庭教師を務めていたレジナルド・ジョンストンがイギリスなど諸外国に助けを求めたが、どこも内政干渉の非難を怖れて介入しようとしなかった。その苦境を救ったのは、日本の外交官、駐中華民国特命全権公使・芳澤謙吉で、邸宅（張園）を天津の日本租界に用意した（一九二五年）。それは、溥儀と日本の皇室とのかねてからの厚誼があってのことである。

溥儀に親しく仕えていた鄭孝胥《ていこうしょ》は、それ以来、日本の政府要人や軍人たちに清朝復辟《ふくへき》（皇帝復帰）をはたらきかけていた。[*13] 鄭孝胥は、辛亥革命を断行した袁世凱によって、溥儀が皇帝を降ろされ、北京の紫禁城に暮らしていたときに家庭教師につき、以後、その指導にあたっていた人。文人として知られ、書もよくした。「満洲国」では初代総理（文教部総長兼任）に就くことになる。

その黒幕

この満洲事変の政策形成過程は、緒方貞子『満洲事変と政策の形成過程』（原書房、一九六六）によって、つぶさに明らかにされた。ただ建川美次が、なぜ、九月二〇日に溥儀を戴いた政権を提案しえたのか、については、片倉メモにより、前年の「情勢判断」にもとづき彼が単独で立てたものとされ、その後の「建国」に向けた動きに関心が集まったために、それ以上探られることはなかった。

これには、「建国」運動の実際が長く明らかにされてこなかったことがはたらいていよう。満洲青年連盟で活躍した山口重次の『消えた帝国 満州』（毎日新聞社、一九六七）などが、読み物的だが、貴重な現場報告だった。そこでは、関東軍の無謀な作戦を止めに入った男という意味で、建川美次が「止め男」と称されている。それが現場の受け止め方だった。他方、建川のふるまいは、柳条湖事件を許容したことになるのではないか、という点に議論が向けられたこともはたらき、名分も立たない謀略による作戦と引き換えに出された建川の「建国」方針に関東軍が縋《すが》りつき、その通りにことが運ばれたと見なされてきたのである。

だが、その提案が出された時点では、それは、かなり唐突な思い付きと受けとめられて当然だったのではないか。参謀本部第一部長の権限が、当時、その関係者たちの疑念を打ち消すほど強いものだったとは想えない。その経緯と論議の過程には、パズルならピースがいくつか欠けているとわたしは感じていた。

ここで、抜けているピースを一つ埋めておこう。一九三一年六月から朝鮮総督についていた宇垣一成[*14]が九月一九日の日記に「保護独立国建設の大芝居が打てぬなら所謂《いわゆる》画龍点睛を欠くものである」と記している[*15]。その旨、当局に促したとも。「当局」が何を指すかは明示していないが、建川美次は宇垣の配下も同然、また参謀総長・金谷範三、陸相・南次郎、関東軍司令官・本庄繁、奉天特務機関長・土肥原賢二らは、みな宇垣が浜口雄幸《おさち》内閣の陸相から予備役に引く際に配置した人々だった。

さらに宇垣の九月二三日「日記」には、新政権樹立に向けて「出先に於《おい》て膳立てをなし最後の承認だけを持ち込む」ようにという指示も見える。むろん、内閣に、の意である。宇垣は若槻礼次郎首相にも連絡をとっていた。なお、当時、宇垣は柳条湖事件を陰謀とは知らず、また、その指示は、日清戦争の直後、朝鮮を独立させ、日本の保護国としたことを念頭に置いたものらしい[*16]。これは一九三一年四月の参謀本部第二部作成の「情勢判断」及び、九月二〇日の建川の関東軍への提案とも平仄《ひょうそく》があっている。これで関東軍の占領方針を転換させ、「満洲国」の「でっちあげ」に走らせた「黒幕」は判明した。

だが、これでピースが総て埋まったわけではない。なぜなら、宇垣は宣統帝の担ぎ出しは考えていなかったからだ。一〇月一〇日、満鉄総裁・内田康哉《こうさい》が京城（現ソウル）を訪れ、宇垣と会談、内田が元首に、元宣統帝を推したのに対し、「古い」「新勢力がよい」と意向を示している（このときの内田の動きは第二章でふれる）。この段階でも上層部で、溥儀の元首化に意見の一致を見ていなかった。それも、ここに明白である。

とすれば、建川が九月二〇日に関東軍に、溥儀を担ぐ方針を提示したのは、単独か、南次郎ないしは本庄繁と相談の上でなされた可能性が高い。そして、それには九月二二日に、羅振玉が奉天入りしたことが大きな意味をもっていたことになろう。当然、事前に目的は伝えられていたはずである。

そして関東軍は一〇月二日に「満蒙を独立国として之我《これわが》保護の下に置き在満蒙各民族の平等なる発展を期す」という「満蒙問題解決案」をまとめた。まだ保護国（植民地）化のニュアンスもとどめている。「在満蒙各民族の平等なる発展を期す」は、満鉄社員会が基礎となり、事変以前、一九二八年に結成された満洲青年連盟のスローガンを取り入れたものと見られる（第二章で述べる）。このあたりから、関東軍は「満洲国」を「でっちあげる」「お膳立て」に走りはじめたといえそうだ。

その後の「建国」運動の実際については、山室信一『キメラ――満洲国の肖像』（中公新書、一九九三、増補版、二〇〇四）が、旧帝政派の動き、奉天で「保境安民」思想に基づき地域住民の自衛的な秩序維持組織を立ち上げた長老・于冲漢《うちゅうかん》、また『満洲評論』の論客、橘樸《たちばなしらき》の一種の地域主義的思想、満洲青年連盟や仏教思想団体・大雄峰会などの動きを活写している。これらを辿れば、建国までの経緯のおよそは了解されるだろう。

建国の綻び

ところが、といおうか、実際のところ、建国に向かって事態が急転回しはじめるのは、三一年暮れからだった。その二ヵ月後の三二年三月一日に「建国宣言」が発せられた。だが、そこに溥儀の名はおろか、国家元首や執政の文字も現れない。「五族協和」というスローガンも登場しない。しかも、その建国式に溥儀は臨席しなかった。しかし、それでも三月九日、長春市政公署で、溥儀の執政就任式は執り行われた。これはいったい、どういうことか。関東軍が「お膳立て」したにしては、お粗末にすぎよう。綻《ほころ》びといってもよい。その点が、もう一つ不明確なまま放置されている。本書〔第二章〕では、そのホツレ目を解いてみたい。

だが、何のために？　ここで、そのホツレ目にこだわる意味を、はっきりさせておきたい。

緒方貞子は、先の著書の復刊『満州事変——政策の形成過程』（岩波現代文庫、二〇一一）の「あとがき」の冒頭に次のように書いている。日本が自己破滅に向かった膨張政策をなぜとったのかという疑問に、戦後の批評や研究は「過去の指導者を徹底的に糾弾するばかりで、満足な答えを与えてくれるものがなかった」「その時代に生きた人々が与件として受け入れなければならなかった対内的および対外的条件を無視し、かつ彼らの意図を曲解しているように思えた」と。そう、「その時代に生きた人々が与件として受け入れなければならなかった対内的および対外的条件」を明らかにし、かつ「彼らの意図を曲解」することなく把握すること、それこそが歴史に理性をはたらかせる根本だろう。

緒方はつづけて、こうも記している。『極東軍事裁判』的な解釈は、戦勝国による敗戦国の審判に過ぎず、日本の膨張を侵略的一大陰謀に起因するものという前提は、これまた到底納得出来るものではなかった」と。[*17]

この「日本の膨張を侵略的一大陰謀に起因するものという前提」とは、極東軍事裁判で、日本軍の第三次山東出兵により、北伐を邪魔されたとき、すなわち一九二八年五月三日の済南事件から日本軍との対決に入ったという蔣介石の証言をもとに、以降、日本の軍国主義のリーダーのあいだに「共同意志」がはたらいていたとする判決が下されたこと、およびそれに基づく歴史観を指していよう。「満洲国」の「でっちあげられ方」を探ることは、「侵略的一大陰謀史観」の葬式を出すことにもつながるだろう。

ところが、今日、日本の現代史家たちは、東京裁判史観など、ほとんど問題にしていないかのように、それとは別の方向に向かっているようにも想える。満洲事変、日中戦争、「大東亜戦争」は、中国からは「抗日一四年戦争」と呼ばれている。日本ではなぜか、足掛けで数えて「一五年戦争」と呼んできたが、それらは、日本にとって、はたして一連の戦争だったのか。それらのあいだには、連続と同時に断絶も刻まれているのではないか。[*18]
わたしも、長く、その様相を明らかにしたいと願ってきた。柳条湖事変以降、一四年の満洲国の歴史には、その連続と断絶の陰影も刻まれているにちがいない。

3 大日本帝国史のなかで

植民地の形態

ここで、日本帝国主義の歴史的展開のなかに「満洲国」を位置づけておこう。東アジアで「殖民」の語は、長く、他地域への一定集団の移住を意味する語であり、明治期を通して、南北アメリカへの「殖民」は、ごくふつうにみられる用法だった。それは欧米で「黄禍」という非難を生み出しもした。

だが、奴隷貿易廃止後のヨーロッパ諸国によるアフリカ分割競争のなかで、一九世紀後期に確定した「植民地」の概念は、国家の領土と同様、宗主国（suzerain）が、その地域における他国の船舶の航行や通商の自由を保証する支配（control）ないし実効支配（effective control）のしくみを備えていることが条件とされた。どちらにしても権力を保証する軍事力が不可欠であり、帝国主義諸国は同盟関係を結んで、勢力範囲の確保に努めた。その均衡がついに破れて欧州大戦（第一次世界大戦）が勃発した。

それ以前から、列強諸国は、東アジアで、アヘン戦争（一八四〇～四二年）以降、清朝の利権を蚕食していた。ロシア帝国が南下政策をとったことに対し、朝鮮半島の独立をめぐって、日本は、その宗主国・清朝中国と争い（日清戦争、一八九四～九五年）を起こし、次いでロシアと激突（日露戦争、一九〇四～〇五年）。二つの植民地分割戦争を立て続けに行った。日清戦争には圧倒的に勝利し、その講和条約（四月、下関条約）によって、清朝より、台湾と、遼東半島の南端の旅順・大連をふくむ関東州を割譲された。が、後者はロシア・フランス・ドイツから三国干渉を受け、返還させられ、高揚した日本のナショナリズムは臥薪嘗胆を合言葉にその屈辱に耐えた。が、その結果、その三国は中国での権益を拡大した。

日本は台湾では、住民には日本国籍を与えたが、叛乱を抑えるのに七ヵ月ほどかかっている。イギリスのインド支配は、二〇〇を超える藩王国の上に立つもので、間接統治を基本とし、エジプト統治は、警察官に地元民を採用したといわれる。日本は、その方式を台湾で警察制度に部分的に採用し、警察官に少数民族を含む地元民も採用した。一九三〇年、少数民族セデック族が叛乱を起こした霧社《むしゃ》事件では、少数民族の警官二人が板挟みになり、その家族とともに犠牲になった。そののち、少数民族に「高砂族《たかさご》」という目出度い名を与えたり、また優良な耕作地を与えたり、優遇する措置がとられた。特定の民族に特権を与えるのは、他民族と分断し、いわば親日勢力として育て、統治しやすくするための方策である。

ついでに述べておくと、台湾を領土に組み入れていたあいだ、日本一高い山は富士山ではなかった。台湾南部の連峰を測量し、富士山（三七七六メートル）より二〇〇メートル近く高い標高三九五二メートルの山が見つかり、新高山《にいたかやま》と名づけた（現・玉山）。領土の拡大は、日本人の日本イメージを変えるところがあることの一例である。

朝鮮の権益をめぐってロシアと激突した日露戦争は双方に被害が大きく、戦線は膠着したが、ロシアに内乱（メンシェビキ革命）が起こり、ようやく交渉に応じたため、日本の勝利が決定した。ポーツマス講和条約により、南樺太の割譲を受け、朝鮮における日本の優越権（イニシアティヴ）が認められた。また日本が戦争のあいだに占領したロシアの租借地、関東州とロシアが敷設した南満洲鉄道の長春—旅順間の付属地および炭鉱の租借権を譲り受けた。さらに一二月には、大清帝国とのあいだに北京で「満洲善後条約」が結ばれた。[*19]

講和条約締結の際、アメリカとのあいだでは、アメリカがフィリピンの、日本が朝鮮の宗主国になることを互いに認める協定を結んだ（桂・タフト協定）。イギリスとは、そのインド支配権を日本が認めて同盟関係を強化した（第二次日英同盟条約）。

これらによって、日本が朝鮮の宗主国になることは列強間で承認されたかたちになり、一九一〇年、大日本帝国は大韓帝国を併合した。「併合」（annexation）は、アメリカ合衆国によるテキサス共和国の併合（一八四五年一二月）などと同じ語だが、独立した国家に自治権を認めて州（state）として組みこむ方式とは異なり、日本は朝鮮を台湾と同様、領土として組みこみ、住民に日本国籍を与え、基本的に同じ法律に従う日本国民とした。皇室が朝鮮王室と縁戚関係を結び、かつ外交権、軍事権を取り上げ、軍事上の重要地では憲兵が警察の役割をするなど強権的に支配した。「武断政治」と呼ばれる。

だが、欧州大戦が収束し、各地に民族独立の機運が起こると、一九一九年に朝鮮半島では三・一独立運動、中国では五・四運動が高揚し、それぞれのナショナリズムは日本の権益に向けられた。朝鮮では、強権的に弾圧したため、死者七五〇〇人、負傷者四万五〇〇〇人、検挙者四万六〇〇〇人という大事件になった。それに圧《お》され、また一九二〇年に日本が国際連盟常任理事国の一つとなり、国際協調路線をとったため、強権的統治を、いわゆる「文治政治」に切り替えた。対等の民族関係を求める朝鮮族の人々が「親日」派の相貌を帯びて登場してくるのは、それゆえである。

このように植民地統治の方式には地域により、また時期により、転換がある。被抑圧民族における「抵抗」と「協力」も、それに密接にかかわる。とはいえ、台湾と朝鮮の総督府、樺太庁に日章旗が翻っていたことに変わりはない。その点、「満洲国」はまったく異なっていた。

「満洲国」の特異性

「満洲国」は一九三二年三月一日、建国宣言を発し、首都を長春（新京と改名）に定め、新たな国旗（黄色地に、左肩四分の一に赤・青・白・黒の四条）を考案、新暦を採用し、この日を建国記念日とした。次いで、統一貨幣と切手も発行した。国歌は何度か作られており、それには複雑な事情が絡むが、ともあれ、タテマエ上も法的にも「満洲国」を独立国として扱った。だが、執政に据えた溥儀に、軍事権と国務院の日本人の官吏任命権を関東軍が握ることを承認させ、実質的な支配下に置いた。国際的に類例を見ない一種の傀儡政権を工夫したのである。

だが、「満洲国」の独立は、国際的に認められることなく、よく知られるように一九三三年三月、日本は常任理事国を務める国際連盟に脱退を通告した（実効は二年後）。自らの国際的なステイタスと引き換えに、特異な形の「植民地」を守ったのである。それは、一九四五年八月にソ連軍の侵攻により、武装解除され、滅亡するまで変わらなかった。それゆえ、今日、中国では国家として認めないという意味で「偽満洲国」と呼んでいる。

日本軍の大陸侵攻の衝動は、欧州大戦中から認められる。ドイツの租借地、青島を中心とした膠州湾の占領に出たり、連合国のシベリア出兵に乗じて長く居座りもした。シベリア出兵は、ソヴィエト政権に対し、革命軍に囚われたチェコ軍救出を名目に連合国（大日本帝国・大英帝国・アメリカ・フランス・イタリア・カナダ・中華民国）がロシア帝国時代の外債、露亜銀行などの外資を保全する目的で出兵したもので、日本は圧倒的に多数の兵力と軍費を投入し、各国撤退後もシベリア駐留を続けたうえ、占領地に傀儡国家の建設を画策した。各地におけるパルチザンの蜂起、ゲリラ戦に手を焼き、敗退局面では一九二〇年、黒龍江（アムール河）の河口にあるニコライエフスク港（尼港）などで多大な損害を被った。その半面、シベリアに取り残されたポーランドの孤児七六五名を日本赤十字が救出、東京経由で一九一八年に独立なった故国に送還したことは、ポーランドとの親交の機縁となった。[*20]

だが、一九二〇年、日本は国際連盟の常任理事国の一角を占め、国際協調路線を明確にし、一九二二年のワシントン会議の九ヵ国条約に従い、それらはともに撤兵した。欧州大戦中に日本軍が押さえたドイツ領の南洋諸島は、国際連盟により統治を委任された。

そののち、元陸軍大臣で膨張路線を走る田中義一内閣のもとで、日本軍は国際協定なしに、一九二八年四、五月に、第二次・第三次山東出兵を行い、済南事件を引き起こした。また二八年六月には、関東軍が満洲（東三省）に軍閥政権を築いていた張作霖を爆殺した。だが、二九年四月に山東半島から全軍を引き揚げ、六月に中華民国・蔣介石国民党政府を承認して、これらに政治的な決着をつけた。その一方、田中義一は張作霖爆殺を巡って、容疑者厳罰方針を撤回し、関東軍と無関係と主張しはじめ、昭和天皇の不興をかい、辞任に追い込まれ、内閣は解散した。

替わって浜口雄幸が組閣し、三〇年にロンドン軍縮条約を締結・批准し、国際協調路線に戻した。このようにジグザグ揺れ動いた日本の対外政策は、ここで国際的に政治解決した。だが、その浜口雄幸は右翼の銃弾を浴び、翌年歿し、若槻礼次郎に交替した。

三一年九月に端を発した満洲事変は、それまでとは、まったく様相を異にしていた。内閣に叛旗を翻し、陸軍本部にも無断で行った関東軍の策謀が、事後的に了承されていったからである。それによって、国際協調路線を堅持しようとした若槻礼次郎内閣は、閣内不統一に陥り(内務大臣・安達謙蔵が軍の行為を容認)、一二月一一日、解散に追い込まれた。替わって立憲政友会の犬養毅が組閣した。犬養毅内閣は世界恐慌を食い止めるため、蔵相に高橋是清《これきよ》を起用、その解決策を探る一方で、「満洲国」は承認することなく、国家主権は国民党南京政府のものと認め、満洲地方政権の自治権を重んじさせる方向で蔣介石と妥結を探ろうとした。だが、軍閥乱立期を脱する過程にあった国民党南京政府は、蔣介石が一時期、下野するなど、安定しておらず、交渉は失敗する。一方、陸相は皇道派の荒木貞夫が務めており、関東軍の策謀は進展してゆく。

一九三二年一月七日にはアメリカが日本の満洲占領を非難(スティムソン・ドクトリン)した。が、これは、イギリスをはじめ、列強の同調を呼ばなかった。どこも恐慌からの脱出を焦眉の課題として抱えており、極東の利権争いにかまけていられなかったからだ。

翌八日、昭和天皇が反対論も出ていた世論の動揺をおさめるため、満洲事変を関東軍の「果断神速《かだんしんそく》」なる行動の手柄と認める詔勅を発した。朝鮮軍の越境も容認され、予算措置も取られていた。関東軍は、さらに上海で陰謀を仕掛け、三二年一月末から三月にかけて、海軍をも巻き込む国際紛争を引き起こした（五月に停戦条約締結）。この間、犬養の思惑と軍の動きには、明らかに齟齬があった。だが、三二年三月一日、「満洲国」は建国宣言し、九日、溥儀の執政就任に進んだ。内地の議会とジャーナリズムは犬養内閣に「満洲国」承認への圧力を強め、犬養毅は五・一五事件で凶弾に倒れ、替わって組閣した斎藤実内閣が三二年九月一五日に日満議定書を交わし、「満洲国」の承認に至る。

こうして柳条湖事件からほぼ一年にわたって、国際協調をはかる内閣と軍の侵略方針とが食い違ったまま事態が進行し、「満洲国」承認に至るまでに、二度にわたって内閣が入れ替わった。つまり「満洲国」は、ときの国家意志が「でっちあげた」ものではなく、関東軍の行動に引きずられて決着したのである。この点に、それまでの植民地獲得とは異なる特徴があった。では、なぜ、関東軍が「でっちあげた」現実に日本政府が引きずられたのか、それを明らかにしなくてはならない。

関東軍の冒険主義

関東軍の行動の背後には、陸軍内部に燻っていた満蒙領有論があった。資源を持たざる国の軍隊が大国と肩を並べるまでに増強されたものの、欧州大戦後、国際的に軍縮協定が結ばれ、それに従う政党政治の壁が立ち塞がった。それを突き破り、さらに軍の増強をはかるには、満蒙の資源を手に入れる以外にないという意見がまかりとおったのは、一九〇五年ポーツマス条約締結以降、満鉄が租借地・関東州を基盤に、東三省の資源を開拓・輸送し、貿易による利益をあげていたからである（これは第一章で述べる）。満洲事変の直接の引き金になったのは、日清間で締結した「満洲善後条約」を蔣介石国民党が一方的に破棄し、それに同調した張学良政権が満鉄付属地外の朝鮮族を含む日本人の諸権利を圧迫、また満鉄併行線を敷設するなど排外主義を展開したゆえだった。その危機を振り払わなくては、租借地・関東州の存立さえ危ぶまれ、日本の経済が窮地に陥るというものだった（第二章で述べる）。

国内で政党政治の転覆を企てる軍事クーデターの衝動は、すでに散発的に見えてはいたが、それらをまとめあげる政治力は登場しなかったし、日本の軍事機構は、それを容易に許すものではなかった。そして、この二つの衝動は、必ずしも結び付くものではない。満蒙の地への欲望は、日本が直接支配下に置かなくとも、実効支配すれば、それで満たされるからである。

そのため、関東軍の当初の占領方針は、いわば簡単に転換した。中華民国の主権下でも、民国からの独立国家でも、選ぶところはなかったのである（三一年九月二二日「満蒙問題解決策案」）。それゆえ、先に見ておいたように、溥儀を担いだ独立政権の樹立という旧帝政派の目論みが伝えられると、それに飛びついた（同一〇月二日「満蒙問題解決案」）。これによって、明確な戦略的展望をもたずに謀略によって占領地域の拡大をはかる冒険主義に出た関東軍は、軍部首脳の支持が取り付けられる方針らしい方針をようやく手に入れることができた。関東軍の策謀の底に、どのような意味でも「改革」の精神などを読み取ることはできないし、すべきではない。

日本では明治後期から立憲君主制のもとで天皇機関説、すなわち国家主権説が浸透していた。いわんや旧弊な清朝皇帝の権威など、関東軍の将校にも、建国運動に協力した満洲青年連盟の人々にも共有されるはずのないものだった。それが持ち出されたのは、①独立国家の樹立が国際的に容認されるには、現地勢力による国家独立というかたちをとる必要があり、その実現のためには、②かねてからはたらきかけのあった旧帝政派の協力を必要としたからだった。①の条件を疑いえたのは、犬養毅までだった。②に首脳部内で反対しえたのは宇垣一成だけだった。そののち、その根拠は検討されることもなく、その方針は、軍の内部から政府首脳、外務や昭和天皇にまで、共有されていった。その理由として推測しうるのは、明治期以来の日本の皇室と清朝帝室との厚誼が拠《よ》りどころとしてはたらいたことだろう。

方針さえ定まれば、その実現のための手段は、国内勢力から問われなくなった。板垣・

石原の冒険主義は改まることなく、さらに三一年一〇月の錦州爆撃や三二年一月の上海事変など国際的警戒や非難を呼び起こすような謀略が重ねられていった。彼らにとっては、満蒙を日本の実効支配さえできれば、それでよかったからである。宇垣一成は錦州爆撃を国際情勢への無知ゆえと、一〇月一八日の日記で非難している。

実際、国際的には手段が問題にされていた。柳条湖事件が起こってすぐ九月二一日に、国民党南京政府主席・蔣介石は、日本との軍事衝突を回避し、国際連盟に提訴する手段に訴えた。一九二七年四月に共産勢力と袂を分かつことを鮮明にし（上海クーデター）、その討伐に力を注いでいたためである。張学良も、それに従い、東三省の奪回に出ることはなかった。アメリカが日本の平和条約違反を問題にした際に国際世論は動かなかったが、錦州爆撃に続く上海事変は、日本軍の動静に対する国際不安を煽った。日本の内閣にとって国際的駆け引きに不利な作戦が重ねられていったのである。

日本は国際連盟を舞台にした外交上の駆け引きでは、国民党政府との直接交渉を主張し、国民党政府が不安定なことをあげて、関東軍が撤退しないことの弁明にしていた。そして逆に、連盟理事会に現地調査団の派遣を提案し、一二月一〇日、国際連盟理事会（パリ）で、イギリスのリットン卿の率いる調査団の派遣が決まった。これによって調査団が派遣されるまで、時間的余裕がつくられた。逆にいえば、現場は、それまでに独立国の形態を整えなくてはならなくなったのである。

このとき外務省筋には、どれほど目算があったのかはわからないが、どのようなかたちであれ、現地勢力による独立国家の建設によって、連盟の承認を得るしか道はなかった。加えて、匪賊《ひぞく》の活動によって満洲情勢が不穏であることを言い立て、日本軍の増員に道を拓いた。この外務からの大きなプレゼントは、その後、一九三三年三月、関東軍の錦州への、そしてさらに熱河への進軍を可能にした。増員がなければ、張学良軍との戦闘に入ることは無謀だっただろう。

しかし、熱河への進軍は「満洲国」を承認するかどうかを決める国際連盟総会の場に、不興を呼び込んだ。それが投票結果に影響をもたらしたかどうかは別にして、熱河侵攻を非難する発言が相次いだのはたしかである。その会議にあわせて敢えて熱河攻略を仕掛けた関東軍（武藤信義司令官、小磯國昭参謀長）に、国際世論を挑発することを好んで選択する板垣・石原に共通する「体質」を感じるのは、わたしだけではあるまい。

国際的孤立

リットン調査団は、一九三二年一〇月、従来からの満鉄の利権は認めた上で、柳条湖事件は自衛のためのものとは認められないこと（言い換えると侵略と認定）、それゆえ満洲の主権は中華民国にあること、だが、満洲には地方自治権をもつ新政府が必要であり、国際管理下に置くのが適当であることを提案した。翌三三年二月二四日、連盟総会議では、鉄道地区への日本軍の撤退を賛成四二、反対一（日本）、棄権一（シャム・現タイ）、投票不参加一（チリ）で可決。領土不可侵原則を守る立場が圧倒的多数を占めたのである。皇室外交を通じて一貫して「親日」のタイ王国でさえ、棄権している。

そして、その三月、日本は国際連盟からの脱退を通告。国際的孤立の道を余儀なくされた。いや、自ら選んだ。第一次世界大戦後の国際協調態の構築に外相として尽力した内田康哉は、三一年に満鉄総裁に就任し、満洲事変に遭遇、当初は不拡大の姿勢で臨んだが、関東軍に全面協力する姿勢に転換。三二年に斎藤実内閣の外相に就き、八月二五日、国会で「国を焦土にしても満洲国の権益を譲らない」と答弁し、「焦土外交」と揶揄されたものの、リットン調査団の国際連盟での報告を前に、九月一五日、日満議定書を結び、「満洲国」承認に踏み切った。国民の多くも、それを歓迎した。もう、引き返す道は残っていなかったのである。

すでに大国の利害調整の場と化していたとはいえ、日本の脱退通告は、国際連盟を骨抜きにする先頭を切ったことになる。三三年にはナチス・ドイツ、三七年にはイタリア・ファシスト政権、また南米諸国が脱退する。植民地獲得を是とする立場の国々である（国際連盟はアメリカ大統領、ウッドロウ・ウィルソンの提唱により結成されたが、アメリカはヨーロッパとの相互不干渉政策〔モンロー主義〕にのっとり、不参加。ソ連は、のち三四年九月に加盟したが、三九年にフィンランドに侵攻し、除名）。

ところが、最近、「満洲国」を承認した国は案外多かったという意見を目にする。実際一九三四年に、エル・サルバドルとコスタリカが承認した（ともに世界恐慌でコーヒー・モノカルチュアが打撃を受け、日本〔内田康哉外相〕と通商条約の交渉中、三五年に正式に国交を結ぶ）。それとは別に、一九三四年四月二〇日、ローマ法王が満洲国内のカトリック教会や修道院、信徒の保護のために承認し、宣教師の往来は途絶えなかった。そして、一九三八年までに、植民地獲得を是とする立場から国際連盟を脱退したイタリアおよびドイツが承認した。ポーランドは最恵国待遇関係を結んだ（ハルビンに多くのポーランド人が居住していたため。後述）。なお、国家としては承認しないが、金融や交易上、関係を結んだ国はソ連・イギリス・アメリカを含め、相当数にのぼる。

そして第二次世界大戦期には、枢軸国寄りの一二ヵ国および汪精衛（兆銘）南京政府が承認した。「満洲国」樹立後一〇年足らずの短い期間とはいえ、これはあくまで、国際関係の大きな再編、日・独・伊三国同盟（一九四〇年九月）を基軸にしたファシスト・リーグの形成によるものである。それを無視して、「満洲国」はかなりの承認を得たとするなら、歴史性を考えない詐術に等しい。

もう一つ、「満洲国」は、軍事的に制覇した地元の勢力と結び、華北や内蒙《ない》古などに親日独立政権をつくる方式の最初の「成功」例のようにも見える。だが、それら日本が軍政下に置くことなく「でっちあげた」政権は、和平派を糾合した汪精衛南京政府下の地方政権として位置づけられていた（これらの主席格の人々は、一九四三年一一月、「大東亜戦争」の敗退局面で開催された大東亜会議に呼ばれていない。また汪精衛は日本の指揮から一定程度、独立する姿勢を保ち、政権樹立の交渉は長引いた。かつ日本の勧告に従うことなく、対米英戦争の開戦を宣言するなどした。たとえ、その政権を日本軍国主義の傀儡と規定するにせよ、「カイライの主体性」を発揮したことはまちがいない）。

日本軍が国民革命軍の戦闘状態において一時的に掌握した「和平地区」を植民地と規定することには無理がある。しかも、汪精衛政府の足元、南京の市場でも、夜になると蔣介石政府が発行した元が行き交っていたといわれる。二〇世紀前半の戦争は、単なる軍隊の陣取り合戦ではない。経済も情報宣伝による人心の掌握も、総てが絡んだ総力戦だった。

なお、一九四三年八月、日本は軍政下に置いたビルマ、フィリピンに独立を約束したが、また、戦争末期、フランス領インドシナの「ヴェトナム帝国」「カンボジア王国」「ラオス王国」に独立を促したが、これらは、将来の独立の約束にすぎず、日本の植民地とは認めがたい。

つまり、「満洲国」は、日本帝国主義が指揮権の下に置いて、タテマエ上は独立国家として経営した唯一の政権であり、地域であった。だが、国際的に認められることなく、日本の植民地として滅ぼされた。ところが、というべきか、それゆえか、第二次世界大戦後の国際政治や経済、また文化にも、そのさまざまな亡霊が跳梁した。その影は未だにわれわれにつきまとっているともいえるだろう。

その亡霊どもの葬式を出すためには、「満洲国」に刻まれた多様な影と光をあたう限り拾い出し、その歴史性を総合的に判断しうる立場を築くことが今なお求められていよう。日露戦争後から数えれば四〇年、満洲事変以降なら一四年間に過ぎない期間だが、その間に国際情勢、国内情勢は時々刻々、目まぐるしく移り変わった。

本書では、まず第一章で、満洲の地理・歴史とともに、日露戦争後の租借地・関東州を中心に、日本にとって満洲のもっていた意味を明らかにし、第二章で「満洲国」の建国の綻び、第三章で満洲事変のもつ国際的意味、第四章で、一九三〇年代後半の産業開発五ヵ年計画と日中戦争の展開との関連を問いなおす。第五章では「大東亜戦争」期の様相について追い、さらに第二次大戦後、今日まで、日本が「満洲国」の経験をもった意味を問いなおしてみたい。本書では多くの先学の跡を追いながら、「満洲国」の前史からその滅亡に至るまで、文化総体の動きの歴史性を問い直してゆきたい。政治・経済・科学技術・文芸文化諸領域の動きは、多様を極め、はたしてどこまで明瞭に見渡せるようになるか心もとないが、少しでも東アジアの二〇世紀を振り返る機会になれば、と願って総合文化史の概説を試みたい。むろん、この困難に見舞われつづける二一世紀を切り拓くために。

注

*1 『竹内好全集』第四巻、筑摩書房、一九八〇、四一七頁、四一八頁。

*2 竹内好「近代の超克」は「あの戦争」の二重構造論——帝国主義侵略であると同時にアジア解放の側面があった——を唱え、極東軍事裁判史観に反対していたが、その論脈がここにも流れている。鈴木貞美『「近代の超克」——その戦前・戦中・戦後』作品社、二〇一五、第五章を参照。

*3 Crossed Histories: Manchuria in the Age of Empire, Ann Arbor, MI: Association for Asian Studies, ed. by Mariko Asano Tamanoi, University of Hawai'i Press, 2005. 玉野井麻利子編、山本武利監訳『満洲——交錯する歴史』藤原書店、二〇〇八を参照。

*4 最近では、川島真「「傀儡」政権とは何か——汪精衛政権を中心に」『決定版 日中戦争』新潮新書、二〇一八、第六章がそれを問うている。

*5 星野直樹『見果てぬ夢——満州国外史』前掲書、三四頁、一九一頁〜。

*6 宮崎市定『中国史』下巻、岩波文庫、二〇一五、三〇三頁。引用中の（……）部分では、日本が奉天派軍人で張学良と権力争いをした「楊《よう》宇《う》霆《てい》を擁立して親日地方政権を樹立しようとしたが、張学良は先手を打って楊宇霆を殺してしまった」としている。張学良は易幟後、ただちに楊宇霆を逮捕し、銃殺したが、日本に楊宇霆擁立の動きがあったかどうか、定かではない。

*7 五・一五事件で別動隊を指揮した橘孝三郎は、愛郷塾のメンバーと準備を整えたのち、五月一二日午後九時四〇分東京駅発列車で塾生・春田信義を伴い、満洲へ発った（神戸大学経済経営研究所「新聞記事文庫」『大阪朝日新聞』一九三三年九月一七日。記事解禁の日）。橘は五月一五日午後一時に奉天着。各地を転々としながら、『国民共同体 王道国家農本建設論』を完成させ、七月二四日、ハルビンで憲兵隊に自首し、小菅刑務所に下獄した。当時、国務院実業部初代総務司

長だった藤山一雄が晩年書いた、仮名・実名の登場人物が入り乱れる長篇小説『冷たい炎』（くろしお出版、一九六〇）には、五月一七日、新京に現れた橘を藤山が密かに同僚と相談し、実業部青年官吏の合宿所「実業クラブ」の天井裏に隠したという条がある。発覚して藤山は新京警察署に逮捕・監禁されたが、民政部警務司長・甘粕正彦が「独立国家の勅任官を手続きもしないで監禁するちゅう法があるか」とかけあって解放してくれ、発見されずにいた橘を巡査に変装させてハルビンに逃がし（一八四頁）、それが機縁で、関東軍嫌いの藤山が甘粕と懇意になったと運ぶ。

＊8 『満洲日報』九月二〇日、一面。

＊9 古屋哲夫「「満洲国」の創出」（1満洲建国路線の形成、①出発点としての奉天軍政）、京都大学人文科学研究所研究報告『「満洲国」の研究』東方書店、一九九三を参照。

＊10 森克己『満洲事変の裏面史』森克己著作選集第六巻、国書刊行会、一九七六、「甘粕正彦談話一九四二年八月一八日および一二月一五日、満映理事長室、板垣征四郎談話一九四四年一〇月二八日朝鮮軍司令部での聞き取り」による。板垣談話には「甘粕がハルピンで計画したことは必ずしも必要でないが、構想としては悪くないと思った」とある。当事者の意図を述べたものではあるが、のちの回想で、一般論的に述べられている。わたしの推測の域をでない。森克己は東京帝大資料編纂所編纂官から建国大学助教授を経て教授。戦後は九州帝大教授等を歴任。

＊11 片倉衷「満洲事変機密政略日誌」（以下「片倉メモ」）九月二〇日条。緒方貞子『満州事変——政策の形成過程』岩波現代文庫、二〇一一、第五章、一三四頁を参照。

＊12 「片倉日誌」前掲書、九月二五日条。緒方貞子『満州事変』前掲書、一三六頁。

＊13 山室信一『キメラ——満洲国の肖像』（中公新書、一九九三）は、鄭がはたらきかけた人物として近衛文麿、宇垣一成、米内光政、鈴木貫太郎、南次郎、平沼騏一郎、清浦奎吾の名をあげて

いる。それとは別に一九二九年に、溥儀の方から河本大作にはたらきかけがあり、河本が小磯國昭の賛意を得て動いたという説も紹介している（増補版、一四〇頁）。

＊14　宇垣一成は、一九二四年に清浦内閣陸相、加藤高明内閣のとき陸相として「軍縮」実施、二六年、若槻内閣陸相、二七年から朝鮮総督（臨時代理）、二九年、浜口内閣陸相。

＊15　『宇垣一成日記2』みすず書房、一九六八、八一一～八一三頁を参照。

＊16　「保護国」の定義は、国際的に、あいまいなままで「保護」する側の支配権の及ぶ範囲はまちまちだった。のち宇垣は、三一年暮れ頃まで、民国の宗主権に触れる空気はなかったと記している（一九三八年三月六日）。

＊17　緒方貞子『満州事変』前掲書、四一七頁。

＊18　臼井勝美『中国をめぐる近代日本の外交』筑摩書房、一九八三。酒井哲哉『大正デモクラシー体制の崩壊――内政と外交』東京大学出版会、一九九二。井上寿一『危機のなかの協調外交――日中戦争に至る対外政策の形成と展開』山川出版社、一九九四。黄自進・劉建輝・戸部良一編著『〈日中戦争〉とは何だったのか――複眼的視点』ミネルヴァ書房、二〇一七などを参照。

＊19　戦時期に敷設した軽便鉄道、安奉〔安東―奉天〕鉄道の継続使用とその日清両国の共同事業化、南満洲鉄道の吉林までの延伸および同鉄道守備のための日本軍常駐権、沿線鉱山の採掘権の保障、同鉄道に併行する鉄道建設の禁止、営口・安東および奉天における日本人居留地の設置、鴨緑江右岸の森林伐採合弁権獲得などが保障された。

＊20　エヴァ・パワシュ＝ルトコフスカ、アンジェイ・T・ロメル『日本・ポーランド関係史』柴理子訳、彩流社、二〇〇九、第三章「シベリアのポーランド人児童の引き揚げ」を参照。

第一章　なぜ、満洲だったのか

1　資源豊かな広大な地

満洲の地勢

満洲は広大にして資源豊かな地域である。まず、その地勢のおおよそを眺めておこう。その南部、遼寧（奉天）省は、鉄鉱石を産出する鞍山、撫順炭鉱を抱え、西部は渤海《ぼっかい》湾に面し、港湾都市・営口をもつ（一八五八年、アロー号事件の事後処理のため、清国と英仏ロ米のそれぞれのあいだに結ばれた天津条約で開港した牛荘《ニュウチャン》が土砂の堆積で使用できなくなったため、六四年に条約港となった）。東南部は、山東半島と向き合う遼東半島と地続きで、商港・大連、軍港・旅順、もとの中心都市・金州を擁する関東州に開けている。関東州は日清戦争ののち、ロシアの租借地となり、日露戦争後に日本に移譲された。

遼寧省とその北に位置する吉林省の東側は、針葉樹が聳《そび》え立つ長白山脈などが連なる東部山地を国境にして、南は朝鮮、東と北にはソ連の極東地域が拡がる。その北、黒龍江省の小興安嶺の向こうは広大なソ連のシベリア地帯。西北から西にかけては大興安嶺の険しい崖が連なる丘陵地帯で、その南端から西へ拡がるモンゴル高原を含めて蒙古族の遊牧地で、内蒙古と呼ばれ、行政的にも特別の配慮がなされた。以上が東三省である。

気候は、大連と仙台、長春（新京）と旭川がほぼ同じ緯度だが、大陸性で寒暖の差が激しい。長春では真夏に摂氏三〇度を超えることも珍しくなく、厳冬期にはマイナス三〇度を記録する。各地の夏冬の気温差は平均で、大連六〇度（仙台二四度）、新京四一度（旭川三〇度）、ハルビン四二度である（二〇世紀前半、各地の気象観測所データによる）。全体に降雨量は少なく、風が強く、乾燥しており、体感温度は内地とは相違する。冬の平野部の積雪量も少なく、凍土の平原（ツンドラ）となる。室内は、南はオンドル、北はペチカの暖房設備が完備し、煉瓦壁などで保温効率がよい。

遼寧省の西南に位置する熱河省は、山地を隔てて中華民国の察哈爾《チャハル》省と接し、西南の山海のあいだの狭い通路に山海関がある。その向こうが関内で、天津や北平（北京）のある河北省となる（これら「満洲国」の行政区は、ほぼ中華民国のそれを引き継いだもので、のち省県ともに数次にわたって細分化や再統合がなされた）。

開口部にあたるのは、①華北と東北の境をなす万里の長城の東端にある山海関、また遼東半島に接する地域を除けば、②東部山地の北に黒龍江（アムール河）、その支流のウスリー江と松花江の三つが流れる平原地帯、③西側では大興安嶺と熱河山地との切れ目の三ヵ所である。この自然の要害に囲まれた満洲には、何本もの大河が運んだ沖積平野が連なる地味豊かな平原が広がる。一度洪水が起これば、草木はみな押し流され、その後、芽吹くことが繰り返されてきた。開墾は容易で、一面に畑地が拡がる。北部には灌木の繁る密林地帯を残した荒蕪《こうぶ》の地が遺されていたが、南部では耕地の開発がかなり進んでいた。総面積は一五五万四〇〇〇平方キロメートル。

ちなみに、一九三〇年、日本の領有地（千島、琉球列島を含む内地、台湾、樺太の南半分、朝鮮半島）は、明治維新期と比べると北海道を含めて約二倍に拡大し、六七万五〇〇〇平方キロメートルだった。熱河省を含めた「満洲国」の東北四省は、その約一・七倍、第二次世界大戦後、縮小した現在の日本の面積（三七万八〇〇〇平方キロメートル）の四倍強にあたる。

満洲の前近代

この広大な地域には、旧石器時代から新石器時代にかけて、ツングース系諸民族が広く散在し、とくに沿岸部に穴居生活を営んでいた遺跡が多数散在している。西暦紀元前から、渤海《ぼっかい》・金・後金・清を建国してきた満洲族は南方ツングースの流れとされる。また夫余《ふよ》・高句麗を建国した濊《わい》ないし貊《はく》族、鮮卑《せんぴ》・烏桓《うがん》・契丹《きったん》・奚《けい》などモンゴル系諸民族が興亡を繰り返した地でもある。満洲文字、蒙古文字で記された歴史書も残り、漢民族との関係も錯雑としている。

古くから山参《サンツアン》（朝鮮人参）や貂皮《ディアピー》（とくに黒貂、セーブル）などの特産品は国際的に珍重されていた。交易は渤海を渡って日本にも及んだ。『源氏物語』（一一世紀初頭）に、末摘花は香を焚きこめたクロテンの皮衣を纏う姿で登場するが、周囲から流行遅れと蔑視されている。

一〇世紀頃から文献に現れる女真族は、この地域で農耕・牧畜・狩猟・漁労を営み、長く統一されることがなかったが、一二世紀初めに軍団を組織して金王朝を興し、中国の北半分を征服、宋王朝を江南に押し込め（南宋）、何度も脅かした。だが、モンゴル帝国（元）に滅ぼされた。以降、バラバラになり、長く対立・抗争を繰り返していたが、一七世紀への転換期にかけて愛新覚羅《あいしんかくら》氏のヌルハチ（努爾哈斉もしくは奴児哈赤、清の太宗）が、狩猟民の「ニル」に発するといわれる、いわば家族ぐるみの軍団編制によって、これを統一し、八つの旗（軍団）の下に遼東一帯を支配した。八旗と呼ばれる。その子、ホンタイジは、一二世紀に後金王朝を立て、民族名をマンジュと改めた（文殊菩薩の文殊に由来するともいう）。「満洲」族の呼称は、ここにはじまる。一九世紀には、外部から「満洲族の地」の意味で呼ばれ、日本や外国の地図にも現れるという。[*1] なお、漢字の「洲」は中洲など、水で囲まれた地の字義に発し、大小を問わず、地名に用いる。

ホンタイジは、王朝樹立後、明を滅ぼし、清王朝を立て、その過程で服属した漢族・蒙古族にも「旗」を編制させ、支配層に加えた。一旗の兵力は標準で七五〇〇人という。二四旗、約一八万の兵で、中国全土の主要な都城を押さえたことになる。[*2] 多くの蒙古族は遊牧生活を続け、王の下に「旗」を束ねる「盟」を組んだ。

一八世紀後半、清朝第四代康熙《こうき》帝・第五代雍正帝・第六代乾隆帝の三代にわたって外征を繰り返し、勢力範囲を外蒙古、チベット、西域へと拡げ、歴史上、中国の国土が最も拡大した。貿易口を絞り、利権を管理し、茶やシルク、磁器の販路を拡大し、ヨーロッパに支那趣味の興隆を生んだ。

他方、満洲を祖先の故地として立ち入り禁止にした（封禁という。といっても、一八世紀にも、東北特産のクロテンや朝鮮人参が多額の外貨を稼いでいたことが香港の統計からわかる）。都城を拠点に軍団で管理し、漢族が移住して耕作することを禁じたのである。蒙古族の遊牧地は、モンゴル高原の東端と興安嶺の麓へと後退させた。その措置は、古くから知られていた遼寧の鞍山炭鉱などの開発を押しとどめることになった。

だが、封禁は一八世紀末から破られ、山東半島や河北から徐々に漢族の流民が入り込むようになった。たとえば長春の場合、市街よりかなり東に寄った林のなかに、一七八〇年前後に流亡の人々が住み着いた地と記した碑が立っている。華北が飢饉に襲われ、海路で渡った人が多かったと推測される。他方、蒙古高原では漢族の移住民が多くなるにしたがい、蒙古族と衝突を繰り返した。

「満洲国」期にも、先にふれたように、内蒙古は蒙古族の遊牧地として保護されていた。そのため、満鉄の優秀な地質研究所の調査も及ぶことなく、鉱産物が眠りつづけていた。二〇世紀後期、隅々に至るまで調査・開発が行われ、宝石やレアメタル類の鉱山が次つぎに見つかった。二一世紀への転換期には、露天掘りの炭坑から北京へと延びる高速道路にはトラックの渋滞の列が続いた。だが、最近では掘りつくされたといわれている。

モンゴル高原のゴビ砂漠の北に遊牧を営む蒙古族は、独立運動の過程で清朝の弾圧を受け、民族自決権原則をとるソ連の保護を求めた。が、ヨシフ・スターリンにより、チベット密教（ラマ教）は圧迫を受けた。彼らはやがて君主制を廃止し、モンゴル人民共和国を樹立した（一九二四年）。

チベット族の居住地は、中国西北部から南部にかけて広く散在している。満洲でも時折、見聞録の類に姿を見せているが、大集落はなかったと想われる。それに比して、イスラームを信奉する回族は、清朝時代から、とくに奉天に集団で居住していた。その様子は、北原白秋らと新体詩の新局面を開いた詩人、木下杢太郎が歌誌『アララギ』に寄せたエッセイ「満洲通信」（一九一六～一八年）のなかに記している。杢太郎はまた、軽業などを主体にした吉林の伝統的戯劇についても書いている。

杢太郎は一九一六年に渡満し、奉天に満鉄が設立した私立学校・南満医学堂の教授と奉天医院皮膚科部長を務めていた。南満医学堂は日本の文部省より医専の認可を受け、日中学生の共学で、一九二二年に満洲医科大学に昇格した。それ以前、奉天には、『奉天三十年』を著した医師デュガルド・クリスティーにより西医学堂が一八九二年に設立され、一九一二年に奉天医科大学に改称している。

なお、「満洲国」期を通じて、回族の人口は自然増の傾向を辿った。温順で、商売に長けた回族を優遇し、統治に役立てたわけだ。のみならず、そのネットワークは蒙古聯合自治政府の樹立には欠かせなかったとされる（後述）。

それとは別に、ツングース系のエヴェンキ族やオロチョン族が北満の低山地帯にロシアとの国境を跨いで散開していた。前者は狩猟とトナカイの遊牧、後者は馴鹿《じゅんろく》（中国語でトナカイをいうが、小型の鹿）の放牧で知られる。エヴェンキとオロチョンは、互いに区別しあうが、白樺の幹を円錐形に組んで、その樹皮や獣皮で覆う住居の形態は類似している。清朝はオロチョンにも「旗」を組ませて編入し、封禁の地のパトロールの任に当たらせていたと推測される。彼らツングース系の少数民族も漢民族の流入に伴い、居住地を北へ追いやられたのだろう。

一九二一年冬、イギリスの民族学調査隊がロシア人とともに、北満すなわちソ連の東清鉄道付近の森林地帯に入り、オロチョンの冬の生活やシャマニズムの祭祀などを写真記録に残していた。*3 満洲事変のさなかだが、関東軍はまだ北満まで侵出していなかった。

「満洲国」では一般に武器の携帯を許さなかった。が、オロチョンには大小興安嶺の北辺の森林地帯を彼らの居住区と定め、他民族を立ち入り禁止にして保護し、猟銃の携帯を許可した。軍事訓練も行い、山林隊を組ませてロシアとの国境を越えて諜報活動も行わせた。*4

一九四二年、今西錦司隊が大興安嶺探検に入ったときの記録では「馬オロチョン」と「馴鹿オロチョン」に分けているが、前者は「山林隊」に編制された部隊としている。[*5]

第二次世界大戦後、共産党政権下では、一九五一年に最初の少数民族自治区としてオロチョン自治旗人民政府を認め、オロチョン族は定住生活に移行していった。[*6] ただし、一九六〇年代後期の文化大革命の際、彼らは「日本のスパイ」と難じられ、一時姿を消していたという。人口は二〇世紀末で二〇〇〇人弱とされる。わたしは一九九〇年前後、中国人の人類学者から、彼らが自然に溶け込むようにしてする鳥猟の観察報告を聴いたことがある（吉林省社会科学院）。

中華民国時代、満洲に新たに起こった事態は、ロシア革命を逃れた亡命ロシア人（白系）がハルビンなど北部に流入し、暮らしはじめたことである。「満洲国」は白系ロシア人を保護し、ロシア正教の信仰の自由も保障した。これは日本の対ソ戦略上、必要な措置だった。南満洲鉄道のロシア管理区の南限は長春市街と接する寛城子で、ロシア人街となっていた。大連など都市の歓楽街に進出する女性たちもいれば、どのような事情があってか不明だが、人里離れた僻地に潜むようにして小集団で暮らす人々もいた。当然、無医村で、その生活は、日本人の医療従事者が残した「訪問記」の類によって、かろうじて知ることができる。

2 満洲の経済成長

列強の中国蚕食

東三省を支配下に置いた軍閥、張作霖の権力欲が暴走しはじめたのに手を焼き、関東軍が爆殺という暴力的手段に出た頃から、陸軍内部に満蒙領有論が渦巻きはじめたことは先に述べた。張作霖は日露戦争後、東北地方で袁世凱を支持する北洋軍閥の下で頭角を現し、[*7]段祺瑞《だんきずい》、孫文ら日本の支援を受けた軍閥同盟に加わり、一度、中原に打って出て直隷派に撃退された（一九二二年、第一次奉直戦争）。そののち、東三省で独立を宣言、一層の富国強兵策をとった。彼の中原制覇の野望は、満洲の特産品、大豆とその加工品の貿易による東三省の経済的基盤に養われたものだった。それを支えていたのは、日本の満鉄とソ連の東清鉄道による貿易だった。満洲事変前夜、東三省の貿易額は、国際恐慌の波を受けながらも、中国全土の三分の一ほどに上っており、しかも輸出超過で、その相手は日本に大きく傾いていた（後述）。

満洲の経済基盤が保たれるには、大豆と豆粕などの生産と需要、それを仲介する商業システムが揃わなくてはならない。それが促されたのは、二〇世紀への転換期、列強諸国が中国大陸を蚕食し、原料の輸出地域として開発に向かう機運が渦巻きはじめていたからである。

中国南部の沿岸、広東の港町・十三行《こう》（「行」は同業者組合を意味し、一三の組合《ギルド》があったことに由来する）が明末から対外貿易の拠点に定められていたが、清朝時代にポルトガルによってマカオ、大英帝国によって香港が開かれた。イギリスが売り込んだアヘンが瞬く間に中国に浸透し、これを禁じた清朝とのあいだにアヘン戦争（一八四〇～四二年）が勃発、敗れた清国は南京条約で香港を割譲し、さらに一九世紀半ばには上海が自由貿易都市として急速に発展した。

張作霖

清朝の衰退とアヘンの運搬ルートが転換されたことで、密売業者が困窮し、叛乱を起こし、これがキリスト教に刺戟を受けた太平天国の乱へと発展した（一八五一～六四年。弁髪を結わない長髪賊の乱とも称される）。その混乱に乗じて英仏が組み、清朝に貿易拡大を迫ったアロー戦争（一八五六～六〇年）により、天津条約（一八五八年）、北京条約（一九六〇年）が結ばれた。清朝は近代兵器を買い付けて太平天国の乱の鎮圧に出、また南満から渤海へ注ぐ遼河河口の港町・牛荘と天津が開港した。中国東北、すなわち満洲は、それとほぼ同時に、ロシアの南下政策の圧迫を受けはじめた。

清朝北部とロシアとの国境は一八五八年五月のアイグン条約の締結により、アムール河左岸、タイガの森林の拡がる一帯がロシア領に組み入れられ、ロシアはアムール河の水運の権益も手に入れた。これによって朝鮮の北方はロシアと国境を接することになった。モスクワと極東の不凍港・ウラジオストックを結ぶシベリア鉄道敷設が一八九一年に着工し、一九一六年に完成する。

ロシアが南下政策によって朝鮮王朝に迫り、それに危機感を抱いた日本は、その宗主国だった清朝とのあいだに一八九四～九五年に日清戦争を起こし、講和条約により、朝鮮の独立を取りつけ、台湾と遼東半島の割譲が決まった。だが、ロシア・フランス・ドイツの三国干渉により、ロシアが関東州（このとき、ロシアが命名）を租借し、軍港として旅順、自由貿易港として大連の建設もはじめた。フランスは広州湾沿岸一帯を、ドイツは青島を中心に膠州湾を租借、それとともに大英帝国は長江沿岸の利権の優先権を獲得した。このようにして清朝中国は、列強の半植民地状態に陥り、一九〇三年から一九三〇年のあいだに貿易総額を三・二五倍に増加させた（ジャンク舟などによる沿岸貿易の移出入を含む）。むろん輸入超過が続いた。*8

ロシアは一八九七年には、シベリア鉄道のチタから中国領を通って、ウラジオストックに至るバイパス的な東清鉄道（ザバイカル線とウスリー線）に着工、一九〇四年に完成した。東清鉄道の拠点・ハルビンから旅順を結ぶ支線、南満洲鉄道も一九〇三年に開通した。これによって、北満と南満を結ぶ物資の動脈がつくられた。

このように西欧列強が中国分割の動きを激しくしていくのに対し、危機感を抱き、日清戦争後、貴族院議長（一八九六～一九〇三年）を務めていた近衛篤麿《このえあつまろ》は、一八九八年に日本と中国は同文同種と主張し、同文会を設立、民間諸団体を糾合して東亜同文会に発展させ、その会長に就任。アジア主義大同団結運動を企み、康有為《こうゆうい》と会談してアジア・モンロー主義を説き、清朝内で権力を揮う劉坤一《こんいつ》（両江総督）や張之洞《しどう》（湖広総督）ら洋務派と関係を深め、満洲解放論すなわち満洲への日本の進出に意欲を見せた。日本と清朝の要人間の関係の基礎は、これによって築かれたところが大きい。

その間、一九〇〇年には、天津を中心に列強の宣教師たちの布教活動が盛んになったことに反撥し、「扶清滅洋」を叫ぶ宗教結社、義和団の乱が起こった。これに乗じて清朝・西太后が列強に宣戦布告したため、列強八ヵ国が介入（北清事変、一九〇〇年）[*9]。なかでも中国東北部に関心が高い日本とロシアの出兵が際立って多かった。

これに関連してふれておくと、一九〇〇年一〇月一八日に「北清事変活動大写真」（撮影柴田常吉・深谷駒吉、製作日本活動写真会）が神田錦町の錦輝館で公開された記録がある。

インパクトの強い、戦争ニュース映画の最初の日本製フィルムで、吉澤商店は各地で巡回興行したと想われる（翌年、スチール写真集も出版）。

そして一九〇四年、朝鮮半島の権益をめぐる日露戦争では、南満洲と日本海が戦場になった。これに清朝は不干渉の態度で臨んだ。国際的に帝国主義戦争の予感が立ち込めるなか、二〇世紀初の大規模な国際戦争である。重火器や機関銃が用いられ、装甲船による初めての海戦が行われ、注目を集めた。無理な作戦もたたって多くの戦病死傷者が出たことでも知られる。当時の公式記録で日本側戦死者、約八万五〇〇〇人、戦傷者、約一四万四〇〇〇人（『日本長期統計総覧』）、ロシア側死者数は推計で四万数千人。とくに日本は、ジャーナリズムも民間の輸送もフル稼働し、ほとんど総力戦の様相を呈した。

双方手詰まりに陥り、戦線膠着状態が続いたが、一九〇五年、ロシアで内乱（メンシェビキ革命）が起こったため、ようやくロシアが交渉のテーブルに着き、九月五日、アメリカのポーツマスで調印した。大国ロシアを相手に極東の小国、日本が勝利をおさめたことは、列強の圧迫を受けるアジアなどの地域では驚嘆の的になった。以降、日本に中国やインドからの留学生が増えはじめる。中国からの留学生は軍人も含み、当時起こっていた日本商品ボイコットなど「反日」の波とは裏腹の関係をなしていた。留学生は満洲事変期に至って減少する。

満洲の貿易振興

満洲の輸出総額は、一九〇三年から一九三〇年までの二八年間で三〇倍以上に達した。〇三年次を100とし、五年刻みで見ると、〇八年384、一三年843、一八年1372、二三年2044、二八年3349。一九三〇年には世界恐慌のあおりを受けて3112に下落（ロシア及びソ連、朝鮮への鉄道によるものも含む）したものの、同期間における中国本土の輸出総額の伸びの約三・三倍にあたり、[*10] しかも一貫して輸出超過。驚異的な経済成長といってよい。

日本は満洲の石炭や鉄鉱など鉱産資源を手に入れようと植民地化したというイメージが強い。それがまちがっているわけではない。実際、満洲の輸出のほとんどが原料や原料となる製品で、資源である。ところが、資源といっても鉱産資源に限らない。満洲の輸出品の断然トップは、大豆と大豆を絞った豆粕《まめかす》（円盤状に固め、「豆餅」にして運搬）、搾り取った豆油の三つで、大豆三品という。一九二四年の大豆及び豆粕は、その生産高の90％超を輸出、そののち、やや相対比が低下するが、一九三〇年で大豆の商品化率は82％強。自家消費は少なく、ほぼ商品として栽培されていたと見てよい。

一九三〇年の輸出（中国本土へは移出）の主要品目について、総額中の割合を記してみる（中は中国本土、ソはソ連、蘭はオランダ）。

大豆	30・2%	対ソ26%	日20%	中17%	蘭17%		
豆粕	17・5%	対日44%	ソ25%	中23%	鮮6%		
豆油	7%	対蘭48%	英18%	中16%			
石炭コークス	9・9%	対日43%	中40%	鮮9%			
鉄及び同製品	2・3%	対日79%	中17%	鮮3%			
輸出総額における国別		対日29%	中26%	ソ13%	鮮10%	蘭9%	英3%

満洲の輸出全体では大豆の割合が圧倒的で、かつソ連向けが多い。ソ連の経営する東清鉄道の拠点・ハルビン等に海関（税関）が設けられていた。ハルビンにはロシア人が経営する豆粕製作所など小規模工場が集まっていた。日本にとっては、石炭や鉄鉱の輸入先という意味が大きかったことも、これで確認できる。

張作霖政権は新たに朝鮮との国境の鉄道の駅に複数の税関を設け、さらに物品移動にも税をかけ、税収の増加をはかった。ロシア革命によって権力が弱体化したソ連を圧迫し、東清鉄道を共同経営にし、沿線の租借地も回収した。二九年には、張学良政権がソ連と共同経営していた東清鉄道とその支線の利権の回収に出て、ソ連と紛争を起こしたことは先にふれた。ソ連は「満洲国」を承認しなかったが、貿易は続け、一九三五年に東清鉄道を

「満洲国」に売却するが（後述）、その後も「満洲国」の対ソ・対欧貿易が途絶えたわけではない[*11]。

先の一九三〇年の統計で、その他輸出先が特徴的なものをあげる。粟が総額の6・4%で、その95%が朝鮮に輸出、高粱《コーリャン》は総額の1・7%に過ぎないが、その59%が中国本土、30%が日本。このほとんどは白酎《バイジュウ》や焼酎用だろう。柞蚕《さくさん》糸もあがっている。ヤママユガの一種のマユからとる糸で、シルクにはならない。総額の2・5%。その61%が日本、38%が中国本土に輸出されている。総じて、満洲の急激な経済成長は、日本がロシアの租借地、関東州と南満洲鉄道の長春から南三分の二の経営権を譲りうけ、経営に乗り出したことが大きくかかわっていたことが知れる。

満洲の輸入品についても、一九三〇年の輸入総額（五四三三万一〇〇〇海関両：銀建ての税関統計額）に対する割合を見ておく（諸：中国諸港経由、香：香港経由）。

綿織物	18%	日56%	中37%	
綿織糸	3・6%	中78%	日21%	
小麦粉	6%	中42%	米36%	日15%
機械器具	5%	日36%	独21%	米11%
鉄及び鋼	4・3%	日52%	中7%	

煙草	5・9%	中43%	英32%	諸14%			
砂糖	3・4%	日39%	香32%				
麻袋	3・3%	香55%	日16%	ソ15%			
紙類	2・4%	日46%	中34%				
石油	2・3%	米55%	ソ13%	諸10%			
毛織物	2・1%	諸33%	日30%	独17%	英13%		
綿花	2・7%	日53%	中18%	諸18%			
総計	日36%	中27%	米7%	諸6%	ソ5%	独4%	英3%

日本から輸入されている砂糖は台湾製のもの。満洲で麻の栽培は行われておらず、羊は飼育されていても食肉、皮製品用。綿花は栽培されていても質がよくなかった。機械器具は5%にすぎない。大方の植民地がそうだが、工業化は著しく遅れていた。

なお、ここには、「車輛類」という項目があり、輸入総額のうち、0・1%と額は小さいが、日本から40%、アメリカから18%、ドイツから8%入れている。満鉄は一九一三年には自社製の列車を製造しはじめたが、食堂車や特等車はアメリカから入れていた。ドイツ製は張学良政権が敷設した官営鉄道用（満鉄包囲線）に購入したものと見てよいだろう。張学良政権とドイツとの結びつきが知れる。

輸出総額が対中国本土向けを抑え、日本向けがトップに立ったのは一九一八年のこと。これは欧州大戦中の日本の好景気に支えられていた。朝鮮を加えれば群を抜いている。輸入も日本からが中国本土からより多い。つまり「建国」以前から満洲の得意先は日本であり、経済的相互依存が強かった。

大豆モノカルチュア

満洲は、あたかも大豆モノカルチュア（商品作物の単一栽培）の光景を現出していた。モノカルチュアは、植民地の支配国が本国で需要が高いから、ないしは貿易のために、サトウキビや天然ゴム、コーヒーなど単一の農産物を現地で集中的に栽培させることに由来する語だが、満洲は、他国に支配される植民地ではなかった。高粱が多く地元で消費されるのに対して、大豆は主に商品として栽培され、運搬のため冬には凍土の上を、吹雪を突いて走る荷馬車が独特の風物詩のようにも語られる。それは日露戦争後、一九二〇年代にかけて定着したものだった。

大豆は、原産地は中国南部と想定され、長い時間をかけて寒冷地でも栽培されるようになっていた。日本では弥生時代から栽培され、醬油や味噌の原料にもされてきたが、澱粉が少ない大豆が、食料としてのほかに、豆粕が肥料および家畜の飼料に適していることが知られるようになったのは、日清戦争を前後する時期のことである。このころから長江のデルタ地帯に綿花栽培用の肥料として移出され、また日本では資本主義の発展により、農産物全般の商品化が進み、その肥料として輸入された。日本の商社では、日露戦争後、神戸から満洲に渡った小寺謙吉が遼東湾の営口に設立した豆粕製作所と兼業の小寺洋行が貿易に着手していた（小寺は、この儲けを元手にヨーロッパに留学。のち衆議院議員、戦後は神戸市長）。

二〇世紀に入り、イギリスで実験的に豆油が作られた。「満洲大豆」が輸入され、他の植物油を抑えた。ヨーロッパでは根粒バクテリアが生息しないため、大豆が育たない。そこへヨーロッパ向けの国際ブランドとして知られるようになっていった。牛乳と混合し、マーガリンにして（ナポレオンが国民皆兵軍用に開発したとされる）輸出されるようにもなった。ヨーロッパでは、健康食品として大豆ビスケットなども出まわり、逆にアジアに輸出された。

一九〇八年より三井物産（旧）が大連港からの輸出高を飛躍的に拡大させた。[*12] 一九一〇年代は、ちょうど日本で商社が活躍しはじめる時期にあたるが、大連は、上海と並ぶ海外拠点だった。

この動きは、小さな耕作地がひしめく南満より、長春より北の大規模耕作地の開発を促し、山東省や河北省からの漢民族の流入に拍車をかけた。関東州では一九二九年で一人当たり耕地面積は二・三反と計算されていた。一反は三〇〇坪で九九〇平方メートル。東三省の総面積に対する未耕地（耕作可能だが未耕の地）の比率は、奉天省九%、吉林省二二%、黒龍江省一五%、熱河省一一%。奉天省はもともと清朝の都城があったところだが、市街化が進み、黒龍江省、熱河省は山地が多い。不可耕地の割合は先の四省の順に、六五・四%、五九・四%、七八%、七九%である。[*13]

そのころ、日露戦後までの満洲大豆について、その発展可能性とともに、東北帝国大学農科大学農業経済科の卒業論文『満洲大豆論』（一九一二）にまとめた人がいる。駒井徳三である。駒井は滋賀県に生まれ、京都府立京都第二中学校から札幌農学校予科を経て、当時札幌にあった東北帝大農科大学に進学。一九一一年卒業、一九一二年八月に満鉄に入社し、そののち、外務省アジア局や陸軍省の嘱託を経て、「満洲国」建国と同時に国務院総務庁長官に就任する。だが、その財政方針が若手の反撥を生み、排斥騒ぎが起きたため、[*14]満州国建国の年、一九三二年一〇月には辞任し、参議府参議となり、新京の中堅官吏研修機関である大同学院の院長などを歴任する（後述）。

そののち、一九一三年、新京（長春）の西、公主嶺《こうしゅれい》に満鉄産業試験場の本場が開設され（一八年より農事試験所）、穀物、家畜の品種改良が本格化した。[*15] 大豆の品種は多く、各地の地味、農法により、種と収穫量にバラツキがあった。最も普通種の黄豆《ホアントウ》（元豆とも）のうち、金元という種が最優良種とされていた。これに改良が加えられ、粒が大きく含油量の多い満洲大豆の代表種になったと想われる。

公主嶺農事試験場は、水稲栽培の北限も押し上げていった。小麦、高粱などの穀物のほか、リンゴなど果樹の栽培種の多様化を進めた。寒冷地では一般に冬、凍土が割れ、空気を採り込むため、有機分が増し、地味を豊かにするため、改良の成果も目覚ましかった。豚、蒙古羊、牛馬の改良も進められた。また、大豆輸送用の袋にする洋麻《ケナフ》の栽培にも成功し、これをインドから輸入する必要がなくなったことも経費削減に大きく寄与した。[*16]

一九二〇年代になると、大連の商品市場に日本の商社が数社参入し、大豆三品の貿易に携わっていたと見られる。貧困に喘ぐ農民の傍らで、集荷ののち、余った大豆が焼却される光景は、満洲の経済矛盾の象徴のように語られてきたが、建国以前から、価格調整を図るためになされていたと想われる。

大豆三品が主要輸出品だったことは、「満洲国」建国後、岸信介ら中央官僚が乗り込んではじめた産業開発五ヵ年計画の実施期でも変わらず、一九三七年で貿易総額に占める割合はかなりを占めるといわれている。豆油は油脂製品に広い用途が開発され、満鉄中央試験所では、燃料用（石油に代わるエネルギー源）として大豆からエタノールの精製に成功していた。[*17]

満洲大豆は消えたか

余談になるかもしれないが、一九七〇年代から原油価格の値上がりや環境問題などへの対策から、ガソリンの代替エネルギー源としてトウモロコシからエタノールが開発・製造され、しばし、話題になっていた。ところが、現在では、頁岩《けつがん》から抽出されるシェール・オイルが圧倒したらしい。

満鉄中央試験所は、撫順炭鉱で採れる頁岩からシェール・オイルを抽出することにも熱心に取り組んでいた。戦時期一九四四年には、撫順炭頁製油工場から二三万トンが輸出され、四五年七月で年間二八万トンの生産を見込んでいた。[*18] さらには撫順石炭液化工場では石炭を直接液化することにも成功し、錦州の合成燃料株式会社でも完成した。が、戦争終了直前のことという。[*19] わたしには、それらの当時におけるコスト・パフォーマンスも戦争に要する量も見当がつかないので、それらを日本の科学技術者の夢の欠片と惜しむこともできない。

が、戦後、中国の大豆はどこへ行ったのか、気にかかる。二一世紀に入り、中国が世界第二位の経済大国になり、二〇一八年に米中貿易摩擦が顕在化した。中国がアメリカ商品の輸入関税を大幅に値上げし、米国産大豆に二五%の追加関税を課すと、飼料になる脱脂大豆も大きく値上がりし、食肉価格も上昇した。少なくとも一九八〇年代には、中国東北の畑地は一面、トウモロコシ畑だった。注意して見ると朝鮮系の人々の田圃もちらほら見える。もっと接近すれば野菜畑も果樹やワイン用のブドウ畑もあるという具合だった。今日では、有機栽培の特別農園もつくられ、高級レストランの看板が立つ。が、大豆畑は見たことがない。一面に野菜づくりのビニールシート畑が広がる山東半島でも見たことがない。

アメリカでの大豆の栽培は、ペリー艦隊が日本から持ち帰って始まったとも、一九三〇年代に中国からの貨物船に貨物のクッション代わりに敷かれていたことから栽培が拡がったともいわれている。第二次世界大戦後はアメリカの生産量が俄然トップで、一九七〇年代に輸出規制をかけたので、日本の豆腐が高騰したこともあった。それを機会に、日本はブラジルにテコ入れし、大豆栽培を促した。現在、ブラジルの生産高が世界二位という。

では、満洲大豆は消え失せたのか。いや、そんなことはない。主力産品ではなくなっただけだ。長春のレストランでは素朴なおぼろ豆腐、凍《し》み豆腐、絹ごしに相当するもの、厚揚げやおから、湯葉に似たものなど各種の豆腐が味わえる。どれも大豆の香りが舌の上に拡がって、日本の舌ざわりはよいが、やや香りの薄い豆腐とは一味ちがう。

3 国際都市・大連

二〇世紀前期の満洲の貿易に急激な成長をもたらしたのは、日本の満鉄の活躍によるところが大きい。満鉄は、ポーツマス講和条約によりロシアから譲渡された東清鉄道の支線、南満洲鉄道の南三分の二にあたる長春―大連間、および日露戦争期に日本軍が設置した軍用鉄道だった安奉線（安東〔現・丹東〕～奉天〔現・瀋陽〕）とその付属地の経営を目的に、西園寺公望《きんもち》内閣が一九〇六年に設立した勅令第一四二号による特殊会社である。当初資本二億円の半ばは、現地の設備、すなわち国有財産（国家資本）で、政府が勅令で総裁と理事を任命、関東都督府が監督権をもち、炭鉱、水運、電気、倉庫等の経営を行う企業体（国策会社）として出発、本社を大連に、支社を東京に置いた。残りの株式一億円は、民間より募った。このような多角的企業体による植民地経営としては、イギリスの東インド会社が長く実績をあげていた。

初代総裁・後藤新平は、監督官庁に支配されることを嫌い、就任の条件に関東都督府の最高顧問の兼任を付した。また「満鉄十年計画」を策定し、ロンドンで社債を発行、二億円を調達して事業費にあてた。鉄道を主体に、撫順炭鉱、煙台炭鉱、大連の港湾のほか、ホテル・病院・『満洲日日新聞』の刊行（個人経営で〇七年創刊、満鉄は株式化を進め、一九年に買収）、付属地では日本人子弟のための小・中学校を経営、中国人（のち「満人」）向けの公学堂や日語学堂などの学校も開くなど、多岐にわたる事業を展開する基本方針をつくった。

後藤は、台湾総督府民政局で培った経験に立ち、「文装的武備」「王道の旗を以て覇術を行う」こと、すなわち武力に代えるに文化事業をもってすることを基本戦略とし、付属地行政に対処しうる学術の総合的蓄積を図った。調査を重んじ、地質調査のほか気候風土に即応する土木事業や産業技術の開発を担う中央試験所、農事試験場や、医療のためには奉天に南満医学堂（一九一一年）を設置、また地誌・民族の調査などを積極的に行う体制を築いた。一九〇八年には、東京に満鮮歴史地理調査部を設置している。白鳥庫吉、津田左右吉らが所属した（一九一五年、東京帝大に移管）。

後藤は「生物学の原則」に則《のっと》った植民地経営を持論とした。イギリスの植民地経営を参照し、現地民の風習に介入して反撥を招かないことを旨とする。といっても、戦争で得た権力に立ち、かつ文化的優位を前提にしているから、被支配者側が民族自決の立場をとれば、「文化侵略」と非難されることは否めない。

満洲では、中華民国による満鉄への連絡線の建設を援助し、中国人の満鉄株式所有や重役就任を承認、また輸送力を上げるため、国際標準軌（一四三五ミリメートル）に付け替えるレールをロシアから購入するなど国際関係にも配慮した。当初は列車の製造は間にあわず、アメリカから買い付けるしかなかったが。

後藤はまた、総裁に就任した際、一〇年間で五〇万人を移植すると抱負を述べている。が、彼は台湾に日本から農民が積極的に移植しなかったことをよく知っていたはずである。

一旗揚げようにも、地代が払えなければ、入植できない。国家が融資しない限り、外地への移民は、元手の小さな職業に傾きがちで、満洲でも、その傾向が顕著だった。商売のための移民、投資のための植民地であることは目に見えていた。

移民五〇万人計画は、日清戦争に際して、徳富蘇峰が植民地獲得を人口問題の解決策と唱えたことに便乗したもので、植民地経営の重要さを政府や国民に向けて訴えるためのアドバルーンだったのではないか。後藤新平が「大風呂敷」といわれる所以の一端であろう。

実際、日露戦争後の日本では、外国債の返済のために据え置かれた重税に耐え兼ねて土地を手放す農民が増え、男女とも肉体労働の出稼ぎに出ていたが、やがて、その多くが都市の工場地帯へ流れ込んだ。一九〇一年、官営八幡製鉄所の創業に示されるように、政府主導で産業構造が重化学工業化へ大きく再編されてゆく時期にあたっていた。農村共同体は再編を余儀なくされ、地主は地方政治家や地場産業の事業家への道を歩み、自作農は換金作物に力を入れ、化学肥料の共同購入や作物の共同出荷などを行う産業組合などを通して、農産商品の小規模生産者へとステイタスを変えてゆく。移民として外地に出ようにも、渡航費も地代も用意できない農民が大多数だった。

租借地としての関東州には、当初、政府及び軍の首脳はさほど関心を示さなかったといわれる。*20 日露戦争後、「廃兵院」の設置が必要なほどの人的被害があり、外国債返済のために重税が据え置かれたことなど経済的被害は重く、そして犠牲の大きさに比して、取り分の少ないポーツマス条約が締結されると、それに反対する国民集会が解散後、暴徒化したことに示されるように、反政府的姿勢が広がっていたことを考慮すれば、容易に納得されよう。実際、戦勝時の内閣総理大臣・桂太郎は、台湾総督を経験し、台湾協会学校の設立もした人だが（拓殖大学の前身、のち一九一九年、後藤新平が学長に就任）、台湾から莫大な収益があがっていたわけではない。朝鮮情勢を含め、ロシアの南下に軍事で対抗するのに手いっぱいで、植民地経営の方策にまで頭がまわらなかったのだろう。

日本はアメリカの鉄道王、エドワード・ヘンリー・ハリマンの提案により満鉄の共同経営の協定を結んでいた。だが、国益を賭してロシアと渡りあってきた全権・小村壽太郎は、帰国後、それを一蹴した。が、小村も植民地経営のノウ・ハウをもっていたわけではない。帝政ロシアは、いつまた南下政策を強めるかわからない。日本の陸海軍は軍備増強を要求していた（二個師団増設問題等）。財政再建を目ざす西園寺内閣にとって、植民地の文化統治をもって旨とする後藤新平の方針は頼みの綱だった。

だが、ロシアの政情不安は続き、むしろ、日本と友好的な関係に進む。後藤は一九〇八年、逓信大臣に就任する。満鉄総裁の在任期間は短かったが、その経営姿勢は台湾総督府で後藤の下で働いた第二代総裁・中村是公《よしこと》に引き継がれた（〜一九一三年）。調査部門を中心に、学術重視の姿勢が伝統になっていったことは、初期の『調査時報』（一九一九年末〜二〇年九月、B5判）によく反映している（一九二三年三月より定期刊行、菊判、一九三〇年

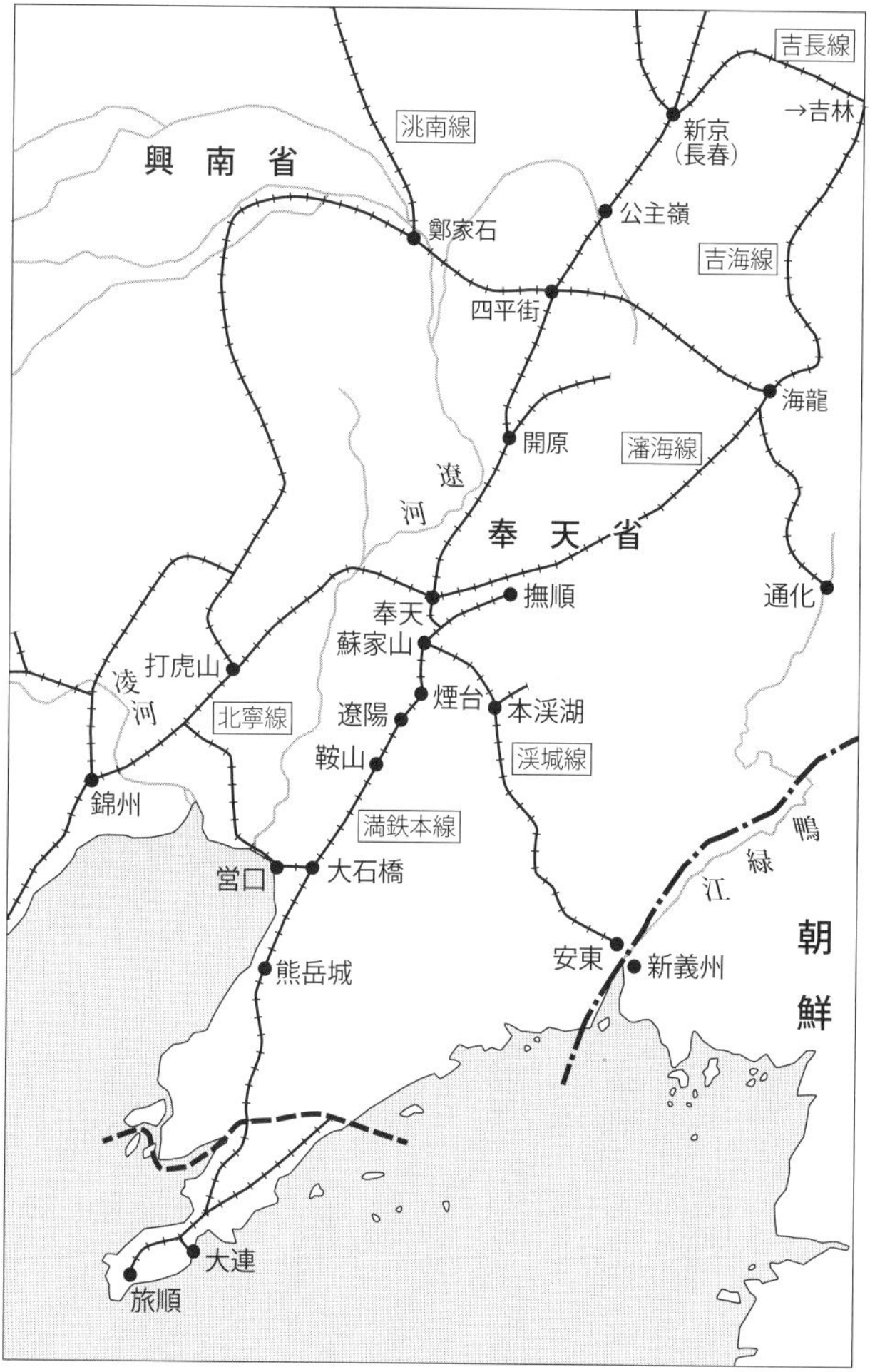

吉長線
→吉林
洮南線
新京
(長春)
興　南　省
公主嶺
鄭家石
吉海線
四平街
海龍
開原
瀋海線
遼
河
奉　天　省
撫順
通化
奉天
蘇家山
打虎山
凌
河
煙台
本渓湖
遼陽
北寧線
渓城線
鞍山
錦州
鴨
満鉄本線
緑
宮口
大石橋
江
朝
鮮
安東
新義州
熊岳城
大連
旅順

満洲国主要部と鉄道網

二月より『満蒙事情』、三一年九月より『満鉄調査月報』)。

集書事業にも力を注ぎ、なかでも特筆すべきは、清朝時代の地誌・地図の収集を徹底して行ったことで、今日でも貴重なコレクションが遺されている(現・大連市図書館蔵)。ロシア革命成立後は、総合的なロシア・ソ連研究を進めていった。各地に図書館を展開し、住民の便宜に供するとともに、学校図書館の普及など教育行政の一端も先導した。

鉄道事業は、一九二三年までに吉林〜長春、四平〜洮南、洮南〜昂昂渓の三線を敷設、さらに五つの線路の敷設権を獲得する。また遼寧省・鞍山に鉄鉱石の大鉱脈を掘りあて、撫順の露天掘りの石炭とあわせて、製鉄事業も開始するなど、満洲における唯一の一大コンツェルンに成長し、資本金は四億四〇〇〇万円に増資している。「満洲国」建国後、一九三三年六月時点でいうと、民間株式は四四〇万株、株主の筆頭は第一生命、銀行では安田銀行、三井・三菱・住友・安田の四大財閥で総計二八万株ほどを占めていた。要するに、日露戦争後から四半世紀のあいだに、満洲の経済基盤は、総合企業としての満鉄抜きには成り立たないところにまで達していたといえよう。

夏目漱石「韓満所感」

満鉄第二代総裁、中村是公が知己の間柄だった夏目漱石を満洲に誘い、漱石は一九〇九年九月初旬から一〇月半ばにかけて大連、旅順、営口、ハルビン等を巡って、朝鮮経由で帰国した。一〇月から暮れにかけて「満韓ところどころ」(『大阪・東京両朝日新聞』に断続連載)を残した。

『大阪朝日』は内地より一日遅れで大連でも読まれていた。が、漱石は、帰国後間もなく、大連の『満洲日日新聞』に「韓満所感」(一一月五、六日掲載)の原稿を送っていた。こちらは「満韓ところどころ」より、俳諧に発する俳文の平俗な滑稽味をぐっと抑えている。『満洲日日新聞』は、この時期は個人経営だが、満鉄が一九一三年より株式化を進め、満鉄の機関紙のような役目をはたしていた(一九年に買収)。漱石も日露戦争後は、新聞人である。植民地で格闘する地元紙の読者に挨拶を送った気味がある。

一〇月二六日、ハルビン駅頭で伊藤博文が狙撃され、殺害されたニュースが飛び込んできたことにふれる際も、植民地支配の現実の厳しさへの言及を避け、いつもは日本の現実に鬱屈を抱いている自分が日本と植民地の文明度の差に直面して感じた驚きを率直に記している。「満洲から朝鮮へ渡って、わが同胞が文明事業の各方面に活躍して大いに優越者となっている状態を目撃して、日本人も甚だ頼母《たのも》しい人種だとの印象を深く頭の中に刻みつけられた。／同時に、余は支那人や朝鮮人に生れなくって、まあ善《よ》かったと思った」と。「まあ」は、自身が彼等を抑圧する側に立っていることを承知しているがゆえの軽い留保である。

そのあと「彼等を眼前に置いて勝者の意気込《ごみ》を以て事に当《あた》るわが同胞は、真に運命の寵児と云わねばならぬ」と続く。運命の落伍者として底辺に生きるしかない人々に読者の関心を向けさせる一文とも読める。「韓」にふれることなく、タイトルだけにそれを残しているることの含意もそこにあろう。文明度の差、階級差に向ける感情を差し出しているのは「満韓ところどころ」にも底流する。

これは、満鉄が文化人を招待し、その見聞記を通して旅行客を呼ぶ先駆けとなった。阿部次郎『人格主義の思潮』（一九二二）は大連・満鉄読書会での連続講演録。一九二八年五〜六月に與謝野寛・晶子夫妻（歌文集『満蒙遊記』共著、一九三〇）、同年夏、三木清も各地で講演。二九年、里見弴《とん》は『満支一見』（一九三一）を遺し、一九三〇年には斎藤茂吉が訪れている（『満洲遊記』）。満鉄の招きは活発になり、三〇年一〇月には『文藝春秋』一行、菊池寛、佐佐木茂索、直木三十五、池谷信三郎、横光利一らが訪れ、彼らがその後、「満洲国」にかかわる機縁となった。直木三十五は「満洲国」に肩入れし、長篇『日本の戦慄』『満蒙の戦慄』（ともに一九三二）を書きもした。

そのとき、横光利一は大連で講演し、物の実質的価値と価格との関係を論じたカール・マルクスの理論を批判したところ、亡命ロシア人の女性から長い長い拍手を送られたという。おそらく物には精神的価値もあるとでも言ったのだろう。その六年後、ヨーロッパからシベリア鉄道で帰り、再び大連を訪れたとき、それを思い出し、自分はその拍手に押されて歩いてきたとエッセイ「ある夜の拍手」（一九四三）に書いている。[*21] 横光利一が東西文明の根本的なちがいと取り組んだ長篇『旅愁』（未完）は、すでに終盤にかかっていた。

都市文化の移植

漱石が満洲を訪れた翌年、一九一〇年に、日本の租借地、関東州に日本人は約三万五〇〇〇人、満鉄付属地を併せて全満では約七万五〇〇〇人が住んでいた。約二〇年後、一九三〇年末には関東州に約一一万六〇〇〇人、全満では約二二万九〇〇〇人と増加している。関東州の面積は三四六二平方キロメートルで、一九三〇年の人口九三万九〇〇〇人、人口密度は一平方キロメートルあたり二七一人。北海道を除く内地の人口密度は平均で一六九人、台湾は一二八人、朝鮮九五人。比較すれば、その密集度は歴然としている。[*22]

一九三〇年、約一〇万人の日本人が南満洲鉄道（長春より南三分の二）の付属地に住んでいた。鉄道付属地は、線路脇の帯状の土地と駅周辺の街区をいう。付属地の人口密度は一平方キロメートルあたり一二六六人。奉天や長春の城（旧市街）に接する街区に、官吏や満鉄社員、教員、商社マンなど、新中間層が蝟集《いしゅう》し、彼らと関東軍を顧客とする商店やサービス産業に従事する人々がほとんどだった。さして元手をかけずに勤労機会を求める者たちであり、「都市勤労移民」とでも呼べばよいか。

この新中間層の都市への人口移動は内地の一九一〇年代のそれと併行ないし、やや先行する現象といえる。一九三五年の東京市統計課の調査では、二世代単一家族が九割に達す

大連中山大広場（ニコライエフスカヤ広場）

る。同じ移民でも、一九一八年、国策的に海外興業株式会社がつくられ、とくに関東大震災後には、政府が渡航費を援助して南米などに送り込んだ「開拓移民」とはまったく様相を異にする。こちらは「一家をあげて」の移民となる。

関東州では遼東半島南端の自由港・大連が発展した。東は黄海、西は渤海、南西は海を隔てて、山東半島と向かいあう。北は遼東半島の付け根から東北の平野に繋がり、そこへ満鉄が延びてゆく。といっても、租借地を一歩でも出れば、そこは外国である。県庁などで許可を得れば、付属地外で事業を営むことはできたが、「満人」と競争しうるノウ・ハウがあればの話。たとえば、当時の中国人家屋に不可欠な石灰に目をつけ、その製造で儲けた人などがいたようだ。

三国干渉によりロシアが租借した旅順を軍港に、大連を商港として計画・設計し、建設にかかったが、完成しない内に、日本に移譲され、その都市建設の土台になった。大連の中央にニコライ二世の名を冠したニコライエフスカヤ広場を設け、放射状に街路を拡げる。パリのエトワール凱旋門広場（現・シャルル・ド・ゴール広場）をモデルに小型化し、街路を七本から一〇本に増やした。日本人には欧羅巴《ヨーロッパ》街と呼ばれた。広場の外周路に銀行などが並ぶ。満鉄が経営したヤマトホテルも、ここに位置する（この場所では一九一四年より営業）。

広場から北東へまっすぐの道が満鉄大連駅に通じ、その向こうに大連湾の埠頭が拡がる。大連駅からは海岸にそって貨物用の線路が遼東半島の付け根に西へ延びる。街にそって旅客用の線路が走る。その二つの線路に挟まれて、満鉄本社と、もと官庁街だった露西亜街が位置している。中央広場からだと北西にあたり、駅の近くの線路を跨ぐ陸橋、日本橋を渡ることになる。街は東と北に小高い丘陵を背負うかたちで、北海岸にはジャンク貿易の港がある、西には入江があり、遠浅の砂浜で海水浴場やゴルフ場などをもつリゾート地、星が浦（現・星海公園）が開発された。

満鉄は大連市内に、新たに公園もつくった。なかに特色があるのは、メリーゴーランドなど電動遊具を備え、夜にはイリュミネイションが輝く電気遊園だった。メリーゴーランドは、一九世紀半ばころからヨーロッパ各地の遊園地で人気を博していたが、電飾を活用したのは先端的だった（このころの中国東北は、まだ火力発電）。電気遊園には、電気館（映画の常設館）も一九〇九年に開館している。

そのほか図書館、工業博物館など文化施設、病院など衛生施設を点在させた。外国人のための倶楽部や、満鉄本社の隣の一角には、満鉄社員のための厚生娯楽倶楽部、協和会館も作られ（一九二三年）、どれも堅牢な建物で外壁などを整えなおし、現在も使われているものが多い。協和会館では、国際的に著名な音楽家の演奏も行われた。一九二〇年前後から、東京・大阪ないし京都、そして大連、という演奏会のコースが設定されていた。

盛り場には、三越デパートなどのほか、小売店が軒並み二〇〇店舗、ぐるりと並ぶ連鎖街と呼ばれるビルもつくられた。いまでいうショッピング・モールだが、その前の通りは、心斎橋通りと名づけられた。東京と大阪の盛り場が集約的に移植されたのである。劇場も歌舞伎座、オーケストラ・ボックスを構えた大連劇場、能楽堂も京劇の劇場もあった。

当初は映画は劇場で上映されていたが、常設映画館も次つぎにつくられ、洋画の新作も内地と同様に上映された。一九一四年一〇月、基督教青年会がイタリア、チネス社の『クオ・ヴァディス』を輸入し、歌舞伎座で上映、これが関東州における本格的劇映画の初上映で、いわゆる芸術映画に満洲文化人の目を開かせたとされる。翌年には、やはり基督教青年会がフランス・パテー社の『噫無《ああ》情』を上映、成功をおさめたという。[*23] 一九二〇年で大連の常設映画館は六館。ジンタ（市中音楽隊）による演奏つきで、解説者（弁士）も活躍、東京で著名な徳川夢声や大辻司郎らも訪れたという。満鉄協和会館ではヤマトホテル管弦楽団が演奏したという。一九三〇年を過ぎるとトーキーの時代に入り、新聞に映画の広告が躍るようになる。

外国映画の輸入は関東州の警察保安係がチェックしていた。一九二〇年代後半、その七割が日本映画だったが、上映は満鉄付属地を出ることはなく、当然、観客は日本人に限られていた。大連は学生野球、実業団野球も盛んだったし、また大運動場、植民地には付きものの競馬場もあった。ゴルフやボーリングなども富裕層は楽しんでいた。

一九二五年八月には大連放送局が開局、名古屋・東京に次いで、さして間をおかずに内地のＪＯＡＫ（内容は一元化）の放送が開始された。この建物は先端をゆくモダニズム様式だった。

大連は一九一九年以降、関東庁の統治下に置かれ、日本人が自国の法の下と同様に自由にふるまうことのできる租借地である。ロシア帝国からの戦利品であり、かつて日清戦争で行ったように中国に攻め入り、奪い取った土地に支配者として居座ったのではない。その点、優位意識にせよ、侵略の後ろめたさにせよ、植民地支配という意識と直接、結びつきにくかった。むしろ、内地と切り離された解放感が強かった。が、そこから一歩外に出れば北満の異郷が拡がる。いわば孤立した解放のトポス（場所の個性）だったのである。

大連は、内地の東京・大阪のハイカラな都市文化の移植地であり、満鉄はその先端を切り拓いたといってよい。民衆は当時の内地の趣味や娯楽を持ち込み、一九二〇年代に入れば、内地の大衆文化の移入も始まった。いわば高級なハイカラに大衆向けのモダニズム様式が入り混じりながら展開した。

大連では、一九一九年の五・四運動に同調する日本人グループがあったと、大連市史を専門とする中国人研究者に聞いたこともある。やがて内地で左翼に対する取り締まりが強化されると、満洲に逃れるシンパも出る。たとえば、藤川研一（中国名、王清）は、日本プロレタリア劇場同盟九州支部で活動したのち、渡満して満映（満洲映画協会）勤務の傍ら、一九三四年、中国人と新京で喜劇を主とする大同劇団を結成・主導するが、当初は大連を足場に左翼演劇を上演していたという。[*24]

内地の都市と異なる点は、ロシア正教が目に見えて活動しており、東清鉄道が日本に売却されるまでロシア人が管理する建物や公園が遺されていたし、ロシア人の経営するバーなどもあったこと、また繁華街には中国人の廉価な食べ物や使用品を並べる露店が並んだことである。かなりの規模の中国人労働者（苦力）の居住地区を抱えていた。[*25] 満鉄は、早くから中国人労働者に指紋登録させており、港湾労働者や工事人夫を契約雇いすることも多かったと想われる。一九三二年の大連埠頭の調査では、滞在年数一年以下の季節労働者は二二%、三年以下は五五%となっており、[*26] 定着率は悪いが、二〜三年の定住者が多い。東三省の独立の年にあたるが、満洲事変の影響は、さほど出ておらず、山東半島や河北からの出稼ぎの常態に近いと判断してよいだろう。

満洲全体では、大豆の収穫・運搬に、農閑期の冬に来て、春には故郷に帰る季節労働者が多い。むろん、郷里と満洲、双方の災害や動乱などがそれに大きくかかわるが、二〇世紀に入って、鉄道が発達すると、その傾向がより明確になり、毎年それを繰り返す者が二割、三年ほどで帰るものが半ば以上に及んだと見てよいだろう。苦力のほとんどは職種を選ばず、賃金の高い方へ流れる。一般に、奥地に行くほど賃金は高くなった。

大連の路面電車には、苦力用の車輛があった。清岡卓行『アカシヤの大連』（一九七〇）にも、小遣いの倹約のためにそれに乗ったと記されている。[*27] 彼らは着の身着のまま、からだを洗うこともしないから、一般客から苦情が相次いだのだろうが、路面電車を利用できる賃金を得ていた者も少なからずいたということになる。それに比して、激しい戦跡を留める旅順は、長く日本人旅行者が訪ねる先だったが、都市開発されることなく、むしろ寂《さび》れていった。付近には、中国人農民の粗末な住居が散在していたことが写真資料からわかる。なお、関東州では、ずっと中国

旅順表忠霊塔

人を「支那人」と呼んでいたようだ。その点、「満洲国」とはちがう。

満鉄社員会

満鉄社員会についても簡単にふれておきたい。創業期に後藤新平の提案によって「満鉄自修会」が組織され、一九〇九年四月に機関誌『満鉄自脩会雑誌』が創刊された[*28]。各自の「智徳の練磨」と「精神修養」をうたい、機械・電気・鉄道車輛など技術関連のほか、英語・中国語・ロシア語の学習のための頁ももつ。鉄道技師の養成を目的とし、技術と語学の自習のための雑誌である。これは一九一三年一二月で休刊し、一九一四年六月に誌名を『読書会雑誌』と改め、教養や読み物記事も盛り込まれるようになる。のち柴田天馬訳として知られる『聊斎志異《りょうさいしい》』の翻訳は、最初はこの雑誌に連載された[*29]。満鉄読書会は、内地知識人を大連に招いて講演会を開くなどした（先に阿部次郎の満鉄読書会での講演にふれた）。

また、部署ごとに現場の熟練工による技術研修も頻繁に開かれていたと伝えられる。その一九一四年の会則は、全社員を会員とし、職員外の従業員や生徒も排除していない。社員外の従業員は、雇いの労働者（人夫が多いが苦力ではない）を意味し、生徒は付属学校のそれである（鉄道従業員養成所・運輸従業員養成所・鉄道学校と名称が変わった。他に見習夜学校・見習学校・育成学校と名称の変わった系列学校もあった）。この雑誌は、一九二七年三月に『協和』に誌名を変更し、正式に社員会の機関誌になり（二八年八月より週刊、二九年五月より半月刊、四一年一二月まで。以降は新聞形式）、多岐にわたる評論・随筆を掲載する。初期には中澤不二雄の野球随筆もある。半月刊期には文芸欄を設け、詩歌俳諧を掲載、石森延男が童話を連載、アントン・チェーホフらロシア文学の翻訳も掲載した。

なお、見習い工をステップ・アップの一過程として会社組織のなかに位置づけるのは、スコットランドの造船所などが一九世紀以降とっていた方式である。今日、「日本の工学の父」と呼ばれる山尾庸三は、長州藩の命を受け、伊藤博文らとイギリスに密航した長州五人組の一人で、技術習得のためグラスゴー大学に残り、最初にその恩恵に浴した人だった。

社員会は、内地の与党政党の交替に経営陣の人事が左右されることを嫌って立ち上げられたと語られもしたが、もともと管理職を含む全員参加型組合だった。事変前の満鉄については、そのほか高級幹部と青年会との角逐、社員会の定義をめぐる議論、社員の経営参加などが論議されてきたが、どれも、国策会社すなわち公共事業体の職能集団がユニオン・ショップで組織され、内部で論議の自由が保障されていたからこそ起こる問題である。内閣鉄道院（一九〇八年創立、初代総裁、後藤新平）や朝鮮総督府鉄道などとのあいだに人事異動もあり、また鉄道技師であれば、現場の労働者に接する機会も多かった。民族や職場、ステイタスの上下などのちがいを超えた協働組合の精神が「協和」と呼ばれていた。その様子は折々の機会に撮られた集合写真や、満鉄職員で同人雑誌『作文』[*30]で活躍した日向《ひなた》伸夫が日・満・鮮の鉄道労働者の民族心理を書いた短編小説集『第八号転轍器』（砂子屋書房、一九四一、第一回満洲文話会賞、上半期芥川賞候補）にも、うかがえる。これらがのち、満洲青年連盟結成の基盤となった気風である。

大正リベラリズムの流れを受け、大連の自由な気風に育まれた満鉄社員会には、ユニオン・ショップの組合の「協和」の旗のもとで、錯雑とした多様な志向が渦巻いた。『新天地』（後述）や『満洲評論』[*31]などで活躍した橘樸の示した傾向で、ギルド社会主義（他の一つは地域自治主義）とも親和性をもちやすかった。それゆえ「協和」にも、さまざまな解釈を込めた議論が交錯する。それらの議論を階級闘争の立場から論じると、「家族主義」や「労資協調」などのレッテルに封じ込めてしまうことになる。

一九一〇年の大逆事件以降、立憲君主制秩序を強めた内地では、民主主義は吉野作造らの「民本主義」に言い換えられ、政党政治、普通選挙実現に道を拓いた。一九二〇年、日本がＩＬＯを傘下に抱える国際連盟の常任理事国の一つを占めることになると、前後して労働運動への規制が一定程度緩められ、賃上げや団結権などの条件闘争、すなわち階級闘争が盛んになった。神戸の造船所では一か月半ストライキが続き、官営・八幡製鉄所の溶鉱炉の火が四日間にわたって消えるなど大争議も起こった。それらは、地域組合主義に活躍した賀川豊彦や生産点（工場）主義（サンディカリズム）に立つ大杉栄にリードされ、政治闘争化せずに大正デモクラシーを下支えした。日露戦争後から激化する生命の危機の時代には、地上の生存権と魂の救済をかけた大本のような宗教結社による世直し運動も知識人や軍人を巻き込み、大きな勢力に成長した。大本は私有財産否定などを含む「大正維新」を掲げたため、厳しい弾圧（第一次、一九二一年）を受けた。

総合雑誌『新天地』は、こうした思潮を受けて、一九二一年五月に大連で創刊され、山口慎一（のち、筆名、大内隆雄）、橘樸らが論壇を形成、詩歌・小説も掲載し、周作人らの寄稿も受けた。一九二四年には、東京に取次所を設けた。満洲事変を前後する時期からは政策論・時評が大半となった（終刊は四五年五月号）。

満蒙文化協会の設立

一九二〇年七月一日、大連に満蒙文化協会が設立された。総裁に後藤新平、顧問に関東庁長官、満鉄社長らを連ね、会長は満鉄副社長・中西清一、副会長に大連商業会議所会長を据えたかなり大掛かりなものである。その前身は、一九一五年の「対華二一ヵ条の要求」締結を契機に、関東庁の肝煎りで旅順につくられた宣伝機関、満蒙研究会であり、旅順には支部を残した。日本の関東州の租借権延長は米英の支持を受けて解決していたが、中華民国の旅順・大連の回収など反日運動に対し、欧州大戦期の軍事侵略的姿勢を日本政府が国際協調に転換したことに応じて、平和と文化を押し立て、「親日」派の養成をはかる姿勢を強化したのである。かつて後藤新平の唱えた、文化をもって制覇する戦略に依拠する満鉄を主体に、関東州および外務省が補助をし、会員を募り、調査・研究の公開、講演会、旅行案内、日本人・中国人のあいだのトラブルの相談所を設けるなど、各種事業を展開してゆくことになる。

二〇年九月より刊行された日本語機関誌『満蒙之文化』(二三年より『満蒙』)は、満鉄総務部調査課の『調査月報』を廃刊し、代わりに、より幅広く日本人事業家層に向けて、中国の著名人物の紹介や中国古典の翻訳なども掲載、また図書出版にも力を入れていった。張作霖ら東三省のトップの名を名誉総裁などに借り、中国人会員を募り、中国語雑誌『東北文化月報』も刊行、会員の拡大をはかった。すでに見てきたように、東三省の貿易のかなりの部分は満鉄に依存しており、かつ、張作霖政権は、併行線の敷設は条約違反と撥ねつけられていたから互いにもちつもたれつの関係を維持していたので、頼まれれば名誉総裁の名を貸したであろう。国民党が主張するように、一九二三年の関東州租借契約期限をもって旅順・大連の回収に出ることは、東三省の事業家層にも考えられなかったのである。

満蒙文化協会の会員数は、一九二三年以降、日本人二〇〇〇名、中国人一〇〇〇名程度と推定されるが、二六年には中日文化協会に改名している。関東州は中華民国からの租借地であり、中国語雑誌名は文化協会名にあわせて『中日文化月報』でもよかったはずだ。が、日本語雑誌の『満蒙』と対応させるため、『東北文化月報』とした。清朝崩壊後、関東州の中国人は「満洲」の語を用いなくなっていたため、満蒙の語は避けたのである。[*32]張作霖政権は東三省の民国からの独立を主張していたが、地方独立政権と位置づければそれでよかった。だが、日本人にとって、利権が関東州と満鉄付属地にある以上、関心が満蒙の開発に向いていることに変わりない。それゆえ、日本語雑誌『満蒙』のタイトルは変わらなかった。

大連においても、いわば清朝時代の日中関係の延長で、日中名士のあいだでは詩吟の会が組織され、とりわけ一九二二年に満鉄社長に就任した川村竹治は好んだらしい。交歓会なども行われていたという。だが、内地では総合雑誌においても、日露戦争以後、新中間層では詩吟も漢詩をつくる趣味も急速に廃れていった。政治意識も大正デモクラシーの波にのって政党政治が実現され、中国においては五・四運動以降の近代ナショナリズムと新文化運動が青年たちのあいだに浸透してゆく。『東北文化月報』の主筆、橐吾《たくご》の教養は比較的旧世代に属するが、協会の会務実行委員・傅立魚《ふりつぎょ》は、官費留学生として明治大学で法律などを学び、孫文の中国革命同志会にも参加、その主張を日本語および中国語雑誌で披瀝していたという。傅立魚は、一九二〇年七月に設立された愛国主義団体・大連中華青年会の会務に専念するため、協会を辞し、『泰東日報』の主筆となり、二三年二月には雑誌『新文化』を創刊、「東三省は中華民国の領土である」と明確に主張していたようだ。[*33]蔣介石の上海クーデター（二七年）、張学良の易幟（二八年）以前のことである。

やがて、傅立魚は労働争議にかかわり、関東州から退去を命じられたといわれる。管見の限り、関東州における日本語・中国語の言論検閲の実態と、満洲事変以後のその推移がもう一つ不明確なところが残る。映画に関しても、アメリカ映画の上映がいつまで認められていたかなど、「満洲国」とは、いささかズレが感じられるのだが。

なお、中日文化協会は、のち「満洲国」建国後、文教部の下に学術文化事業に携わる満日文化協会に発展的に吸収・解消された（日本側からは日満文化協会）。

満洲唱歌のことなど

南満洲教育会教科書編集部は、満鉄と関東庁の出資を受け、租借地の在満日本人児童のための唱歌集を企画した。満鉄の視学（指導主事相当）・園山民平のもとに、村岡昦《こう》・石森延男ら編集部員と学校教職員が参加し、一九二二年、一般公募のほか、北原白秋・野口雨情・島木赤彦・巌谷《いわや》小波《さざなみ》ら著名な詩人、歌人、山田耕作（のち筰）・信時潔《のぶときき よし》ら作曲家にも依頼。島木赤彦らは渡満して作詞した。三木露風作詞「赤とんぼ」、北原白秋作詞「ペチカ」（ともに山田耕作作曲、一九二四）、「まちぼうけ」など、内地の文部省唱歌に比してハイカラな童謡風が作られ、のちに「内地」でもひろまった。二四年に尋常科第一・二学年用よりはじめて、二年ごとに順次、高学年用を刊行、やがて中学校・高等女学校用に及ぶが、三二年に大幅に改訂し、馬車《マーチョ》やスケート遊び、娘娘祭など満洲風物を題材にしたものが増える。「満洲国」成立後は在満日本教育会教科書編輯部が改訂を重ね、名称も『ウタノホン』（上下二巻）に変更、しだいに文部省唱歌が増え、また戦時色に傾いた。

北原白秋は、一九二〇年を前後する時期から、生命の根源のイデーと民族主義の文化理念を結び付け、欧化主義を走る文部省唱歌に対抗する童謡運動を展開し、小学校の教員たちの支持を集めて、長く親しまれる作品を遺した人である。実際に東北アジアを歩き、一九二五年に樺太、二九年には満鉄の招きで内蒙古の温泉も含めて、満洲のほぼ全域を一ヵ月ほどで見てまわった。各地の風物を巧みに織り込んだ『満洲地図』（一九三四）は、彼が童謡と併行して展開した地域の共同性に根差した新民謡の延長にある。のち『少国民詩集　満洲地図』（一九四二）に再編の際、各地の兵隊への激励歌を含めて、一〇八篇を収録する。煩悩を払う除夜の鐘の音の数にあわせたものだろうか。山田耕筰は「満洲国」建国時に、最初の国歌の作曲に携わった（作詞は鄭孝胥、正式採用されず、のち「満洲建国歌」となる）、建国一〇周年の新「国歌」選定の際には顧問も務めた。

なお、石森延男は、一九二六年より大連に居住、南満洲教育会教科書編集部に勤務し、『国語教科書』などの編集の傍ら、『咲きだす少年群　モンクーフォン』（新潮社、一九三九）などで内地の児童文学界に地歩を築き、戦後、専業作家の道を歩んだ。

大連では、短歌サークルも盛んで、一九一〇年代から『遼東新報』『満洲日日新聞』に「歌壇」（渡辺三角洲選）が設けられていた。一九二八年には『明星』同人の西田猪之輔らが大連で満洲短歌会を結成。満蒙視察中の與謝野鉄幹・晶子も参加している。同年、機関誌『草萌』を創刊。

一九二九年には、満鉄社員会機関誌『協和』編集部から発足した満洲郷土藝術協会の『満洲短歌』が創刊された（〜一九四一）。編輯者は『アララギ』系の歌人、八木沼丈夫《たけお》（発行者は大連の城所英一。のち四一年一一月、弘報処による機構統制で合同歌誌『短歌精神』に解消）。八木沼は、もと朝日新聞ハルビン支社長で、『協和』の編集長に就き、文化人の招聘に熱心だった。新居格《にいいたる》のようなアナーキストも呼んでいるが、構成主義の写真芸術に新境地を開いていた淵上白陽を熱心に口説き、白陽はやがて『満洲写真年鑑』を毎年刊行、建国後は弘報技術課長として宣伝活動に従事した。満洲、中国のアマチュア写真クラブを統合して満洲写真作家協会を設立、三三年にはフォトモンタージュを駆使した『満洲グラフ』も創刊した。[*34]

八木沼は、のち関東軍参謀部の嘱託となり、熱河作戦では、丸腰で戦闘地域にその予告に入り、農民に医療品や物資を供給し、敵対しないように導く宣撫隊を最初に組織したことでも知られる。またゲリラ討伐戦の軍歌「討匪行」を作詞（作曲および創唱歌手は藤原義江。一九三三年、ビクターレコードより発売）、四〇年代まで内地でも人口に膾炙した。「どこまで続く泥濘《ぬかるみ》ぞ　三日二夜を食もなく　雨降りしぶく鉄兜　雨降りしぶく鉄兜」。

一九三一年には、女流歌人・甲斐操子（水棹《みさお》）を中心に、自由な気風を尊重した短歌雑誌『水甕《みずがめ》』の大連支社、あかしや短歌会がつくられた。甲斐水棹は、大連の新興の気風を受けて、躍動感のあるイメージを展開し、かなりの崇拝を集め、のち、銅像が建てられるほどの存在感を示した。

大連の風俗は勃興期のプロレタリア文学にも欠かせない。里村欣三の短篇「苦力頭の表情」（一九二六）では、日系の下層労働者が苦力を監督する立場に置かれて板挟みになる苦渋をよくとらえている。また平林たい子の「施療室にて」（一九二七）、『殴る』（一九二九）などは、下層の人々の粗野なことばを散乱させ、知識階級の芸術の世界を破壊する息吹を文芸界に吹き込み、また男性左翼に残る旧弊な性差別意識も撃っている。

大連の春

春

てふてふが一匹韃靼海峡を渡つて行つた。

父親が大連勤務になったため、一九二〇年、数え二三歳で渡満した安西冬衛《あんざいふゆえ》の、この一行詩は、第一詩集『軍艦茉莉』（一九二九、厚生閣書店の「現代の芸術と批評叢書」シリーズ）に収められ、昭和モダニズム詩の劈頭《へきとう》を飾る詩と論じられてきた。だが、その理由は案外、明らかにされていない。まず、詩人はのち、海峡を渡る蝶がいることを知ったと記しているので、作詩時には、その着想に焦点があったと想われる。

一九三八年五月、若いときに雑誌『白樺』の同人として活躍した長與善郎が少年向けに書き下ろした『少年満洲読本』（日本文化協会・新潮社）は、お父さんに連れられて中学生と小学校高学年の二人の兄弟が「満洲国」を見学して歩く案内記だが、その冒頭近く、出発前に、弟の二郎君が極東地形図を見て、「広いなあ、満洲、蝶々の形に似ていらア」といい、一郎君が「蝶々が日本の方に向いて飛んでいる形だな」と応ずる場面がある。*35 韃靼海峡とは少し向きがちがうが、この詩が誘い出したイメージかもしれない。

安西冬衛の詩には世界地図がよく出てくる。地図が生んだ幻影から着想されたことも否定できない。が、モンシロチョウの類と暗い北の海の色、弱々しい「てふてふ」と荒い「韃靼」の音の響きの対比的構成に心を配った詩と読んでよいだろう。

安西冬衛が中心になって刊行した同人詩誌『亜』の第一九号（一九二六年五月）の初出時には、次の一行だった。

てふてふが一匹間宮海峡を渡つて行つた　軍艦北門の砲台にて

「軍艦北門の砲台」の語は、読者の想いを北の海に向かう日本海軍の軍人に誘う。その間宮海峡がタタール海峡とも呼ばれていることから、「韃靼」に置き換えられた経緯は、『亜』

第二四号末尾に付されたエッセイ「夜長ノ記」に、自身の俳句「韃靼のわだつみ渡る蝶かな」を引いて「曽《かつ》て私の空想《ロマンス》は、この蒼退《あおざ》めた海上に一匹の蝶を駐《とま》らせた」とあることから知れる。「蝶」はチョウとしか読みようがない。胡蝶の語は多岐にわたる連想を誘うゆえに避けたのだろう。詩人はイメージをくっきり立てることに腐心していた。だが、この下五の音の不足はおさまりを悪くしている。

もう一つ、ここから、詩人は「てふてふ」を荒海の上に置きさえすればよかったことが知れる。大陸と樺太の、どちらからどちらへという方角に意味をもたせていなかったのである。だが、この詩の最終形の「渡つて行つた」は、読者を蝶の行方に思いを巡らすことに誘う。樺太（サハリン）の南半分は日本の領土で、パルプの供給地として知られていた。

亜細亜《アジア》の「亜」を冠した同人詩誌『亜』は出発期から、第一次大戦後、感情の表現を芸術の本質とする近代芸術概念を組み替え、知性による構成を重んじる表現を求めて新たな出発を遂げたマックス・ジャコブらフランスの前衛詩人たちの短詩をスプリング・ボードにして、新たな詩精神を目指していた。彼らが日本のハイクにヒントをえていたことを知り、逆に日本の伝統に関心を向け、『亜』に俳句欄を設けた。父親が満鉄に勤務していたため、大連に渡り、安西冬衛と邂逅し、『亜』の出発に立ち会った北川冬彦は、そのように語っていた。

ヨーロッパの第一次大戦後のモダニズム詩が、日本のハイクを手本にして短詩に傾いたことは、アルザス出身でフランス語とドイツ語で第一次大戦後の前衛詩に活躍していたイヴァン・ゴルがエッセイに書いており、その翻訳が荻原井泉水《おぎわらせいせんすい》率いる新興俳句誌『層雲』（一九二六年一〇月号など）に掲載されもした。[*36] 北川冬彦はまた、彼らが大連の三越で詩の展覧会を開催したとも語った。これは文字で記した詩を視覚に訴えるものにするという、もう一つのモチーフが彼らにあったことをよく示している。

本来結びつかない個々の形象を組み合わせることは、飛躍に満ちた比喩によって新たな驚きを作り出す荻原井泉水らの新傾向俳句が先行していた。だが、冬衛は、その手の喩えが多様な連想を誘うことを嫌い、形象の対比的組み合わせに重きを置いた。

少しのち、イギリス・イマジズムやフランス・シュルレアリスムにも関心を寄せていたハーバート・リードが簡明にまとめた『イギリスの散文文体』（*Phases of English Poetry*, London, 1928）の「メタファー」の章は、隠喩を「出来事の具体的な描写によって実際にはありえない世界を開示する方法」と説いているが、そのなかに「ある種の隠喩は、等価性に迅速な照明を当てる（一挙に輝かせる）」（A metaphor is the swift illumination of an equivalence）という一句が挟まれている。対照的な二つの形象を並置することで、読者に新鮮な驚きを与える効果をいっている。これを手掛かりにすれば、「てふてふ」と「韃靼海峡」の組み合わせの方法的意味は明らかになろう。

『亜』第一九号の件《くだん》の一行詩は、一頁内にタイトル「春」の横に一行立てで組んである。

白紙に一行の詩を立てることで、一つの作品としての自立性を際立たせている。活字の視覚的効果といっても、これはギヨーム・アポリネールの詩集『カリグラム』（Calligrammes, 1918。歿後の刊行）や、山村暮鳥が詩「風景（純銀モザイク）」（一九一五）で「いちめんのなのはな」を八行並べ、最後から二行目に「かすかなるむぎぶえ」を置くようなこと、またのちに、春山行夫が詩集『植物の断面』（一九二九）中に「白い少女」を縦に六つ、横に一四行矩形に並べて、白い制服（夏服）を着た少女の行列を想い浮かべさせるようなこと（安西はその実験性を評価はしたが）とは、異質だった。

そして、その対向頁には、同じ「春」のタイトルと、次の一行詩が立っている。

鰊《にしん》が地下鐵道を潜つて食卓に運ばれてくる

地下鉄は一九世紀中期のロンドンに始まったが、日本では一九二七年、東京に銀座線が開通したのが最初で、ここでは「地下鉄」という名称も定着していない時期の想像上のものである。地下鉄は世界的に通常、貨物は運ばないことも考えに入れられていない。海を泳ぐ鰊が水揚げされ、地下を通って家庭に届くという意外性を狙った詩である。対向頁に印字された二つの詩は、北の海の上を飛ぶ、生きている蝶と、北の海を泳ぐ鰊の死骸とが対比をつくっている。漢詩の技法でいえば、二つの対句が大きな対をつくる駢儷体《べんれいたい》の対偶である。明治期から戦中期まで中学校では漢詩漢文は「国語」として教えられていたから、その程度のことは知識層の常識だった。対句も対偶もコントラストの鮮明さが求められるが、同意義の繰り返しが基本である。鶴と亀とに同じ長寿を寓《ことよ》せることを思えばよい。それに比して、この二つの一行詩は、漢詩の約束からも逸脱している。

　鰊の詩に地下鉄道が登場するのは、大連が欧風の都市に設計され、かつ先端をいく建築物、路面電車や電動式のメリーゴーランドをもつ公園などが影響しているかもしれない。先に述べた、孤立した解放のトポスは内地の詩壇の動きからも自由な詩人の想像力にはたらいたようだ。それは地図を頼りに世界各地に飛びまわるし、詩風の実験的な多彩さを生んだ。

　詩集『軍艦茉莉』は、乾いた抒情詩のかたちを多彩に繰り拡げて見せる。標題作「軍艦茉莉」では、詩人の「空想」が紡ぎ出すロマンスは屈折した病のデカダンスに染まっている。「北支那の月の出の碇泊場に今夜も錨を投《い》れてゐる」軍艦を、「茉莉」の愛称で呼ぶ語り手「私」は「娉嫖《すらり》とした白皙《はくせき》な麒麟のやうな姿態」をもち、かつてその「艦長で大尉」だった白人男性として立ち現れるが、いまは艦長公室に監禁され、モロッコ革のディヴァン（ひじ掛け安楽椅子）の上で阿片に冒された日々を送っている。「雪白なコリー」に見張られて。その「私」は妹が「ノルマンディ産《うま》れの質《たち》のよくないこの艦の機関長に夙《と》うから犯されてゐる」ことを知っている。「ノルマンディ産れ」は、ノルマン・コンクェストに想いを誘い、妹は大英帝国に蹂躙される「支那」の隠喩にほかならないと知れる。だが、「私」には「それをどうすることも出来ない」い。そして、妹の遺骸を投げ下ろす水音を聞き、「私」は昏倒し、いまは「黄色賊艦隊の麾下《きか》の一隻」になっている軍艦は夜陰のなかを次の寄港地に舳先を向ける。

かつてジェラール・ド・ネルヴァールは『オーレリア、あるいは夢と人生』（*Aurélia ou le rêve et la vie*, 1855）のなかで、異郷のエジプト神への崇拝を精神病者の夢に託して語ったが、安西冬衛は、隠喩の組み合わせによって、西洋化した帝国日本の侵略性を暗示するために、脳髄を冒された阿片患者の夢を必要とした。冬衛の詩で「妹」や少女には、侵略と裏腹な不可侵ないし無垢の観念が張りついていたことを言い添えておく。

『軍艦茉莉』と同じ年、同じ出版社から上梓された北川冬彦の詩集『戦争』中の「壊滅の鉄道」は、壊滅に向かってひた走る満鉄に日本帝国主義の末路を重ねている。北川冬彦は左翼的思想に接近し、クォータリーの詩誌『詩と詩論』の同人と別れ、『詩・現実』へ発表の場を替えていた。

大連の地から新たな通信を送り続けた安西冬衛が内地へ帰ったのは「満洲国」建国後のことである。その後の詩人の行方を追う人は少ない。安西冬衛「詔《みことのり》を建艦に謹《つつし》む」（一九四二）は、日本文学報国会編『辻詩集』（一九四三）に収録。詩人は大政翼賛会文化部の募集に応えて、詩「軍神につづけ」を提出、詩歌句のアンソロジー『軍神につづけ』（大政翼賛会宣伝部、一九四三）に収録された。

なお、その頃、春山行夫は何度か「満洲国」を訪れ、文化風俗について随筆を重ね、『満洲の文化』（大阪屋号書店、一九四三）では、満洲各地の文化施設案内を手掛けている。日本のモダニズム詩人たちの歩みも屈折と分裂を辿った。

注

*1 小峰和夫『満洲《マンチュリア》――起源・植民・覇権』御茶の水書房、一九九二を参照。

*2 宮崎市定『中国史』下巻、前掲書、二三七頁を参照。

*3 数十枚の写真を内蒙古大学民族博物館に寄贈、二〇一四年確認。その後、類する写真の収集が進んだと聞く。

*4 満鉄調査部に籍を置いていた長谷川四郎は北京事務所に出たあと大連本社に戻ったのち、四二年に協和会調査部に転じ、蒙古人地区の事務長に就き、ツングース系少数民族の調査にあたった。二〇世紀初頭、ロシア人探検家・ウラディミール・アルセーニエフがシベリア沿海地方を先住民族（ゴリド）のガイドとともに探検、そのガイドの名を冠した探検記『デルス・ウザーラ』（一九二三）を、長谷川四郎は末弟・濬と共訳『デルスウ・ウザーラ――アルセェニエフ氏のウスリイ紀行』として刊行してもいる（満洲事情案内所、一九四二）。改訳版『デルスウ・ウザーラ――沿海州探検行』平凡社東洋文庫、一九六五。

*5 今西錦司編『大興安嶺探検――一九四二年探検隊報告』毎日新聞社、一九五二、朝日新聞社、一九九一復刊。

＊6　『鄂倫春族簡史』民族出版社、二〇〇八。坂部晶子「北方民族オロチョン社会における植民地秩序の崩壊と再編」蘭信三編『帝国崩壊とひとの再移動――引揚げ、送還、そして残留』勉誠出版、アジア遊学一四五、二〇一一を参照。
＊7　その様子は、デュガルド・クリスティー『奉天三十年』矢内原忠雄訳、岩波新書、一九三八、下巻、第二七章に窺うことができる。
＊8　『満鉄調査月報』一九三二年七月号「満洲経済の発達」による。以下も同じ。
＊9　当時の満洲の様子は、デュガルド・クリスティー『奉天三十年』前掲書、上巻、第一六章を参照。
＊10　『満鉄調査月報』一九三二年七月号「満洲経済の発達」を参照。
＊11　一九四〇年前後、ハルビンにおける豆粕の生産量は一三六万米トン、小麦粉は六五万米トン、甜菜糖などが報告されている。『鉄証如山9』（郵政検閲月報8）一八〇～一九三頁を参照。ハルビン駐在のアメリカ領事館から大連駐在のアメリカ領事館宛の報告を関東憲兵隊が写したもの。
＊12　駒井徳三『満洲大豆論』東北帝国大学農科大学内カメラ会（在・札幌）、一九一二を参照。
＊13　満鉄調査課岡川榮蔵『満洲の農業』による。矢内原忠雄『満洲問題』岩波書店、一九三四、一〇八～一〇九頁。
＊14　星野直樹『見果てぬ夢』前掲書、三一頁を参照。
＊15　山本晴彦『満洲の農業試験研究史』農林統計出版、二〇一三、第二章を参照。
＊16　「満洲穀物解説」『満洲日日新聞』一九一五年一一月六～二〇日、長與善郎『少年満洲読本』日本文化協会・新潮社、一二五頁、二〇〇頁、二〇二頁などを参照。
＊17　杉田望『満鉄中央試験所』徳間文庫、一九九五を参照。

*18　大蔵省管理局『日本人の海外活動に関する歴史的調査』満洲篇第一分冊、一九五〇推定、第一章、第一六表による。
*19　同前、満洲篇第二分冊、三四六頁。
*20　加藤聖文『満鉄全史――「国策会社」の全貌』講談社学術文庫、二〇一九、第一章を参照。
*21　満洲文藝春秋社『藝文』一九四三年九月号。『横光利一全集』(河出書房新社)未収録。
*22　矢内原忠雄『満洲問題』前掲書、一〇四頁、一〇七〜一〇八頁を参照。
*23　「異郷に生きる」「2　映画館・劇場」仲万美子ほか『大連ところどころ』晃洋書房、二〇一八、二二〇頁を参照。
*24　藤川夏子『私の歩いた道――女優藤川夏子自伝』劇団はぐるま座、二〇〇三を参照。藤川夏子は芸名で、藤川研一が名づけたという。
*25　はじめは電気遊園の東側にあったが、連鎖街をつくるため、西北部の西崗子に平屋建て共同住宅に移住させたとされる。西澤泰彦『図説　大連都市物語』河出書房新社、一九九九、八六頁〜、九六頁〜等参照。
*26　満鉄経済調査会「満洲の苦力」『満鉄調査月報』一三巻六号による。
*27　清岡卓行『アカシヤの大連』講談社文芸文庫、一九八八、一一〇〜一一一頁。
*28　草柳大蔵『実録・満鉄調査部』上巻、朝日新聞社、一九七九を参照。
*29　浅岡邦雄「柴田天馬による『聊斎志異』の翻訳――『全訳聊斎志異』の発売禁止まで」『北の文庫』第六八号、二〇一九年一〇月を参照。柴田天馬こと、柴田一郎は一九一〇年一〇月頃、満鉄調査課に勤務、『満鉄自脩会雑誌』一一月から編集発行人となり、『聊斎志異』の翻訳や雑文を寄稿。一九一九〜二三年に『満洲日日新聞』の営業部長、取締役支配人、取締役を務め、退社。

＊30　同人雑誌『作文』は、満鉄社員会の機関誌『協和』や竹内正一らの文芸パンフレット『線』への寄稿者を核に青木実が実務を担当。一九三二年一〇月同人雑誌『文学』を隔月刊で創刊。第三輯から『作文』に改題。鉄道員や満洲風俗を題材にした詩歌、随筆、短篇小説を掲載。第四〇輯記念号（三九年一一月）は三二〇頁。この頃、各号二〇〇〇部ほどという。第五〇輯（四一年七月）で同人は二九名。作文発行所（大連）は同人の詩集、随筆集、短篇集など「作文叢書」も刊行したが、芸文指導要綱による雑誌統廃合で第五五輯（四二年一二月）で終刊。第二次世界大戦後、青木実を中心に一九六四年復刊。第一一号に「大陸時代の『作文』目次」、第二〇八終刊号に「物故同人表」を収録。

＊31　長野県の上田中学を卒業後、一九一〇年に満鉄・地方局大連埠頭に勤務し、満洲青年連盟で活躍した小山貞知が満洲事変時に編集発行したパンフレット。

＊32　「本協会改易名称之意趣」『東北文化月報』第五巻一一号、一九二六年一一月号。高紅梅「『東北文化月報』と満蒙文化協会——中国人の対日認識の視角から見る」、富士ゼロックス株式会社小林節太郎記念基金二〇〇六年度研究助成論文、一五頁より重引。

＊33　同前（第二章第三節）を参照。

＊34　竹葉丈「THE SUN OF NEW NATION——異郷のモダニズム、あるいはもうひとつのリアリズム」『異郷のモダニズム——淵上白陽と満州写真作家協会』展覧会カタログ、名古屋市美術館、一九九四を参照。

＊35　長與善郎『少年満洲読本』前掲書、二九頁。

＊36　これをヒントに萩原朔太郎が『日本詩人』一九二六年一一月号に寄せた詩論三篇のうち、第二篇「象徴の本質」で、芭蕉俳諧を中心に日本の象徴表現があたかも世界の象徴主義をリードする

かのように論じ、その後に「わび・さび」や幽玄の中世美学をもって「日本的なるもの」とする思潮がつくられてゆく。鈴木貞美『「近代の超克」――その戦前・戦中・戦後』前掲書、第三章五節など参照。

第二章　建国の綻びを解く

1 二〇世紀前期の東三省

張作霖軍閥政権

一九一二年元旦、孫文が中華民国臨時大統領就任演説で「漢・満・蒙・回（イスラーム系諸民族）・蔵（チベット族）」の「五族共和」を唱えた。それは、一九一一年の武昌蜂起に端を発する辛亥革命のなかで、各省の代表者の合意によって掲げられたものだった。

清朝は、この動きにやや先んじて、一九一一年一一月、近代的な装備を整えた北洋軍を率いる袁世凱を大総統に就任させた。ところが、それ以前、皇帝派によって失脚させられた袁世凱は、革命派と内通しており、大総統に就くやいなや一挙に立場を逆転し、孝定景皇后に宣統帝（溥儀）の退位（紫禁城内の生活は保障）を迫り、北京に中華民国政府を樹立、中華民国臨時総統に就任し、五色の国旗を首都・北京に立てたのだった。その五色の旗は、三世紀以上、漢・満・蒙・回・蔵の諸民族の上に君臨しつづけてきた清朝の威信を袁世凱が受け継ぐ意味をもっていた。

孫文の「五族共和」のスローガンは、それに対抗して掲げた気味が強く、その一時だけで、彼はソ連＝コミンテルンの民族自決路線に同調し、漢民族中心主義に傾いていった。

ハワイから運動を起こした孫文は、かつて武装蜂起に二度失敗、二度目は日本に亡命し、基盤となる勢力を持たなかった。各省の勢力も袁世凱に匹敵する軍事力をもたず、連合もままならなかった。

袁世凱は一九一五年、自ら中華帝国の皇帝を名のった。国民国家実現の精神とは程遠い野望を剝き出しにしたとたん、革命派から見捨てられ、悲憤のうちに歿した。中国は各地に軍閥が跋扈《ばっこ》する時代に入った。

まず、北洋軍の流れを汲み、奉天を拠点に置く張作霖が、安徽派を率いる段祺瑞、孫文らと組んで日本軍の支援を受けながら、一時、長江にまで軍を進めた。が、北洋軍の分派である直隷派に撃退され（第一次奉直戦争、一九二二年）、奉天に戻り、東三省の独立を宣言した。地主・糧桟《りょうさん》（問屋）・高利貸しの三位一体の農村事業家、しばしば「土豪劣紳」と蔑称される層を育成し、各地の農会や商会の組織を束ねる徴税システムを整え、歳入の大部分を軍備に注ぎ、とくに空軍を育成し、軍需産業を起こし、富国強兵策をとった[*1]。不換紙幣を濫発し、紙くず同然に下落させては、政府の懐を肥やし、経済を混乱に陥れた。反共姿勢を明確にして欧米に接近し、再び北平（北京）に打って出て、二六年一二月には中華民国大元帥を名のった。

他方、南京を拠点とし、中国統一に向かった孫文の遺志を継いだ蔣介石は、勢力を拡大して、北伐を再開し、北平に迫った。張作霖は、これに対抗する力を持たず、一九二八年六月四日早朝、奉天に戻る途中、列車ごと関東軍に爆殺された。

日本軍、とりわけ田中義一は、張作霖を支援し、東三省の基盤を固めさせようとしてきたが、張作霖が権力欲に走ってコントロールが利かなくなったため、関東軍の一部将校が抹殺を企てたのである（張作霖は旧帝政派を弾圧したため、宗社党〔後出〕に爆殺計画があったといわれる。その反ソ活動に対して、ソ連にも爆殺計画があったことが明るみに出ているが、当時の日本側の調査で関東軍参謀・河本大作大佐の指揮によることが判明している）。この問題の処置をめぐって態度を翻した田中義一総理は、辞任に追い込まれたことは先にふれた。

張学良の排外政策

張作霖が爆殺されたことを臧式毅《ぞうしきき》ら側近は一時、隠して、周囲に動揺が起こらないうちに、張学良に父親の跡目を継がせた。二七歳で父親の権力を継いだ張学良は、不換貨幣の濫発による経済的混乱を一定程度抑えることに成功したといわれる。*2 父親よりも近代的な思想を身に付けていたようだ。蔣介石の排外主義路線に同調し、東三省の自らの政権を維持することと引き換えに帰順し、国民党による全国統一に協力することで国民党内のステイタスを狙う道を選んだといってよい。そして蔣介石の反共ナショナリズムに沿って、ソ連の東清鉄道の利権回収のため、実力行使に出た。ロシア革命後の混乱に乗じたつもりだったのだろうが、赤軍の前に手ひどい被害を被った。張学良がのち、一九三六年に蔣介石を拉致・監禁し、共産党と手を結ばせる策動を仕掛けたのも（西安事件）、民族統一路線と国民党内の指導権奪取を狙ったものと見てよいだろう。

資本家層・地主層を中心に民族資本の育成方針をとる蔣介石は、日本に対して過去の条約を継承しない立場を明示し、日本の租借地・関東州と満鉄の権益の回収まで射程に入れていた。それを承けて張学良もドイツから兵器や機械類を買い付け、富国強兵政策に出ていた。かつて張作霖が企て、条約違反を日本に指摘されて手をつけなかった鉄道計画、すなわち満鉄を東西に挟むような新たな路線網の敷設に着手し、一九二七年には打通線（打虎山〜通遼）、二九年には吉海線（吉林〜海竜）を開通させた（今日、吉林市に西吉林駅の建物が保存されている。中国人の建築家の名が遺されているが、当時の先端的威風辺りをはらう丸屋根はドイツ様式で、構内の線路は複々線に見える）。遼寧省南西部、北京と東北を結ぶ交通の要所、葫蘆《ころ》島にオランダの築港会社による港湾工事がはじまっていた。完成に至れば、世界恐慌のあおりを受け、ソ連の東清鉄道との競争激化もあって、経営の悪化していた満鉄をさらに追い詰めるにちがいなかった。

張学良

一九一五年一月に大隈重信内閣（加藤高明外相）

が袁世凱と結んだ二一ヵ条の第二号（南満洲及び東部内蒙古について）で、日本国籍をもつ移住民に与えられた諸特権のうち、地域行政にまかされていた諸条項（商工業用の建物の建設、耕作に必要な土地の貸借及び所有権、営業権、旅行の自由など）も、張学良は破棄し、満鉄付属地外に住む朝鮮族及び日本人に強い制限を加えた。日本人経営の中国語新聞に対抗して、中国人による新聞の刊行を促すなどさまざまな排日策を展開し、満鉄付属地内の市街には衰亡の兆候が見えていたという。

満蒙は日本の生命線

一九三一年一月二三日、第五九議会（衆議院）本会議で野党・政友会の新人代議士・松岡洋右《ようすけ》は、英米との関係を基調に国際協調路線を堅持する幣原喜重郎外相の軟弱外交に質問を浴びせ、「満蒙は日本の生命線」を唱えて、その権益防衛を主張した。その一週間後には、今度は予算総会において、幣原外相に「満蒙は経済的にも国防上でも之《これ》は日本の生命線」である、力を入れて貰いたい、と発言した。*3

松岡洋右はアメリカ留学ののち、外務省関係、満鉄副総裁（一九二七年〜三〇年一月）を歴任し、政界に打って出た人。満鉄では資源開発にかかわっていたが、一九二九年一〇月にはじまる世界恐慌は、内地も満鉄も巻き添えにしていた。

日本の場合、一九三〇年、浜口内閣・井上準之助蔵相による金解禁＝円高が重なり、庶民は困窮を極めた。三〇年秋、農村には豊作貧乏が重なった。三一年三月、打開策を一挙に国家改造に求める青年将校らのクーデター計画が発覚（三月事件）。その夏、農村は冷害に見舞われ、とりわけ東北農民の困窮は悲惨な事件を続発させた。

それゆえ「満蒙は日本の生命線」の一句は、日本の将来を危惧する人々の心に、よく響いた。「生命線」は、その年、流行語のようになった。〝life line〟は、潜水夫の命綱が語源だろう。かつてロシアが朝鮮半島に触手を伸ばし、朝鮮半島の帰趨が問われたとき「朝鮮は日本の生命線」が唱えられた。日本が生き残りをかけた頼みの綱を海外に求める自民族中心主義のキャッチ・フレーズだが、スケールが遥かに大きくなっていた。

満洲と朝鮮が接する地域の中国側の間島地区（現・延辺朝鮮族自治州）では、朝鮮独立を志向する人々が中国共産党に加盟する動きも盛んになり、暴動も数次にわたって起こっていた。張学良政権は、朝鮮族（日本国籍）の農地を没収するなど圧迫を強めた。間島を逃れた朝鮮族農民が中国内の耕作にかかり、そのために起きた水争いから一九三一年七月、張学良政府警察と日本の長春領事館付警察が互いに自国側の農民を庇って対峙するに至った（万宝山事件）。その事件で朝鮮側農民に犠牲者が出たと朝鮮半島では報じられ、中国人襲撃が相次ぎ、一〇〇名を超える死者が出た。

さらにもう一つ、六月二七日、陸軍参謀・中村震太郎大尉が配下を連れて、大興安嶺の東側の立ち入り禁止地区に指定された森林地帯を探りに入って、張学良軍に捕まり、身分を詐称したため、銃殺される事件が起こった（中村大尉事件）。張学良軍の本隊が関内に出ていたこともあり、なかなか決着がつかず、八月一七日、事件の全容が公開されると、内地世論に反張学良熱が沸騰した。このような反中国の機運の高まりのさなかに柳条湖事件が仕組まれたのである。

2　建国まで

満洲青年連盟

満洲事変の進行中、関東軍が方針転換の過程で一〇月二日案に「在満蒙各民族の平等なる発展を期す」という理念を掲げたことは先に見たが（三三頁参照）、これは満洲青年連盟が一九二八年の結成時から掲げていたスローガンだった。青年連盟は、満鉄社員会に属する青年技術者が多く、他に生命保険会社など大会社の社員、また歯科医・小澤開作（国際的指揮者・小沢征爾は三男）ら在満日本人青年事業家の有志によってつくられた運動組織で、理事長代理を満鉄衛生部主任の金井章次が務めていた。金井は東京帝大医学部を卒業、同病理学研究室、北里研究所やロンドン大学を経て、国際連盟事務局保健部に一九二二年から三年間勤め、帰国後、慶應義塾大学教授。満鉄の招きで日本人の寒冷地適応の研究に従事していた（のち「満洲国」各地の地方行政に活躍する）。[*4]

青年連盟の理念は、蔣介石―張学良の反日民族主義による攻勢に対して、満洲で暮らす日本人が与えられた特殊権益を守るために、多民族の共存共栄を唱えた気味が強い。だが、そこに、国際連盟による平和維持の思想、諸民族の相互尊重の精神の影が射していること も否めない。日本が一九一九年一月からのパリ講和会議で、国際連盟規約に人種差別撤廃の原理をうたうよう提案したこと（四月一五日、否決された）にも感化された世代である。

彼らは満洲事変のさなか、建国以前に「五族協和」「王道楽土」の建設を訴え、内地に遊説して歩いた。二〇年代後半は左翼全盛時代といってよく、満洲事変は帝国主義侵略と批判されてもいたので、野次られて、「これでは満洲に帰れぬ」と壇上で切腹した者もいたという。[*5]彼らが一種、志士的な義侠心に突き動かされていたこともわかる。この二つのスローガンは、このときから広まったものと想われる。関東軍は、溥儀を国家元首にすえることと併せて、その理念をすくいあげたのである。

さらにいえば、青年連盟の理念は、それまで社会の現場に携わってきた人々が、労働現場における民族間の協力体制を活かそうとするものだった。満洲青年連盟で活躍した山口重次が、のちの回想『消えた帝国 満州』（一九六七）で述べているように、たとえば満鉄の系列会社、南満洲電気（満電）の奉天支店長で青年連盟理事だった原口純次が、関東軍の奉天占領のさなか、省政府の電気廠で働く中国人技師を説得し、発電を続けさせたことや、山口重次自ら、事変以来、運休していたイギリスとフランスの共同経営の瀋海線（瀋陽~海口）に働く中国人技師と掛けあい、安全を保障し、復興させたりしたことに、それはよく現れている。[*6] 何より、満鉄社員会の機関誌のタイトルが『協和』だった。郷村では、協同組合づくりを試みたという。[*7] 内地の農村自衛策として盛んになっていた種や肥料の共同購入や農産物の共同出荷などを行う産業組合を考えてよいだろう（今日の農業協同組合は、その後身）。

于冲漢と自治指導部

青年連盟は、各地の自治組織を束ねる指導部を率いた于冲漢に協力し、まずは郷村や都市の治安と秩序の維持に努めた。于冲漢は、東京外語学校で中国語講師を務めたこともある文人で、張作霖政権では日本との外交や民政を担当して文治派と称された。富国強兵策を進める張学良政権では疎んじられ、郷里の遼陽に隠遁していたが、かつて張作霖政権の軍事顧問をしていた本庄繁と旧知の間柄だったので、本庄が于を奉天に引っ張り出し、自治指導部のリーダーに据えた。[*8]

事変中、九月下旬には奉天を中心に、いわば自然発生的に地方維持委員会が立ち上げられた。張作霖―張学良政権は、各地の行政末端の役割も果たす「農会」や「商会」組織を固めていた。なかには「土豪劣紳」も多いし、反満抗日の温床にもなりやすい。それゆえ、そのネットワークを建国に導く自治指導部が必要とされたのである。[*9]

于冲漢は、張作霖政権が東三省の独立を唱えたとき、戦乱から人民の生活秩序を守ることを第一にする「絶対保境安民」「不養兵主義」の理念を掲げた。この理念は彼に独自のものというより、遠くは陶淵明の詩に書かれた「桃源郷」の理想に通うところもあろう。なるべく周囲とは交渉せず、戦乱への備えは蓄えても、表には出さない。略奪には抗しても、強力な軍隊が押し寄せれば、服属して貢物を差し出し、安全を保障してもらうことになる。自治的秩序は、元代に蒙古族の支配下の郷村で固められたといわれもするが、実質的には明代に科挙の柱とされた朱子学が通俗化して拡がり、地域共同体を支える民間哲学のようになっていたと想われる。それを積極的に掲げたのである。関東軍が奉天市の行政を乗っ取っても、于冲漢は慌てず騒がず、市民の動揺を防いだというところだろう。それは、関東軍には好都合だったし、国際平和主義に馴染んだ青年連盟の人々も親しいものを感じたのだろう。

なお石原莞爾は、会議の席で、于冲漢を新国家の「大統領」候補のように口にしたこともあったようだ。石原はのち、『朝日新聞』主催の日中名士の座談会の席で、記者の質問に応えて、于冲漢を満蒙独立国家論を勇気をもって唱えた人、「建国の立役者」と説いている（「満洲建国と支那事変」一九三九など）。石原自身、于の態度に感じ入り、彼自身は反対だった建国方針に踏み切るきっかけになったと想われる。[*10]

そして満洲青年連盟は一〇月一二日、奉天市行政と官営事業の復活を関東軍から任され、金井章次が統括して準備を進めた。奉天省は一一月七日に独立を宣言し、自治指導部の正式の発会式は一一月一〇日に行われた。

満洲青年連盟とは別に、笠木良明が率いた満鉄の社内団体、大雄峰会（二九年結成、三〇名ほど）が自治指導部で活動した。笠木良明は、一時期、大川周明が説いたアジア主義に立つ王道国家建設の思想に染まったが、それに仏教思想と天皇崇拝を加えて、独自の宗教思想を編み出していた。一〇月二四日に満洲青年連盟と「地方自治指導部設置要領」をつくり、一一月一〇日の発会式には自ら執筆した「自治指導部布告」を于冲漢の名で配布したという。[*11]

建国への初動

九月二二日に、羅振玉が溥儀の名代として奉天を訪れ、二三日に板垣と面談し、旧帝政派の根回しに動いたことは先にふれた。二二日の夕には、吉林に熙洽を訪ねている。そして関東軍は一九三一年一〇月二日に「満蒙問題解決案」を策定し、旧帝政派と連絡を取りはじめたのだった。

熙洽は満洲族の名門・愛新覚羅一族の旗人の出で、日本に留学し、陸士第八期騎兵科に学んだ。辛亥革命時には、清朝皇帝の宗廟社稷《しゃしょく》の保存を旨とする宗社党に参加したが、張作霖政権でも尊重され、奉天の講武堂の講師も務めた。満洲事変時、関東軍が吉林制覇に出た二一日、吉林省主席代理の地位にあったが、無血占領を承諾したとされる（吉林省政府主席・張作相は事変時に天津に逃亡し、関東軍の説得に応じなかった）。

このときのことと想われるが、関東軍第二師団幕僚が熙洽に銃を突きつけ、「独立宣言か死か」と迫り、「絶体絶命これを承諾した」とも伝えられている。[12] それに類することはあったにせよ、熙洽は羅振玉の要請を受けて、東三省の旧帝政派の中心になり、蒙古族の王たちとも連絡をとったと想われる。

片倉参謀のメモ（九月二五日、二六日）には、二八日に熙洽に独立を宣言させ、次いで、張景恵、張海鵬、于芷山《うしざん》に宣言させる手筈が記してある。ただし、あとの三人は旧帝政派とはいえない。

張景恵は青年期、日清戦争の舞台となった遼寧省の台安県で自衛組織の先頭に立ったという。武装騎馬による自警団を想えばよい。匪賊から護衛するため、地域に雇われるようになれば、馬賊（緑林ともいう）と変わらない。張景恵が馬賊出身といわれるのは、それゆえで、軍隊に雇われれば軍人である。袁世凱の指揮する近代的装備を整えた北洋軍閥に属し、張作霖と知り合い、義兄弟のような仲になった。張海鵬も同様で、袁世凱歿後、めきめき頭角を現した張作霖が伸《の》してゆくのに追随した。張景恵は、張作霖が関東軍に爆殺されたとき、重傷を負った。一緒に麻雀をしていたとも、近くの車輛にいたともいわれる。張学良が蔣介石国民党に帰順すると、それに従い、南京国民政府で軍事参議院院長に就いている。疎んじられたわけではなさそうだが、満洲事変時には、いち早く奉天に帰っていた。片倉参謀メモには早くから名前が見えている。張作霖軍の顧問をしていた本庄繁とは旧知の間柄で、それもあって変わり身を見せたのだろう。

片倉メモの日時とはかなりズレたが、張景恵は、やがてハルビン（中国人市街地）で独立宣言する。張海鵬も、一〇月一日に洮索地方（北西部）で独立宣言し、洮索辺境保安司令を名のったことは先に述べた（三〇頁）。于芷山は東辺地方（鴨緑江の北、通化付近）で独立宣言する。

一〇月、内地では、内閣の満洲事変不拡大方針に不満をもつ陸軍桜会が、アジア主義者・大川周明や国家社会主義者・北一輝ら民間人を巻き込んで軍事クーデターを計画したことが発覚し、衝撃が走った（一〇月事件）。だが、今日、はじめから外部に漏れることが前提の一種のデモンストレーションだったと推測されている。満蒙問題の解決に向けてクーデターも辞さない軍部の姿勢を政府に示しさえすれば、それでよかった。一種の陰謀だが、これが、のち、一九三二年の五・一五事件や一九三六年の二・二六事件などを誘発することになった。

この月、関東軍は、かねてから禁じられた北満へ軍を進め、斉斉哈爾《チチハル》を攻略、地域一帯に根を張る馬占山《ばせんざん》軍を攻めた。馬占山は、馬賊出身で、張作霖軍のなかで頭角を現し、張学良政権にも協力、事変勃発後は張学良から黒龍江省政府主席代理に任命され、関東軍の北満制覇の行く手を阻んでいた。金谷範三参謀総長は関東軍に撤退を命じ、これを関東軍は承諾、張景恵に本格的に接近し、馬占山を帰順させる工作に転じた。

　張景恵は馬占山と板垣征四郎を会わせ、板垣は馬占山に黒龍江省の主席を提示したものの、決着には至らなかった。だが、馬占山が建国に同調すると、その動きは一挙に加速することになる（後述）。

溥儀の連れ出し

　片倉参謀メモによれば、九月二五日に陸軍次官が、また一一月一五日には政府と陸軍大臣が、関東軍に対して溥儀擁立にかかわることまかりならんと指令を発している[*13]。関東軍が画策していることは政府筋にも知れていた。外部に漏れれば、日本の内政干渉になり、国際問題になることは火を見るより明らかだからだ。

　だが、それにもかかわらず、一一月八日、奉天特務機関長・土肥原賢二は、天津で謀略により暴動を起こし、天津駐屯の日本軍と中国軍とを衝突させ、張学良軍を牽制すると同時に、天津租界に暮らす溥儀の連れ出しを画策した。

　溥儀は、河北省にある清朝歴代皇帝や皇后の陵墓群を国民党軍閥に荒らされて、激怒し、皇帝への復辟を強く念願するようになったといわれる。その天津の館に、溥儀連れ出しを工作した奉天特務機関長・土肥原賢二が乗り込んで、溥儀に「満洲国」の国家元首就任の提案をし、溥儀が皇帝を条件にして承諾したかのように語られることもある。だが、見てきたように、すでに事変の初期から羅振玉が旧帝政派の根回しに動いていた。そして、溥儀の天津脱出に鄭孝胥がかかわらなかったとは考えにくい。

それとは別に、溥儀にその提案をしたのは甘粕正彦だという話もある。が、山口重次は、甘粕は一行を営口まで迎えに行き、旅順のヤマトホテルまで護送しただけとしている。*14 こちらの方が、実際に近そうだ。

天津を密かに抜け出した溥儀は、汽船で営口についた。溥儀の幼いときから側用人として仕えていた、言い換えると日本の目付役として付き添っていた年配の吉田忠太郎、また溥儀の信任が篤かった工藤鉄三郎（忠、のち溥儀の侍衛長）、それに板垣征四郎の通訳・上《うえ》角《すみ》利一、ほか数名の軍人が護衛に乗りこみ、営口には甘粕のほか羅振玉や鄭孝胥も迎えに行き、その晩、一行は湯崗子温泉に落ち着いたということらしい。溥儀の『わが半生』（我的前半生、一九六四刊行）の、その場面の記述ともほぼ合致する。

甘粕の後の談話によれば、その翌日、甘粕が溥儀に対し、外部と勝手に通信しないこと、政治に関与しないことなどの四ヵ条を突き付けたという。その高圧的な出方に、同席していた羅振玉も鄭孝胥も愕然とし、また悄然とした態度だったという。*15

外部には絶対秘密裡にことを運ばなくてはならなかった。皇帝として恭《うやうや》しく迎えられると思うな、と強く釘をさしておいたというところではないか。その場で、元首か皇帝か、という交渉ないし駆け引きが行われたわけではないだろう。裏話としては、万一、国民党に察知された場合にそなえて、土肥原は護送してきた船ごと燃やす用意をしていたことも伝えられている。

溥儀の妻、婉容《えんよう》は、男装の麗人として知られる川島芳子がやはり混乱に乗じて天津から旅順まで連れ出した。北清事変を機に、清朝皇族と親しくなった川島浪速《なにわ》が皇統の娘を養女として日本で育てたのが芳子で、満洲で蒙古王の妃となったが、離婚し、事変時には男装して暗躍していた。川島浪速も事変時には大連に住んでいた。

いささか余談に属するかもしれないが、実は、溥儀が天津の租界に匿《かくま》われることになる以前、京都左京区の白沙村荘《はくさそんそう》に移す計画があった。だが、日本政府は内政干渉と非難されることを避けて天津に留めたと推察される。白沙村荘は、日本画家・橋本関雪の屋敷として知られる。羅振玉が日本に遊んだときにも逗留した。関雪の父、もと明石藩の藩儒で、康有為ら清朝改革派と親交もあった橋本海関と昵懇《じっこん》の仲になったからである[*16]。羅振玉が帰国後、溥儀の家庭教師を務めることになったのも、その縁によるものだろう。橋本関雪は、ほとんど生涯にわたって、中国の風土に画題を求めた人だが、その端緒は、参謀について日露戦争を見学したときに遡る。そののち大連・旅順などにも繰り返し渡っていた。

康有為は、儒者だが、日清戦争の敗北に学んで、帝政洋務派の動きを内政改革に転じようとした人で、日本の立憲君主制を理想として掲げ、溥儀の復辟も画策した。それは成功せず（戊戌の変法、一八九八年六月）、彼は日本に亡命した。そのとき、彼の日本亡命を助けたのは、近衛篤麿だった（六七頁参照）。近衛文麿の父親である。

康有為は西洋の民主主義や社会主義を儒学思想で受け止め、万民が等しく暮らす理想の世を『大同書』に説いた。「満洲国」が建国時、元号を「大同」としたのは、これにちなんだところがあろう。なお、羅振玉は「満洲国」建国後、参議府参議となり、京都帝大退官後の東洋史学者、内藤湖南とともに、満日文化協会の活動に尽力し、清朝実録や満洲特産の目の細かい刺繡など文物の収集に努めることになる。

連盟に調査団派遣を要請

他方、一九三一年一一月二一日の国際連盟理事会において、日本は中立的調査団を派遣するように要請し、日本軍の撤退に期限を設けないこと、馬賊その他の無法分子から日本人居住者の安全を確保することを禁止しないことを付け加えた。一二月一〇日、調査団派遣の議案に同意する際、連盟日本代表は、無法分子の行動には軍事的措置をとることを条件にした。以降、満洲における関東軍の行動は、すべてこの理由によるものとなる。これは一定の時間稼ぎと軍事行動の理由づけには有効な措置だった。が、逆にいえば、調査団の到着までに、独立国家が地元民の意志によってつくられたことを、事実をもって示さなくてはならなくなったのである。

　その翌日の一二月一一日、第二次若槻内閣が閣内不統一により総辞職し、代わって、一三日には立憲政友会の犬養毅が組閣。陸軍大臣には皇道派の荒木貞夫が就任した。陸軍内部に燻る反政党政治への衝動を吸い上げる意図によるものだろう。関東軍にとっては「満洲国」建国まで自由にやってよいというに等しかった。

　だが、金谷範三参謀総長は、国際連盟の戦闘不拡大の方針を尊重する外務省に従い、関東軍が張学良軍の集まる錦州を攻撃することを断固として止めた。張学良軍を相手にするだけの戦力を関東軍は保持していなかった。外務省は国際連盟に対し、満洲における匪賊（無法分子）の討伐の名目を主張、陸軍は関東軍の増員を決めた。連盟に日本軍の不当性を訴えていた蔣介石の意向に従う張学良軍も、一月初旬に錦州を撤退した。これで関東軍は、熱河省を残して南満を抑えたことになった。

　残るは、当初から念願だった北満の制覇である。馬占山を懐柔し、ソ連が軍を動かさないことを見越して、関東軍は陸軍本部と駆け引きしながら、地元の勢力を追い払い、ついに翌年二月五日、ハルビンを占領する。*17 だが、そのために関東軍は、またしても突拍子もないことを仕掛けた。

　一九三二年一月二八日、満洲事変に対して日貨ボイコット運動が高まっていた上海で、日本人僧侶が殺害され、俄かに緊張が高まり、日本海軍の陸戦隊と中国軍の大規模な衝突がはじまった（第一次上海事変）。それは満洲で進展している事態から列国の関心を逸らせるため、板垣征四郎がしかけた陰謀だったとされる（当時、上海公使館附陸軍武官補だった田中隆吉の証言による。[18] ただし、自分が僧侶殺害を依頼したという彼の証言や川島芳子との関係など信憑性を疑う向きもある）。関東軍の陰謀は、ここに至って、日露戦争でその力が国際的に評価された海軍をも巻き込むことになった。それはしかし、満洲から海外の目を逸らせるどころか、日本がいよいよ国際的に反感を招く結果になった。そして蔣介石日記を読むと、彼は上海事変から日本との戦争を覚悟したという印象が強い。

共同租界周辺の軍事衝突で多数の戦死戦傷者が出たほか、日本人居住民が自警団を組織し、人民の海に紛れ込んだ便衣隊（ゲリラ）を摘発すると称して中国人の殺傷に出た。それが英米をはじめ、共同租界に暮らす外国人にも恐怖を与えた、と外務省筋が報告している。海軍は、翌三三年三月三日に停戦を宣言したが、停戦協定が結ばれたのは五月五日のことである。

その間、関東軍は思惑通り、「満洲国」建国への準備に邁進した。三二年一月一五〜二九日まで一五日間にわたり、日本から二〇名を超える有識者を招いて財政や貨幣制度などを巡る諮問会議を開いた。まずは事変で委縮した各地の経済の立て直しが急務だった。そして、その論議を踏まえ、関東軍は「新国家建設に関する幕僚会議」を頻繁に開き、行政全般の基礎固めを図っていった。

軍費の捻出も問われていた。出費は嵩む一方だったから、参謀本部は前年一二月のうちに、塩の税収を押さえよと命令してきた。塩は専売制で、塩田と岩塩ともに張作霖、張学良の政権にとっても大きな財源だった。

関東軍に招かれた有識者のうちに、東京帝大法学部教授で、イギリス社会主義を学んで行政法の基礎を築いた蠟山政道《ろうやままさみち》がいた。招いたのは、前年秋に関東軍の法律顧問に就いた東京帝大法学部（独法）出身の松木俠《たもつ》だろう。

一九三二年一月の「満蒙における法制及経済政策諮問会議」に参加した蠟山政道は、松木俠が立憲主義を説くのに対して、「どうせ植民地になる」といい、日本人の官僚が実質的に権力を握る総務庁方式を提案したといわれる。[*19] 蠟山は、石原莞爾らが理想として語る日本人と中国人とによる合作方式（「民族協和」の理念）も、松木の立憲主義も実現しえないと踏んでいた。一月二三日、大連・満鉄会館で講演し、「寡頭独裁」による日本民族の他民族指導を説いた。[*20] いわゆる民度の差が歴然としていたからである。これらはともに、行政機構を日本人が内側から動かす方式を提言したことになる。

関東軍は、三一年のあいだは、「内面支持」という語を、多く中国人のなかに入って直接意見をいうという意味で用いていた。が、これがいわゆる「内面指導」に一歩、近づいた。そしてその提案は、本庄繁ないしは板垣征四郎により、総務庁の日本人官吏の人事を関東軍司令官が握る方式に具体化してゆく。やがて、それは日満議定書に明らかになるだろう。

なお、蠟山政道は、のち一九三八年一一月の近衛文麿の「東亜新秩序」建設声明に先立ち、一〇月に「東亜協同体の理論」を発表する。そののち、国際関係の再編のなかで、「大東亜共栄圏」構想が打ち出された際には、その北方モデルは「満洲国」であると変奏される（後述）。

関東軍がその一連の基礎作業を積んでいるあいだ、建国に向けた東北行政委員会対策は、板垣征四郎に任されていた。建国までの経過を、新聞報道を交えてまとめておこう。

建国構想のさまざま

『満洲日報』（大連、一九二七年創刊。三五年『満洲日日新聞』と合併）一九三一年一二月二八日（二面）は、その月二二日、奉天に張景恵の代理人が黒龍江省から飛行機で訪れ、熙洽と蒙古系ダウール族のホロンバイル盟の王・貴福のそれぞれの代理、また于芷山と個別に会合し、奉天・吉林・黒龍江・熱河の四省と蒙古政権連絡会議が俄かに具体化したことを伝え、それを受けて、臧式毅らが南京政府に拮抗しうる新国家のかたちを整えるべく、この数日、目覚ましい活躍をつづけている、と報じている。

実のところ、石原莞爾は、後の回想「満洲建国前夜の心境」（一九四二）で、自分が建国案に転換したのは一九三一年暮れと述べている。そして、それはのちの協和会幹部の証言とも一致する。[*21] 石原は九月二二日の「解決策案」の時点では、独立案にも溥儀を担ぐことにも承服していなかった。独立案に転換した理由は中国人に政治能力があると認めたというものだが、実際は、前述した動きを見て、建国運動の現場へ独立方針を下したと判断されよう。

ところが、翌三二年一月一〇日、『満洲日報』は一面トップに次の記事を掲げている。「新国家成立の道程は于冲漢氏の自治指導部が中心になり、新国家の抱容する満、漢、蒙、鮮その他特殊の民族の公平なる公民権の比率に基き、県議会、省議会を経て国会を召集しここに新国家の憲法制定となるわけだが、時拙速を貴ぶ間柄、熱河又は呼倫貝爾《ホロンバイル》以外の蒙古自治領を後回しとし取敢《とりあへ》ず総てを現状に即し、三省一区相寄り一致中央政権を作り最初は委員会組織にて漸次内閣が出来その首脳者も出現し来るという段取《だんどり》で中央政権の樹立から地方政権の統一へと及ぼして行くのであるといふ」。

こなれた行文ではないが、冒頭、于冲漢を中心に議会制を目標にするという条《くだり》は、暮れの報道とは別のラインを示している。満洲青年連盟の有力者に取材して補ったものだろう。各民族の人口比率による議会構成は、『満洲評論』などで活躍する論客、橘樸が関東軍の構想を批判して、地方議会から積み上げてゆく方式を提案していた（「満洲新国家建国大綱私案」『満洲評論』一九三二年一月二日号）。だが、それでは、日本人が圧倒的少数の議会で、排日の議決さえなされかねない。

「満洲国」では、建国時には憲法（国法）作成へ向けた論議が盛んだった。が、最後までつくれなかった。日本人の国籍問題がネックだったといわれる。が、それだけなら二重国籍を認めれば解決する。実際に住居登録はしていた。問題は議会制度だった。民族協和のタテマエの下では、どう工夫したところで、民族人口比が露わになる。のちにつくられた「政府組織法」に、立法府は設けてある。だが、計画だけで、選挙も議会運営もなされなかった。「満洲国」の傀儡性は、制度上は、議会がつくられなかったことに端的に示されていた。

橘樸が批判した関東軍の構想とは、前年の三一年一〇月一日に法律顧問として迎えた松木俠がまとめた一〇月二一日付け「満蒙共和国統治大綱案」、一一月七日付け「満蒙自由国設立案大綱」などで、これが「政府組織法」のもとになった。松木は満鉄入社後、上海事務所に移り、陸軍省嘱託を務めていた。法案は、むろん独立国家建設方針にそって、民族の平等、民意の尊重、社会政策の充実による人民の受益の増進などを基調とし、また外国資本に対して「門戸開放」「機会均等」を掲げていた。

その基調は国家が社会政策を主導する一種の国家社会主義だが、かなり中央集権的な姿勢が強い。分権主義者の橘樸は、集権制をとる理由が記されていないと批判しているが、国際的に階級的社会観や階級的搾取への批判が強まるなかで、それに対抗する政策および国家制度が問われていた時期である。東京帝大では、上杉慎吉が国家社会主義の研究を進めており、石原莞爾もそれに関心をもっていた。

松木侠が門戸開放・機会均等を唱えるのは、新国家が日本の国策機関、満鉄に開放されていることが絶対条件だからともいえよう。満鉄総裁・内田康哉は事変当初は関東軍の侵攻に反対する意向を示していた。経営陣では十河《そごう》信二だけが関東軍支持の姿勢を明確にしていたとされる。

ところが内田康哉は、三一年一〇月六日、関東軍司令官・本庄繁と会談し、本庄から独立国家建設の展望と同時に、それまで張学良政権と共同経営していた鉄道、および関東軍が接収した鉄道を日満合弁会社とし、その経営を満鉄に委託、各種産業開発も満鉄と共同であたりたいという姿勢を示され、関東軍に全面協力の姿勢に転じた。この内田の変心に周囲は驚いたといわれる。

それまで関東軍は、張学良政権が築いた満鉄包囲線を接収し、張学良が東北交通委員会によって運行させていた方式に倣い、交通委員会の管理下に置いて軍事費を捻出していた。それを転換し、満鉄に企業拡大の機会を提供し、さらに独立国家経営の援助を求めてきたのである。内田がそれに全面的な賛意を示したのは、満鉄の企業利益拡大の機会の到来に心を動かされたというだけではないだろう。内田は長く外交畑を歩んできた人である。本庄繁から溥儀擁立策を聞き、皇室外交の筋目を読み、そしてそれなら「満洲国」を中華民国から切り離して独立させる大義名分が立つと判断したと推察される。

それまで建川美次と本庄繁とのあいだで合意されていただけの溥儀元首案は、ここで内田康哉が加わったことで確定したと判断されよう。一〇月一〇日、内田が京城に宇垣一成を訪ね、宣統帝推挙を提案したこと、宇垣一成が宣統帝では「古い」と反対したことは、序章でふれた（三二頁）。内田康哉は三二年七月、斎藤実内閣の外務大臣に就き、溥儀を担いだ「満洲国」承認へ突き進んでゆく。だが、この時点では、関東軍の側にも接収した鉄路を満鉄に移譲することに反撥する動きはあった。

関東軍嘱託（無給）として交通委員会を仕切っていた山口重次は、接収した鉄路はあくまで新国家の国有財産とすべきであるとし、日系国策企業・満鉄への移譲を認めようとしなかった。[*22] これに石原莞爾は一方ならず共鳴したという。だが、本庄の満鉄への要望書をまとめたのも石原ら参謀だった。石原にとっては、当面、満洲を対ソ戦略基地として育成することこそが課題であり、鉄道経営は満鉄まかせでよいと考えていたのである。

結局のところ、建国後、鉄路は「満洲国」交通部に移管されるが、関東軍の利権は確保されていた（そののち、一九三三年二月九日、付属地を含め満鉄の鉄道部分も国有化し、その経営を満鉄に委託するかたちに移行した。さらに三五年三月、ソ連より東支鉄道を買収し、国鉄と満鉄が企業統合した際、関東軍が裏で握っていた利権も排除された）。

人により立場により、思惑は錯綜していた。が、いずれにせよ、「満洲国」は、二〇世紀型の国家社会主義をとることになる。蔣介石―張学良による民族主義的排外主義を排する以上、民族複合国家となるのが必然である。既存の対外条約の存続が前提になる以上、外国企業が排除されるわけでもない。

　松木俠のプランは、アメリカ資本および技術の導入を歓迎すると述べているが、これは当時の関東軍の大資本導入に反対する思想とも、日満経済の一体化をはかろうとする姿勢とも相容れないものだった。[*23] なお、この時点では、ソ連経営の東支鉄道は残っていた。また建国後、国務院総務長官に就任した星野直樹は、満洲の煙草業界で王座の位置を占めていた奉天に大工場をもつ英米トラストの煙草会社（啓東煙草会社、ロンドン本部、上海本社）を「満洲国」の法人として組み入れ、課税して、その業務拡大を促しもした。[*24]

　基幹産業への海外資本の導入は、建国ののち、産業開発五ヵ年計画の実施に際して、鮎川義介がアメリカ資本の導入を画策した。だが、日中戦争が本格化し、英米が国民党政府の支援を増強したため、完全に挫折した。[*25] つまり建国プランの夢の欠片のなかには、思わぬところで拾われるものも、砕け散るしかなかったものもあったのである。

　先の新聞記事の中程に、「時拙速を貴ぶ間柄」とあった。建国に向かう関東軍のなかでは「拙速主義」が流行語のようになっていた。とにかくいったん、形にし、あとで修正するという意味である。リットン調査団の到着までに、何はともあれ、溥儀を担いだ独立国を「でっちあげる」ことが先決だった。それに向けて、利用できるものは何でも利用した。

建国に向けた、さまざまな理想、構想や、エネルギーが吸い上げられた。それらは建国に必要な案や行動とされたが、やがては淘汰されてゆくものが多かった。関東軍が冒険主義に走って着手した壮大な実験は、まだ最初の扉も開いていない。

東北行政委員会の紛糾

実際に建国宣言に向けて事態が進んだのは、関東軍の北満制覇の行く手を阻んでいた馬占山が東北行政委員会に加わる意向を示したからだった。関東軍は張景恵に仲介を依頼し、馬占山に帰順工作を仕掛けていた。とはいえ、なぜ、馬占山が翻意したのか、理由は定かでない。

東北行政委員会のメンバーのうち、四巨頭と呼ばれるのは、奉天省の代表で張学良政権から離脱した臧式毅、吉林省の代表で旧帝政派の熙洽、黒龍江省の代表で張学良政権から離反脱した張景恵と馬占山である。のち、国務院で張景恵は参議府議長、臧式毅は民政部、熙洽は財政部、馬占山は軍政部の長に就く。まず一九三二年二月一六日に、臧式毅をまとめ役にして、[*26]このメンバーで会合が開かれ、一八日に「東北四省独立共和国宣言」が発せられた。そして蒙古族からホロンバイル盟の副都統・貴福、ジェリム盟の斎王（斎黙特色《チムトシ》木丕勒《ムベロ》）とその息子、熱河省主席の湯玉麟《とうぎょくりん》らが加わって協議が重ねられた。

四巨頭会談をセットし、東北行政委員会のメンバーを揃え、スケジュールを調整し、お膳立てを整えたのは関東軍である（「満蒙自由国家建設順序」一月二七日）。だが、最後に建国宣言をまとめる段になって、事態は紛糾し、収拾がつかなかった。

『満洲日報』二月二三日（二面）が伝えるところによれば、二二日午後一時からの行政委員会に招かれた鄭孝胥が溥儀の復位を主張し、旧清朝帝政派と蒙古族はそれに同調したが、張学良政権から離反した連中は共和制を主張し、激論が交わされたという。それについて関東軍参謀・片倉衷の第二次世界大戦後の回顧談には、会議は二日にわたって行われ、最後に板垣征四郎が溥儀を元首に据える方針を伝えたが、その正式称号と国家形態については決着しなかったとあり、その議論に張景恵は曖昧な態度だったと述べている。また民主主義ではなく、民本主義と決められたとも。[*27] これらは板垣からの伝聞のメモに基づくと想われる。

張景恵が曖昧な態度だったのは、とりまとめ役に徹したゆえだろう。旧帝政派と蒙古族の王らは、帝政を主張、張学良政権から離脱した連中は共和制を主張し、そのあいだで意見が割れることは、予想されていたはずである。どちらか一方に決めようとすれば、行政委員会そのもの、つまりは建国そのものが壊れてしまう。そこで、建国宣言と溥儀の就任とを二段構えにし、建国宣言に国家体制は記さないことで妥協した。のちに述べるが、宣言には「一つの政体」をとるとだけ記してある。起草者は張景恵と想われる。あとで本文を覗いてみる。

片倉回顧談は、翌二四日に板垣が旅順に溥儀を訪ね、皇帝を名のることは承諾されなかったことを伝え、「執政」を承知させた、という。そして翌二五日、溥儀を執政に戴く新国家の組織大綱が発表された。「執政」の名称を誰が出したのか、わからない。本庄繁説もある。が、張景恵かもしれない。中国語では君主と同義で用いられる語だが、近いところでは、一九二四年、段祺瑞が張作霖や孫文と結んで直隷派打倒を図り、一一月に臨時政府執政を名のっている。

この段階で、先に見た国家制度のうち、共和制と民主的議会制は完全に切り捨てられたことになる。補足すると、片倉参謀の回顧談にいう「民本主義」は、立憲君主制下の大正デモクラシーで民衆本位をうたう吉野作造らが用いたものだった。なお、儒学の教えでは、天の命令を聴く能力をもつ聖人君子が人民のために政治を行うとする。それに誤りがあれば、天は君主を替えるとするのが易姓革命史観である。

建国大衆運動

この一九三二年二月、関東軍は国家体制の具体的プランを練り、東北行政委員会は独立宣言に向けた会合を重ねていた。その間、自治指導部と満鉄職員は、満鉄弘報係映画班(一九二三年に弘報係と映画班は別々に設立、二八年組織統合)が撮影した事変のドキュメンタリー・フィルムを『満蒙破邪行第一篇』『満蒙破邪行第二篇――嫩江《のんこう》越えて』(嫩江は内モンゴルと黒龍江省を隔てて南へ下る河）『遼西の掃匪』（遼西は遼河の西側）の三本に編集したものを各地で上映、日本文化の喧伝を行いながら、建国の機運を盛りあげていった。第一班はチチハル、ハルビン方面をまわり、観客動員数四万二〇〇〇名余、第二班は奉天・撫順・錦州をまわり、四万人強を動員したとされる。*28 その民族別の内訳も、「満蒙三千万民衆」にとって、どれほどの役割をはたしたかも測るすべはない。だが、新国家の建設が映画を用いた大衆運動によってなされたのは二〇世紀ならでは、である。レーニンが指導するロシア・ボルシェビキがメンシェビキとの党派闘争にドキュメンタリー・フィルムを用い、ナチスも選挙運動で用い、政権掌握後（一九三三年）、宣伝にラジオ放送とともに映画を用いたことは国際的に知られていた。

自治指導部の提唱により、各地で新国家樹立に向けた団体がつくられ、二月二四日、長春で五〇〇〇名の新国家建設デモ、二七日には奉天で市民大会が開かれるなど連日、各地で集会が開かれ、二八日、奉天の全満大会では、宣統帝を暫定的元首とする決議案が採択された。東北行政委員会は溥儀のもとに使者を送り、執政に就くよう要請したと報道されている。溥儀は一旦それを断り、委員会側が三顧の礼を尽くして執政に迎えるという、いかにも旧弊な儀礼のために、スケジュールにズレが生じ、三月一日にまず、建国宣言が行われることになった、とされている。だが、そうではなかろう。このようなスケジュールを組まなければならなかったのは、「建国宣言」に溥儀の名が登場しないため、建国式と就任式とを一連の行事としてまとめて大々的に行うことができなかったからだ。

建国は、地元の勢力が中華民国から独立を望んだもので、あくまで東北行政委員会の合議でなされたものでなくてはならなかった。国家元首にふれずに独立をそれとして宣言することにより、東北行政委員会の面子《メンツ》を立て、そののち、執政を招くかたちをとって溥儀の面子も立てるという二段構えにしなくてはならなかったのである。このあたりの段取りも、板垣、張景恵、あるいは鄭孝胥も加わって決められたものだろう。

なお、三月一日の『東京朝日新聞』の社説は、満洲事変と東北行政委員会の建国宣言を結びつけることなく、建国は「偶発的」になされたと評している。この時期、とくに内地の新聞や総合雑誌の報道は、イヴェントの日時のズレも珍しくなく、憶測的な論評も見受けられる。

三月九日の執政就任式には、東北行政委員会の面々（ホロンバイル盟からは凌陞《りょうしょう》が出席、その他三つの盟から代表者が列席したとある）も顔を揃え、総勢二〇〇名ほどが参列したと翌日の新聞各紙は伝えている。蔣介石―張学良側の妨害工作に対し、ものものしい警戒が必要だった。

「満蒙三千万民衆」にとって、張学良に叛旗を翻し、独立国家を築くことと、清朝の故地とはいえ、宣統帝を国家元首に迎えることとは結びつくことではない。それどころか、張学良政権を支えてきた人々のあいだに反宣統帝、及び反日の機運も起こって不思議はなかった。共和制か君主制かもあいまいなまま、旧帝政派と旧軍閥政権派が野合し、三月九日の溥儀の執政就任式をもって事実上の建国へと運んだ。関東軍が国家理念の上でも政権担当者の立場でも、綱渡り的な演出をしたからである。ひとえにそれは、リットン調査団の満洲入りに間に合わせるためだった。

就任式典にも工夫が要った。旧来の清朝の皇帝の就任の儀を踏襲するわけにはいかず、溥儀はモーニング姿で式に臨み、鄭孝胥による「執政宣言」の代読ののち、緞子《どんす》に包んだ国璽を受けた。なお、溥儀は若い頃から、モーニング姿に似合わないという理由で満族の伝統的な髪形である弁髪は切っていた。また若いときから愛用していた丸いサングラスは、このときから着用を止《や》め、丸眼鏡に変えた。

三二年五月、日本政府や中国国民党を取材したリットン調査団は、満洲でも丁寧な調査を重ねて帰国、一〇月、国際連盟に提出した報告書で、中華民国の主権と満鉄の権益とをともに認め、かつ満洲に大幅な自治権をもつ地方新政府の建設を提案した。単に事変前に復することに留めなかったのは、建国宣言が強く打ち出している独立の意志を汲んでのことであろう。

関東軍の地位向上

溥儀の就任式と同日、暫定的なものとして政府組織法が公布された。関東軍法律顧問、松木侠が中心になってまとめた原案を、すでに二月の東北行政委員会に提出し、承認を受けたかたちになっていた。「満洲国」の機構は、執政の下に参議府を置き、立法院、国務院、法院、監察院の四院を置く構想だった。立法院は日本の帝国議会にあたるが、複数政党ではなく、一党制が望ましいとされていた。が、議員選挙は一度も行われることなく、憲法の制定は遠ざけられた。それゆえ、行政全般を司る国務院が実際上の最高機関とされ、ここに日本人官吏を送りこんで、実質的に行政をコントロールする方法が採られたのである。その初動期、三二年九月における政府職員の構成は総計一九五一人、うち日本人四六九人、中国人一四八二人。そのうち中央官庁は総計一一五〇人（日本人、四一九人）。国務院だけとると、二五三人（日本人二三二人）と、すでに日系官吏の占める割合が多い。[29]

なお、法院は国務院から独立し、裁判を実施する機関。この制度整備については後述する（二一三頁）。もう一つの監察院も、国務院から独立した監査機関で、行政が法を犯していないかをチェックする中国に伝統的な機関。孫文が三民主義とともに五権分立（行政・立法・司法・考試・監察の治権）を唱えていたことが知られる（考試は科挙制度に代わるもの）。だが、やがて、監察院も格下げされ、国務院の一機関とされた。つまりは、司法を除けば、国務院に権限を集中し、一元的に行政を取り仕切るしくみになし崩し的に移行していった。総務庁を通した関東軍の「内面指導」方式が幅を利かせるようになったことが大きな理由であろう。

二月二三日の東北行政委員会の妥協案（溥儀の「皇帝」としての就任は認められない）を溥儀に突き付け、その代わり、「執政」に就かせた板垣征四郎は、やがて皇帝につけるかどうかは関東軍次第であることを思い知らせ、「満洲国」の国防は関東軍に委ねること、かつ関東軍司令官が国務院の日本人官吏の人事権をもつことを約束させ、関東軍司令官・本庄繁宛ての書簡に三月一〇日付けで、執政の名において署名させた（署名日は執政就任前の六日説が強い。のち「日満議定書」秘密交換公文となった）。それは関東軍による軍事権掌握と、最高行政府の「内面指導」の了承をとりつけたことに等しい。それだけではない。これによって関東軍は、日本陸軍の下部機関であると同時に満洲国の国防軍という新たな資格を獲得することになった。日本政府も、その関東軍の二重性を認めざるをえない。一種の謀略とも見られよう。だが、東北行政委員会の紛糾は見込まれていたとはいえ、はじめから仕組んでいたとは思えない。彼らにとっても、場当たり的拙速主義が生んだ乗り切り策の瓢簞から駒が出たようなものだろう。

ただし、三二年九月一五日、「日満議定書」調印の際の関東軍司令官は武藤信義陸軍大将（日本側全権）である。その年八月八日、本庄繁は軍事参議官の辞令を受けて東京へ帰り、板垣征四郎は同日付けで陸軍少将に昇進したが、関東軍司令部付（満洲国執政顧問）とやや存在感が薄れていた。

3 建国宣言

建国宣言を読む

では、建国宣言を読んでみたい。建国宣言中「民族協和」にあたるところは、先にふれたが、もともと住んでいる漢・満・蒙・日・鮮の五族を除く「その他の国人」にも、ここに永く住もうと願う者には分け隔てなく、平等と権利を少しも損なうことなく保障するとある。該当する箇所だけ、日本語訳（濁音を明示し、適宜ルビを付す）と中国語原文の順に引く。

窃《ヒソカ》ニ惟《オモ》フニ政ハ道ニ本《モト》ヅキ、道ハ天ニ本ヅク。新国家建設ノ旨《ムネ》ハ一《イッ》ニ以《モッ》テ順天安民ヲ主ト為《ナ》ス。施政ハ必ズ真正ノ民意ニ徇《シタガ》ヒ、私見ノ或存《ワクソン》ヲ容サズ。凡《オヨ》ソ新国家領土内ニ在リテ居住スル者ハ皆種族ノ岐視尊卑ノ分別ナシ。原有ノ漢族、満族、蒙族及《オヨビ》日本、朝鮮ノ各族ヲ除クノ外《ホカ》、即チ其他ノ国人ニシテ長久ニ居留ヲ願フ者モ亦《マタ》平等ノ待遇ヲ享《ウ》クルコトヲ得《ウ》。其ノ応ニ得ベキ権利ヲ保障シ、其ヲシテ絲毫《シゴウ》モ侵損アラシメズ。

（窃惟政本於道道本於天。新國家建設之旨、一以順天安民為主。施政必徇真正之民意、不容私見之或存。凡在新國家領土之内居住者、皆無種族之岐視尊卑之分別、原有之漢族満族蒙族及日本朝鮮各族外、即其他國人願長久居留者、亦得享平等之待遇保証、其応得之権利保障。不使其絲毫之侵損）

中国語原文は『満洲国政府公報』第一号（大同元年四月一日）に掲載された本文（字体は原則として新字体に改めた）。日本語訳は、同日付けの別冊『満洲国政府公報邦訳《ママ》』より引いた。ともに「満洲国」の最高行政機関・国務院の事務を統括する総務庁が編纂・発行した国家機関誌で、日本の官報にあたる。これらは隔日刊で出発した。

建国宣言の原文が中国語だったことを意外に思う人もいるだろう。すっかり日本語で書かれたと思い込んでいる人もいる[*30]。そうでなくとも、専門家のほとんどは、先にあげた関東軍のプラン「満蒙問題解決案」が骨子をつくったと考えてきた。それに異を立てるわけではないが、少なくとも、この中国語文は基調も文体も、二〇世紀初めの日本で中等教育を受けた者の手になるものではない。

中国語文の引用部は、最初の一句に「窃惟」と経典類に見られる措辞《そじ》を置き、「政本於道道本於天」と対句表現を用いている。「政」は政治、祀りごと。古風な構えた文章を模した文体である。ここだけでなく、建国宣言は「天の道」や「順天」の思想が基調をつくっている。以下、建国宣言の要旨を紹介しながら、コメントしてゆく。

建国宣言の前三分の二は、それまで東三省を支配してきた張作霖、張学良の二代にわたる軍閥政権（彼らの名は出していない）が、私利の追求に走り、貨幣制度を乱して民衆を困窮に追い込み、匪賊の跋扈《ばっこ》を生んだこと、また野心を起こして関内に打って出、他の地域を侵し、信義を守らず、排外主義に走ってきたことを告発し、「満蒙ハ旧時本《モ》ト別ニ一国ヲ為ス」（満蒙舊時本另為一國）といい、「三千万民衆」は、国民党の専横がまかり通る中央と関係を断ち、独立国家を打ち立てると宣言する。

これは張作霖が富国強兵政策をとり、税金を軍備に注ぎ込み、不換紙幣を乱発して経済を混乱させたこと、二度、関内へ打って出たこと、張学良の富国強兵政策が排外主義政策をとり、ソ連と戦闘状態に入り（一九二九年）、共匪（共産ゲリラ）を誘発したことなどを指弾している。「夫《ソ》レ二十年試験ノ得ル所ヲ以テスレバ、其ノ結果一ニ此ニ至ル」（夫以二十年試験所得其結果一至此）と。すなわち、辛亥革命からこの方の満洲の在り方を顧みている。

満洲が本来、独立していたというのは、遡れば『漢書』（巻四 西域伝）に「秦始皇は戎狄を追い払い、中国を防衛するため長城を建てた」（及秦始皇攘卻戎狄、築長城界中国）頃に及ぶかもしれない。長城の外は長く「塞外《さいがい》の地」とされてきた。が、東北行政委員会に清朝帝政派が加わっていることを勘案するなら、東北一帯は、清朝の祖先の故地であったことを踏まえていることになろう。張作霖は中原に打って出て、軍閥間の戦闘に敗退し、撤退して、東三省の独立を宣言した。張学良も蔣介石の北伐に対して、地方政権の維持と引き換えに服属した（易幟）。万里の長城より東北の地域の支配層には、このように一定程度、独立の意識が培われていたことは認められよう。

次に独立宣言は、国民党の専横についていう。すなわち、彼らが中華民国の唯一の政党として振る舞おうとしていることを指している。国民党に従えば、以前と同じ境遇に陥ってしまうゆえ、独立すると強調している。

日本軍については、天が「師」を遣わし、軍閥政権を一掃して独立の機会を与えてくれたとし、その「天賦の機会」をとらえて、われわれは独立するのだという。この「師」は、武術の指南などに用いる「師」のニュアンスではないだろうか。

そして、その「天賦」の機会を捉えて、奉天、吉林、黒龍江、熱河、東省特別区、蒙古各族の代表が集まり、二〇年の試練を通して新国家をつくるべく一致した。あとは実行あるのみという。国家体制については議論せず、ただ「一つの政体」をとるとだけ述べている。「政体ハ何等ヲ分タズ、只安集ヲ以テ主ト為ス」（政体不分何等只以安集為主）と。

「東省特別区」は、ロシアの経営してきた東清鉄道沿線の権益を巡って、ロシア革命期の混乱に乗じて、張作霖が回収に出、鉄道を共同経営にするなど攻防を繰り返し、確保した行政区のこと。一九二九年にソ連軍と戦闘状態に入り、張学良軍が撃退され、ソ連軍が退却した後は、張景恵がその管理を担当していた。

国家体制について「一つの政体」とのみ示したのは、先に述べたように、東北行政委員会で国家形態について意見がまとまらなかったからである。一国家一政体という原理だけ確認したのである。

清朝は一国家一政体ではなかった。満洲族は、皇帝のもとに八旗を編制し、漢族・蒙古族も八旗制を組んで支配層に組み込み（漢八旗、蒙古八旗）、各地の主要な都城に君臨した。それ以外の蒙古族、漢族、回族は、それぞれに異なる行政組織を保持しており、清朝崩壊後、独立の機運が生じたが、「満洲国」では、同じ政体に属することを明記したのである。だが、「満洲国」で、内蒙古の王族の下に「盟」が「旗」を束ねる編制まで変えたわけではない。

その政治思想

建国宣言は、後の三分の一で、先に引用した民族協和をいう条から基本政策を述べてゆく。「順天安民」（天に順《したが》い、人民を安んじる）の伝統思想にのっとり、「王道主義」を実行し、漢・満・蒙・日・鮮の五族と「その他の国人」の平等とそれぞれの権利を保障する。また「礼教」をもって国家宗教とするという。

「順天安民」は『漢書』（巻二四 食貨志上）「財者、帝王所以聚人守位、養成群生、奉順天徳、治國安民之本也」あたりを典拠とし、個々人の考えではなく、真の民意をもって政治思想とするもので、よく一般に通じるという意味での通俗的儒学思想といってよい。「王道」は古くからの漢語で、武力制覇をいう「覇道」に対し、徳治政治をいう。「礼教」は、先にもふれたが、儒教の別名で、実質的には明代に科挙の柱となった朱子学が通俗化して、道徳秩序や祖先崇拝などの習俗儀礼を尊重する風として拡がった。総じて、建国宣言の基本思想は、清朝時代を通じて一般に拡がった通俗的儒学である。東北行政委員会メンバーのうち、旧帝政派の政治思想をまとめたものと見てよい。

満洲では、「娘娘廟会《ニャンニャンびょうえ》」など民間道教系信仰の祭礼も盛んだった。遼東半島西北部、大石橋で春の三日間にわたる大バザールを兼ねた、その大祭の様子は、満鉄映画製作所のドキュメンタリー・フィルム（一九四〇年）に収められている。塩売りの青年が三人の娘に出会い、後をつけると天女だったという民間伝承が付随している。一八世紀後期から拡がりはじめたものである。飢饉などの災害に見舞われるなどの理由で、山東半島や河北省あたりから多くの漢民族が満洲に入りこんだのは、そのころからである。また、とくに関羽を武神として祀る立派な廟も多く建てられている。これは満洲族の習俗の名残とも、匪賊除けともいわれる。[*31]

そうした民間信仰が拡がるなかで、建国後、国務院文教部は、多く清朝時代までに建てられた全満七八ヵ所の文廟（いわゆる孔子廟）を調査・修復した。[*32] そのうち、四八ヵ所で毎年陰暦二月と八月の第一の丁の日に、王道国家の祭典である丁祭（釈奠《せきてん》）を盛大に営むことを定めた。旧帝政派の主導によることは歴然としていよう。

旗や幟を立て連ねた大成殿の前庭で、藍色の祭服を着けた舞生《ぶせい》達が大聖孔子の徳を称える頌歌《しょうか》の合唱や奏楽の音につれて、ゆるやかな文武の舞を舞う。一六〇の太鼓、一〇八の鐘に、大牛、羊、豚等の供物も、古式を伝える風といわれる。*33

国務院文教部は孝行息子の顕彰も行っていた。この「礼教」奨励を、近代思想を身につけた「満人」知識層は、「家」に縛ることになるとともに「封建」思想として唾棄した。小説類にうかがえる。

そして建国宣言は「施政ハ必ズ真正ノ民意」を尊重することを強調している。これを関東軍参謀・片倉衷は日誌で、民主主義ではなく、民本主義に決められたとしていた。*34 儒学の読み替えであり、また大正期に拡がった立憲君主制下の民主主義思想でもある。これならば東北行政委員会のメンバーも、溥儀も、また日本人の建国運動家も納得しただろう。

だが、立憲君主制なら、皇帝の地位を国法（憲法）で定めなくてはならない。憲法の制定は放棄されたことは先に述べた。一九三四年、溥儀が皇帝に就いたときに「帝位継承法」が作られる。これはいわば皇室典範にあたる（後述、一九〇頁）。

そして建国宣言は最後に、対外的に、互いの信義と国際通義、これまで結んだ条約の遵守、「門戸開放機会均等」の原則を守ることを述べて閉じる。

其ノ対外政策ハ則チ信義ヲ尊重シテ、力《ツト》メテ親睦ヲ求メ、凡ソ国際間ノ旧有ノ通例ハ遵守ヲ敬謹セザルコトナシ。其ノ中華民国以前各国ト定ムル所ノ条約、債務ノ満蒙新国領土以内ニ属スルモノハ、皆国際慣例ニ照シ継続承認シ、其ノ自ラ我ガ新国境内ニ投資シテ商業ヲ創興シ利源ヲ開拓スルコトヲ願フモノ有ラバ、何国ニ論ナク一律ニ歓迎シ、以テ門戸開放機会均等ノ実際ヲ達セム、（漢文省略）

先の東北行政委員会の会合の様子とあわせて考えれば、直接の起草者は、行政委員会でまとめ役を果たした張景恵と考えてよいだろう。張景恵は馬賊同然の職業から、北洋軍閥の軍人となり、張作霖と結んで出世した人である。耳学問が主だったから、建国宣言の通俗儒学の思想は、彼が身につけていたものにふさわしい。東北行政委員会終了後、一週間ほど間があった。その間、秘書役にまとめさせた草稿に、学識経験者、旧帝政派の鄭孝胥あたりの知恵を借りたことも考えられよう。

「満洲国」の公用語と国語

『満洲国政府公報』を見る限り、「満洲国」の筆頭公用語は中国語である。第二公用語が日本語だった。ただ、先の別冊に「邦訳」とついているのはおかしい。国務院の日本人官吏が、うっかり自分の国の官報のように思ってしまったからだろう。第二号からは『政府公報日訳』と訂正された。[35]

一九三六（康徳三）年以降、官報のタイトルが『政府公報』に変わり、上段に中国語、下段に日本語の体裁になる。このときから、日本語を基に、中国語の方が翻訳になったといわれている。日本化が進んだといってよいだろうが、公用語が二ヵ国併用の原則は、「満洲国」の滅亡まで貫かれた。

ただし、ここでは中国語とも漢文とも呼ばず、「満洲国」の言葉の意味で「満洲語」「満語」と呼んだ（満洲族に固有の言語は「固有満洲語」）。そして、日本人は漢族・満族をあわせて「満人」と呼んだ。満洲族が弁髪や固有の服装、または「満洲族語」「満洲文字」でアイデンティティを示さないかぎり、生活習慣は漢族と同化しており、ふつうの日本人には言語上では区別がつかないからである（固有満洲語は幼児語など、第二次世界大戦後にも残っていたが、次第に希薄化した）。一般に「中国語」「中国人」という呼称は、中華民国への帰属意識を示すものとして排斥された。憲兵や警官が通行人をいきなり誰何《すいか》し、「満人」と答えないと殴打したという話が戦後の日本で一時期、拡がり、中国人の民族的アイデンティティの毀損のように非難された。安藤彦太郎『中国通信 1964～1966』（大安、一九六六）が話のもとらしい。実際は中国本土から満洲に入り込む国民党・共産党のスパイのチェックの手軽な手段だった。それゆえ「満人」が「中国は一つ」という意識（「大中国」意識とも）をもっていたとしても、当然、隠した。誰何することによって、本人の帰属意識の実態がつかめるはずがない。ただし、日本政府は、汪精衛南京政府（南京国民政府）が成立したとき（一九四〇年三月、承認は一一月）、「支那」「支那人」を改め、「中国」「中国人」と呼ぶことにした。それがどれくらい浸透したかは別の話である。

なお、朝鮮族は当時、日本国籍をもつが（関東州に、ごくわずかに中国籍の人がいたらしい）、建国宣言は、国籍を無視して民族名を用いている。

ついでに、教育科目の「国語」にふれておく。一九三四年に小学校三年生以上に、週に二コマ、日本語教育が導入され、建国六年後、一九三八年一月の学制改革で小学校教科の「国語」は、日本語と中国語の二ヵ国語併修が義務づけられた。蒙古族居住地区では蒙古語が「国語」、日本語と併修とされた。どちらにも、日本語が共通している。これは官吏登用や社員採用などに、日本語能力が要求されてゆくのと併行しており、一九三六年に民生部が日本語の語学検定試験を開始した。つまりは日系日本人が国家・社会で支配的な地位を占めていたことを示している。

ちなみに建国後も、学校制度は中華民国期のものが存続していた。満洲事変の混乱期に小学校の就学率は低下したともいわれるが、一九三二年一七%、三八年三二%、四一年四〇%という数値が残っている。[*36] 台湾、朝鮮に比してかなり劣るが、中国本土に比べれば、相当高いとするのが一般的な見方である。中国では、長く識字層は限られていた。

なお、満鉄付属地では早くから日本語教育が行われ、満洲族・漢族の富裕層の子弟には通う者も出ていた。だが、張学良政権期には圧迫された。付属地は、公式には一九三七年に「満洲国」に「返還」され、小学校では敗戦まで一貫して中国語（口語）が必修とされた。[37]ただし、一九四〇年を越えて北満の辺境地に入植した開拓団は、「満人」の村落と混在してはいても、日本人の小学校は別で、「満語」を習うことはなかったという。[38]

国歌（一九三三年制定のもの）には、鄭孝胥が作詞した中国語の歌詞が用いられ、一九四二年の建国一〇周年に際しては、中国語と日本語で斉唱できるものが工夫された。行政首脳部は、タテマエを遵守するところは遵守していたのである。

中国語の出版物は、新聞、雑誌、単行本も刊行され、日本語との対訳新聞も刊行されていた。これは一般人が両方を学ぶための便宜だろう。そのほか、東清鉄道の付属地、ロシア人居住地ではロシア語学習が行われ、ロシア語の新聞も刊行されていたし、ハルビンではポーランド語新聞も刊行されていた（ポーランド人によるハルビン建設は後述）。

ちなみに国務院総務庁の玄関に掲げられた大きな洋画（岡田三郎助画）には、中央に和服を着た日本人を中心に回族等の五族の少女たちが手をとりあって踊っている姿が描かれているが、その背後には「民族協和」の文字が浮かんでいたことを申し添えておく。

注

*1　小林英夫『〈満洲〉の歴史』講談社現代新書、二〇〇八、第三章を参照。

＊2　西村成雄「日本政府の中華民国意識と張学良政権」『「満洲国」の研究』前掲書など参照。
＊3　松岡洋右『動く満蒙』先進社、一九三一年七月、一四二頁を参照。
＊4　金井章次はスイスで民族複合国家の姿にふれ、民族協和及び共栄圏を理想とするようになった。のち、蒙古聯合自治政府の最高顧問も務めた（後述）。田邊壽利「後記」（金井章次『満蒙行政瑣談』田邊壽利編、創元社、一九四三）を参照。「大東亜戦争」開戦をめぐって軍部と対立し、帰国後も、共栄圏を文字通り実現する立場から活動した。鈴木貞美『歴史と生命――西田幾多郎の苦闘』作品社、二〇二〇、三三四頁など参照。
＊5　山口重次『消えた帝国 満州』前掲書、九〇頁を参照。
＊6　同前、二九頁〜、九〇頁〜。なお、この著は、青年連盟の理念と事変当時の活躍ぶりを主軸に、自身の体験・見聞録と「片倉日誌」（前掲書）などで構成、人物や事態の解釈に生彩がある反面、決めつけも多く、データに訂正を要するところもある。
＊7　緒方貞子『満州事変』前掲書、二二三頁。
＊8　山口重次『消えた帝国 満州』前掲書、一二九頁〜を参照。
＊9　『東京朝日新聞』九月二九日二面。古屋哲夫「『満洲国』の創出」（1 満洲建国路線の形成、①出発点としての奉天軍政、②建国過程の諸側面）『「満洲国」の研究』前掲書を参照。
＊10　石原莞爾『満洲建国と支那事変』東亜聯盟協会関西事務所、一九四〇。山室信一『キメラ――満洲国の肖像』前掲書、増補版、八二頁〜を参照。
＊11　同前、九九頁〜を参照。
＊12　当時、吉林省総領事だった石射猪太郎の戦後の回想による。『外交官の一生』読売新聞社、一九五〇、中公文庫、一九八六、一八七頁。緒方貞子『満州事変』前掲書、一三九頁を参照。

＊13　同前、二二五頁を参照。
＊14　山口重次『消えた帝国 満州』前掲書、一六三頁を参照。
＊15　森克己『満洲事変の裏面史』(国書刊行会、一九七六)中の聞き書きによる。佐野眞一『甘粕正彦 乱心の曠野』新潮文庫、二〇一〇、三三七〜三三八頁。
＊16　橋本関雪「満洲の追憶」『文藝春秋』一九三三年五月号、「巻頭随筆」を参照。
＊17　山口重次『消えた帝国 満州』(前掲書)は、前年のチチハル攻略戦、その戦後処理、このハルビン作戦について、現場の動きを推測もまじえ、読み物的にまとめている。
＊18　田中隆吉「上海事変はこうして起こされた」『別冊知性12月号 秘められた昭和史』河出書房、一九五六、一八二〜一八三頁を参照。
＊19　青江舜二郎『石原莞爾』中公文庫、一九九二、二八〇頁〜。
＊20　『新天地』一九三二年二月号の特集「満蒙新国家建設を前にして」に所収。
＊21　『文藝春秋』一九四二年二月号、座談会「大東亜共栄圏確立の原理」における協和会、宮本誠三の発言(八三頁)を参照。
＊22　山口重次『消えた帝国 満州』前掲書「満鉄と関東軍」を参照。
＊23　「片倉日誌」前掲書、一一月七日条、一二月九日条、緒方貞子『満州事変』前掲書、二三八頁を参照。
＊24　星野直樹『見果てぬ夢』前掲書、「14 満洲開発五ヵ年計画 英米トラストと満洲国」を参照。
＊25　同前。
＊26　山口重次『消えた帝国 満州』前掲書、二二二頁に、金井章次からの仄聞とある。
＊27　「片倉衷談話記録」満蒙同胞援護会蔵、一九五二、緒方貞子『満州事変』前掲書、二四三頁を

参照。

＊28　南満洲鉄道株式会社編『満洲事変と満鉄』上巻、一九三四、復刻版・原書房、明治百年史叢書、一九七四、四一四頁を参照。

＊29　矢内原忠雄『満洲問題』前掲書、九〇～九一頁を参照。

＊30　玉野井麻利子編『満洲――交錯する歴史』前掲書〔日本語版への序〕一七頁を参照。第七章では、建国宣言を引用しつつ、「『国をつくった』のは日本人」と確認している（三三一頁）。

＊31　田村雄次郎『満洲歳時記』満洲事情案内所、一九四二、三三頁～を参照。歳時記とあるが、国家と民間の祭事を簡便にまとめてある。

＊32　内訳は、元代一、明代四、清代三四、民国時三一、不明及び記載なし八、田村雄次郎『満洲歳時記』前掲書、二八～三二頁。

＊33　金丸精哉『満洲歳時記』博文館、一九四三、一一五～一一六頁を参照。

＊34　「片倉日誌」前掲書、昭和七年二月二四日条を参照。

＊35　日訳版の発刊は、中国版の一日遅れか二週間くらい遅れるときもあった。のち、一九三三（大同二）年六月三〇日の第一五二号から同時発行になり、溥儀が皇帝になった一九三四年に『政府広報』に改題され、毎日刊行（休日を除く）となる。

＊36　満洲帝国政府編『満洲建国十年史』明治百年史叢書、第九一巻、原書房、一九六九、六九七頁。明治維新以来、内地の中学校の「国語」に漢文が導入されていたが、中国古典や日本漢文に限られていた（中国マーケットを睨んだ清朝口語の教育は、東京専門学校（のち、早稲田大学）や同志社などで、お雇い中国人教師によって行われた）。

＊37　戦後、劇作家、評論家として活躍した山崎正和は、一九三九年、父親（生物学者）が奉天勤務

になり、五歳から一四歳で帰国するまで、ほぼ満洲の学校で勉学し、中国語の口語文を読み書きしていたという。

＊38 黒岩卓夫『医者の父から七人の子どもたちへいま言いたいこと――君たちは今をどう生きるのか』教育史料出版会、一九九一、三五頁を参照。

第三章　建国はしたけれど

1　混乱のなかの建設

建国後の混乱

東三省は国家として独立したが、激しいリアクションに見舞われた。独立宣言に加わった馬占山は建国宣言の一ヵ月後、一九三二年四月二日にチチハルを脱出し、七日に黒河に帰り、旧黒龍江省軍の再編成を命じ、黒龍江省仮政府の樹立を宣言、[*1]ゲリラ戦を繰り返した。が、二ヵ月後にはソ連に逃げる。共産勢力の支援を受けていたと推測される。[*2]

この間、馬占山の動きは、理由がもう一つはっきりしない。板垣大佐に黒龍江省長の地位を約束され、建国宣言に加わったものの、宣統帝の執政就任を承服できなかったのか、関東軍の策謀にのせられたと気づいて反撃に出たのか、あるいは当初から、ないしは途中からコミンテルンと内通してのパフォーマンスだったことも考えられる。

この馬占山の反攻は北満のみならず、吉林省にも呼応する動きを生んだ。満鉄の駅などにも襲撃が続いた。神出鬼没のゲリラ相手の討伐戦は困難を極めた。郷村には自衛のため、馬賊に頼る習慣が根づいており、彼らを支援する人々も伏在していた。討伐に計画が立てられるわけもなく、関東軍は新たに組織されたばかりの満洲国軍を訓練しながら統率して対処することになる。

侵略者に対する馬占山の活躍は、東北出身のジャーナリスト・杜重伝《ドゥツォンヤン》によって上海の大衆雑誌『生命』などで書き立てられ、必ずしも彼の意図どおりではなかったが、「反日の英雄」として中国全土に知られた。[*3]が、すぐに評判は地に落ち、さらには横領などのスキャンダルへと向かったらしい。のち、「満洲国」の中国語小説のなかに、もう一度、その幻影を登場させる（梁山丁『緑の谷』一九四二）。

熱河省の湯玉麟も離反して、張学良のもとに逃げた。ずっと張学良と内通しながら建国にかかわっていたと想われる。ただし、張学良に信頼されていたわけではなく、やがては切り捨てられた。

つまり建国に携わった四巨頭の内の一人、行政委員会の内の一人が抜けたことになる。「拙速主義」で、場当たり的にリットン調査団の来訪までに建国のかたちだけ整えればよしとした結果ともいえよう。

日本人閣僚にも揉めごとが生じた。初代総務庁長官に就いた駒井徳三は、八方破れなところが災いして、若い官吏から排除の動きが起こっていた。内紛は関東軍参謀・片倉衷によって収められ、[*4]駒井は一〇月に参議に退いた。行政のトップ人事に関する揉めごとの始末を、若い一参謀がつけるなど異常な事態である。建国当時の関東軍の威勢を語るエピソードの一つといえよう。

三月一五日、自治指導部は解散し、満洲青年連盟など関係者は、事変の犠牲者を祀る忠霊塔の前で、満洲国協和党の結成を誓った。それに関与した石原莞爾とそのブレーン・宮崎正義は、ソ連共産党や国民党南京政府に対抗して「一国一党」制を志向し、国家財政で党員を養う方式を決めた（「満洲国協和党法」）。[*5]が、これは一時期の迷走に終わった。溥儀がその「党」の名称を嫌ったためといわれる。この間の事情がもう一つはっきりしないが、満洲事変を前後して、日本の大陸浪人やかつての宗社党が、清朝皇族の一人で、以前、光緒帝の後継候補者の一人と目された愛新覚羅溥偉《ふい》を担いで、清朝復辟運動を起こしていたことと関係しよう。

やがて七月二五日に、満洲国協和会が、溥儀を名誉総裁とする政府の外郭団体として結成された。総部長は甘粕正彦。協和服という制服をつくり、いわば官製の文化運動を指導する組織である。青年連盟の小澤開作は北京に活動の場を求め、山口重次は奉天副市長などを歴任することになる。大雄峰会のメンバーは一時期、地方に建国精神の宣伝普及を図る資政局という名の組織に雇われたが、七月に入ると整理された。

于冲漢は、初代監察院院長に就任した。行政の監督という役どころだが、高齢で病気がちだった。三二年初夏の頃と想われるが、石原莞爾が入院中の于冲漢を見舞いにゆくと、于はとても喜んでくれ、泣きながら言ったという。「石原さん、あなたは商売が上手だ。付属地なんというものは満洲鉄道の側、ちょっと顕微鏡で見なければわからんほど小さなものでありますが、このちっぽけな付属地をくれて満洲全部を取ってしまう」と。石原は返すことばもなかった、とのちの回想に記している。[*6] かつて本庄繁がようやく奉天に出てきた于冲漢を参謀たちに引きあわせた際、石原は関東州も満鉄付属地もみな「満洲国」に献呈するつもりと言ったと伝えられる。[*7] 于冲漢は、それに引っかけて、満洲全土を日本が掌中に収める大きなトリックに自ら進んで引っかかった悲喜劇を冗談めかしていったのだろう。そのアイロニィを思いついたとき、于冲漢は自分を満洲独立の「立役者」、「大統領」候補のように公言していた石原に、それを聞かせたいと思ったにちがいない。石原はその夏、満洲を離れ、于冲漢は三二年のうちに病歿した。それが最後の別れのことばになった。

于冲漢を取りまく満洲青年連盟が掲げた「民族協和」の旗印にしても、もとは張学良の日系排除策から日本人の既得権を守るためのものだった。満洲に暮らす諸民族の生存権と平等の保障、既に結んだ条約の遵守という一致点のもとにつくられた建国運動の高揚が終わってみれば、それぞれの思惑とは食い違う新国家の現実が待っていた。

九月末には、ホロンバイル事件が起こった。もと奉天派の軍人で親ソ派だった蘇《そ》炳《へいぶん》文が、満洲建国に連なったモンゴル・ダウール族の権力を覆そうと九月末に「東北民衆救国軍」を名のり、満洲里で挙兵して東清鉄道の西部一帯を占領、一〇〇名を超える人質をとって、親ソ派地方政権の独立と日本軍への開戦を宣言した。いわばソ連の勢力範囲の出来事で、外交の駆け引きにはソ連にいた馬占山も絡み、難航した。が、蘇炳文が一二月初旬にソ連に逃れ、解決を見た。

新国家の基礎づくり

「満洲国」は成立直後から国家機構の整備にかかった。関東州の租借権は、「満洲国」から受ける形に改定された。民国が結んだ対外条約を国民党南京政府が引き継がないと主張していたため、「満洲国」政府が引き継いだわけだ。これにより関東州及び満鉄付属地の実質的な一体化を進めることになった。

関東軍司令官が在満洲国駐箚《ちゅうさつ》特命全権大使を兼ねた（のち三四年に落成した建物に、関東軍司令部と在満日本大使館が同居する）。その特命全権大使が満鉄を監督する立場になり、また関東軍司令官が関東庁長官を兼ね、満洲国と関東庁のあいだに齟齬が生じることのないように整理された（のち三四年一二月、在満日本大使館に関東局が置かれ、その下の関東庁は地方行政のみ担当）。経緯は複雑だが、つまりは日系の軍・外交・産が一元化されていった。ただし、満鉄の付属地を「満洲国」に移管するのは遅れ、三七年までかかった。領事裁判権を伴う治外法権を撤廃することは、「満洲国」内の法律が整わなくてはできないからである。

中央官庁には、内地から、もと大蔵官僚の星野直樹に連れられた一団が国務院財政部に入った。行政の最高会議にあたる国務院会議に提出する各部所の書類を取りまとめる準備会が日本人官吏によって行われ、その習慣が定着する。これによって、日本人官吏による行政主導が実質的に貫徹することになる。関東軍による「内面指導」も、このルートで日常的になされることになった。

総務長官・星野直樹のもとで、日本人官僚が最初に着手したのは予算案づくりだった。同時に通貨統一に向けて動きだした。六月一五日、中央銀行が設立され、張政権時代の東三省官銀号など流通していた種々の貨幣を吸いあげながら、銀本位の満洲円を単位とする中央銀行券を発行した。これは高橋是清のバックアップを受けて推進された。のち一九三五年には日本円を基準にする通貨管理制度に移行する。日満の経済ブロック化の最初の一歩といってよいだろう。

やがて一九三六年末には、長く関東州の金融を扱ってきた朝鮮銀行が撤退。その残り資金と政府資金との折半で満洲興業銀行がスタートし、商工業者への貸付が開始される。これがやがて満洲産業開発五ヵ年計画の推進を支えることになる。

すでに新京では、省庁の建物の建築がはじまっていた。内地の土木事業行政に携わり、大林組で取締役兼技師長を務めていた直木倫太郎は、建国時に国務院国道局長に就任するや直ちに満洲全土を踏査し、治水と道路の政策を立案し、同時に満洲の気候風土に適応する土木工学の確立を目指して満洲土木研究会を立ち上げた。「南船北馬」ということばの

「南船」は、中国では古くから長江の洪水時に水を逃がすクリークが発達していたため、運輸の全般を船が担っていたことからきている。馬に頼るのが「北馬」だ。満洲では、冬は馬車を、凍土の上を走らせるので問題はない。が、それ以外の季節は雨が降れば、道はぬかるむにまかせていた。軍事上も、トラックを走らせる道路網の建設が必須だった。

このようにして、新しい近代国家建設の土台づくりが東三省全域にはじまった。だが、関東州に暮らす一七〇万の日本国籍の人々、また満鉄付属地に暮らす併せて二一三万ほどの日本国籍の人々（内、一三二万人ほどが朝鮮族）にとって、政局は未だ安定せず、新国家建設の息吹にふれるというには、ほど遠いものだった。

矢内原忠雄の見聞談

一九三二年八月、建国なった「満洲国」を視察した矢内原忠雄《やないはらただお》は、その「満洲見聞談──昭和七年八月～九月」（『改造』一九三二年一一月号）の最初に、彼が乗った列車が匪賊に襲われたことにふれ、その最後近くで、長春─ハルビン間で襲われたこと、レールが外され、脱線し、死傷者も出たことを記して結んでいる。*8

矢内原は東京帝大の経済学者で、植民政策学に関心を注いだ人だが、その根本的立場は、ピューリタニズムへの傾斜の強い新渡戸稲造の植民地文明化論を継いでおり、アメリカの開拓者精神と比較しながら、日本の植民政策を批判的に見ていた。この年『改造』四月号

（三月下旬刊行）に寄せた「満洲新国家論」では、「日本の対支政策の根底は支那の近代統一国家化の助成に存しなければならない」と主張、三月初旬に建国された「満洲国」を分裂国家と見なす立場を鮮明にしていた。

それらがはたらくためだろうが、矢内原が満洲の匪賊に言及すると、つい、アメリカ・インディアンの襲撃を受けながら西部開拓に邁進する開拓者魂をうたったアメリカン・ウエスタン（西部劇映画）を連想してしまう。とりわけ、ジェームズ・クルーズ監督の『幌馬車』（The Covered Wagon, 1923）は、日本で公開されると、『キネマ旬報』の第一回ベストテンで「娯楽的に最も優れた映画」部門の第一位を獲得し、日本でもよく知られた。

それはともかく、矢内原は、この年の夏に満洲が洪水に見舞われたことも重なり、予想したより沸き立っていないといい、むしろ沈滞した気分を伝えている。八月、松花江の洪水はハルビンを襲い、浸水家屋が二〇万戸に及んだといわれる。「旅館と女の稼《かせぎ》は繁盛している」といわれたが、それもままならないようだと記している。

「女の稼」は、水商売、とくに売春を指していわれた。一九世紀後半、島原・天草でいう「からゆきさん」（娘子軍とも）は、多く南方への出稼ぎを指し、たとえば一九三七年一二月の南京虐殺事件のあと、憲兵隊によってかなりの慰安所（娼館）と慰安婦（娼妓）が数えられている。[*9] だが、北方へもかなりの数が出ていた。一八八九年に天津に二〇人の「女」がいたという。また一九〇五年、ウラジオストック・プラゴエ・ハバロフスク等で写真屋・洗濯屋・左官屋等を営んでいる日本人が三〇〇〇人ほどおり、ウラジオストックの売春婦は二〇〇人を超え、一街区をつくっていたという。一八八七年、上原勇作（のち、元帥）の満洲視察の従者・村岡伊平治の記録によれば、在留日本人の男子なしの町でも婦女子が五人前後から一〇人が居住しており、ハルビンでは二〇人で大部分はロシア人の妾、長春では七〜八人を土匪の妾としている。牛荘には女郎屋一軒、女たち七人とある。奉天に在留男子六〜七人、婦女子不詳とあるのは、数が多くて調べ切れなかったのだろう。[*10]

「満洲国」の場合、水商売の職種ははるかに曖昧で「女」は娼婦に限らない。だが、のちソ連との国境に兵営が並ぶようになると、様相が変わる。「満洲国」では慰安所に予算を計上し、とりわけ一九四一年七月、関東軍特種演習に際し、朝鮮族の慰安婦の「大動員」をかけたことが知られている。そののち、たとえば北満黒河省山神府に並ぶ軍官舎の一角に二〇人の朝鮮族慰安婦がおり、「芳子」「花子」などの仮名が付された配給券が当てがわれるしくみを書いた手紙が、憲兵隊により没収されている。その兵士は、配給券は将校の職権乱用だと不平も漏らしている。[*11]

それはともかく、矢内原の見聞談は、当時の満洲の日本人一般の意見を紹介し、事変が日本の特殊権益を守ったことは一様に評価しつつ、だが「その後のやり方に就いてはいろいろ意見もある様だ」と事態の進展に懐疑的な意見があることを示唆している。検閲を通る表現にとどめていることは、いうまでもない。「満洲のことは話半分に聞いてくれ」という言も見える。「満洲国」成立を寿ぐ内地の騒ぎ方を現地の日本人たちは、よく承知しており、それをたしなめる風である。

この見聞談などを収録した矢内原忠雄『満洲問題』（岩波書店、一九三四）は、「満洲国」建国への批判を抑え気味にして、現状分析と施策を打ち出している。満洲への移民は、狭い耕地がひしめく南満ではなく、広い耕地を獲得しうる北満に発展可能性を見、だが問題として、第一に治安、第二に移住費の負担をあげ、その二つの条件を国家が保証したとしても、第三に、日本人移民は「満人」たちと同じ生活水準に耐えられないと指摘し、それゆえ、日本にとって満洲は、あくまで「投資植民地」と規定している。[*12]

いま、植民地を仮に、大航海時代のものを略奪型、北米を開拓移民型、英領インドを投資型と分類するなら、満洲はインドに近いことになろう。ただし、インド帝国は、二〇〇ほどの小王国を束ねる国家元首をイギリスの君主が兼ねていた。「満洲国」の場合、すでに張作霖―張学良の両軍閥政権が東三省を独立国家に近い形態に束ねていたし、それを関東軍が追い払い、近代国家として建設してゆくので、形態は全く異なる。二〇世紀前半に列強が鬩《せめ》ぎあう合間を縫って、ソ連と対峙し、日本帝国主義が資源と労働力を確保する前線基地を築こうとする衝動が噴出、清朝旧帝政派の溥儀を復辟させる野望と一つになって建国に突き進んだのである。一九三四年から溥儀を皇帝として戴くようになるが、軍事権は日本軍が、行政も実質的に総務庁の日本人官僚が握り、専制でも立憲君主制でもない、類例のない一種の傀儡国家と規定するしかない代物だった。

建国宣言は熱河省も「満洲国」に編入することにしていたが、いまだ熱河省の帰趨は明確でなかった。国際連盟が満洲事変をどう裁くかも明確でなかった。各地で反政府活動が勃発し、日本軍が実効支配しているとは言い難く、この段階では、日本政府も公式に承認していなかった。それゆえ、まだ日本の植民地とも規定できない。「満洲国」は、まだ、宙に浮いて漂っている状態だった。

日満議定書の調印

内地では三二年、五・一五事件で海軍の若手将校のテロにより犬養毅首相が殺害されたのち、政局運営を挙国一致で行うため、海軍穏健派の長老・斎藤実が組閣した。陸相には荒木貞夫が留任し、八月に関東軍の首脳を、いわゆる皇道派で固めた。司令官に武藤信義大将、参謀長兼特務部長に小磯國昭中将が就任した。

先にもふれたが、本庄繁中将は八月八日、軍事参議官となって東京に戻り、板垣征四郎大佐は関東軍司令部付となり、執政顧問（奉天特務機関長兼任）に就任、いわば溥儀の見張り役として関東軍の中枢からは外れた。石原莞爾中佐は仙台歩兵第四連隊長に就任（第二師団所属）。なお、仙台師団が満洲事変に出兵した様子を、朝日新聞社が凱旋ニュース映画『輝く皇軍』（一九三二）として制作している（未見）。つまり建国運動は、人事面でも過去のものとして切断され、「満洲国」は新たなステージに立った。

同時に日本の外交も新たなステージに立った。外相に、第一次大戦後の国際協調態の構築に外相として尽力した内田康哉が復帰し、リットン調査団の国際連盟報告に先立ち、「満洲国」承認に踏み切った（前述、四八頁）。

一九三二年九月一五日、大日本帝国が「満洲国」を承認する日満議定書（条約）が、日本側全権、関東軍司令官・武藤信義陸軍大将と満洲国側・鄭孝胥国務総理とのあいだで調印された。もう一度、まとめておく。この議定書には「満洲国」における日本軍の駐屯が明記され（第二条）、附属文書（交換公文、本庄繁宛溥儀書簡三月一〇日付）において国防の関東軍への委任、および関東軍司令官に国務院の日本人官吏の任命権の委任が取り決められた。これにより、関東軍は日本陸軍の一つであるとともに、「満洲国」の国防を担う軍隊という二重性を付与された。また実質的に国務院の指導的人事も掌握したことになった。つまり、「満洲国」が日本の傀儡国家たる所以をなす文書である。

この調印に際し、武藤信義の挨拶を受けた鄭孝胥の顔は引きつり、激怒を抑えかねて一言も発することができずにいたという。武藤の随員として付き添っていた一等書記官・米澤菊二は見かねて署名を促したと「日満議定書調印記録」に書き留めている[*13]。

鄭孝胥は学識のある文人、すなわち王朝に仕える士大夫の役割を全うすべく生きてきた人。清王朝の復辟はならなくとも、溥儀を元首に立てた新国家の建設に尽くしてきた。だが、その国家は、ほかならぬ溥儀の結んだ約束を通して、関東軍に牛耳られてゆく。その屈辱に、これまでは耐えてきた。それを自らが総裁として、いよいよ公に承認しなくてはならなくなったとき、彼は辞任を表明した。だが、それは許されなかった。この奇妙に捩《ねじ》れたディレンマに、彼がついに耐え兼ね、自らを解き放つときが、やがてくるだろう。

一九三二年一二月一日に、満州国通信社（財団法人、略称国通）が発足した。日本電報通信社（電通）と新聞聯合社（聯合）の通信網を買い取り、国外からの通信・写真・ニュースを国内の新聞社や放送局に配信し、国内のニュースを聯合、電通（三六年合併して同盟通信社＝同盟）を通じて日本及び諸外国に配信した。当初は政府、在満日本大使館・領事館の購読料名義の補助金で運営された。この通信・新聞を一元化する情報宣伝機関設立は、里見甫《はじめ》らの建議と交渉によるもので、里見自ら、その初代主幹を務めた。

国家の内外を結ぶメディアの統一は、外交と軍事の死活にかかわる。満洲事変の当初は、外務と軍部の方針がまちまちのまま進行していた。それは海外にも筒抜けだった。その反省を踏まえ、関東軍の「内面指導」が外務と内地の民間会社に跨って発揮されている点に、この事業の特徴が見える。本庄―板垣体制の下で動きはじめた企画が、武藤―小磯新体制に替わって完成したといえよう。国通は、翌三三年五月にロイターと契約、国際通信社として知られるようになってゆく。内地では、日本政府と聯合による新通信社結成が進み、二・二六事件を契機に、同盟通信社がつくられ、電通は以降、広告取次専門会社となってゆく。やがて傍受・妨害・謀略など、熾烈な電波戦争が繰り広げられてゆく。

なお、里見甫は、上海同文書院卒で中国語が堪能、天津・北京で新聞記者を務めたのち、満鉄南京事務所に勤務、満洲事変では、土肥原賢二のもとで甘粕正彦と諜報活動に従事した。国通成立ののち、幅広い地下人脈を利用して、上海で麻薬取引を仕切り、「阿片王」の異名をとり、関東軍等に資金援助をしてゆく。

そののち、「満洲国」における通信事業は、一九三六年九月に政府と満洲電電の共同出資により弘報協会が設置され、内地に先駆けて広報・宣伝の一元化が完成する。*14

関東軍の新体制では、小磯國昭参謀長の強権的な手法がさまざまな軋轢を生んだ。総務長官・星野直樹は、貨幣の統一と流通機構を整備する一ステップとして、それまで軍閥政権の下で、農産物の収貨（集荷）と雑貨問屋、金融業を兼ねる糧桟《りょうさん》を束ねる大興公司という会社を設立し、中央銀行の副業にしていた。ところが、あるとき、小磯がそれを取り上げる会議を召集し、強引に廃止を宣言した、と戦後の回想『見果てぬ夢――満州国外史』に記している。*15 よほど腹に据えかねたと見える。

糧桟は、張作霖政権の徴税の基盤になっていた旧弊な制度で、彼らの強欲さは、農民たちの怨嗟《えんさ》の的になっていた。だが、商社のネットワークが張り巡らされていない満洲で、いきなり廃止しては、物資の流通も滞り、農民が借金する先もなくなってしまう。やむなく大興公司を質屋専門にし、農民の金融を支えることに成功した。だが、実際、大豆が高騰し、集荷が困難になったことがあったとも記している。

なお、小磯國昭は、三四年三月に広島の第五師団長に転出するが（のち「大東亜戦争」の敗退局面で東條英機内閣の後を受け、総理）、それまでに、関東軍の「内面指導」の強引さに反撥して辞めてゆく、骨のある官吏も少なくなかったようだ。星野は、関東軍と国務院とのあいだに生じた軋轢を、この一事に凝縮して示しているようだ。

出版法制定と中国語新聞

関東軍の武藤―小磯新体制は、出版物の本格的統制にも乗り出した。が、熱河作戦が終了するまで、匪賊討伐をふくめ、治安対策全般は遅れていた。

満洲事変の勃発時に遡って、関東軍の新聞社対策を見ておく。柳条湖事件に際し、個人経営の日本語新聞はまちまちの反応を示したが、中国語新聞には非難する記事が溢れた。奉天では一九三一年九月一九日に関東憲兵隊が新聞社主らを集め、抗日記事の掲載禁止を命じ、協力姿勢を示せば存続、従わなければ停刊させ、編集人の逮捕や印刷機の接収を行った。

三二年二月五日、ハルビン占領後には、共産党系と見なした中国人記者の逮捕にも及んだ。反日機運の強い北満・チチハルの『黒竜江民報』は接収し、日本人を社長につけ、司令部から月一〇〇〇円を支給、新聞の無料配布もした。[*16] なお各戸配達は、日本に特有の制度だった。

そして、一九三二年一〇月一三日に「出版法」を公布、新聞紙・雑誌発行は民政部総長の許可制（輸入の取次は届け出制）とし、その他の「普通出版物」は、刊行の三日前までに民政部警務司に提出を義務づけた。その第四条〔出版物ニハ左ノ事項ヲ掲載スルコトヲ得ズ〕には、以下の八条の掲載禁止が列記されている。*17

一　国家組織ノ大綱ヲ不法ニ変革シ又ハ国家存立ノ基礎ヲ危殆ナラシメムトスル事項
二　外交又ハ軍事ノ機密ニ関スル事項
三　国交上重大ナル影響ヲ及ボス虞《オソレ》アル事項
四　犯罪ヲ煽動シ若《モシク》ハ曲庇シ又ハ刑事被告人或ハ犯人ヲ賞恤《ショウジュツ》若ハ陥害スル事項
五　公開セザル訴訟ノ弁論
六　民心ヲ惑乱シ又ハ財界ヲ攪乱スル虞アル事項
七　検察官若ハ警察ノ職務ヲ行フ者ノ差止メタル事項
八　其ノ他安寧秩序ヲ乱リ又ハ風俗ヲ害スル事項

この内容は内地のそれに準じているが、内務省の当時の検閲制度がどれほどの労力を要していたかを考えてみれば、その内実が遵守されていたとは想えない。とくに中国語の新聞、雑誌、書籍には手がまわりきらず、通報を受けて調査にあたるのがせいぜいで、その結果、いわば泳がせておいて、根から断つ方策に出たようだ。

たとえば奉天の中国語新聞『盛京時報』(〇六年創刊、二〇年満鉄の子会社化し、三六年に他紙を吸収、全盛期は約三万五〇〇〇部)は、創刊当初より民間の事件や娯楽面の多い傾向をもち、建国後、政治記事が多く載るようになったが、副刊(特設頁)「神皐雑俎《しんこうざっそ》」には、五・四運動の反日民族主義と文芸近代化の動きを受けて、歌舞を伴わない対話劇(日本の新派から新劇への動きにあたる)の一幕ものが多く載り、日本の戯曲の翻訳や歴史劇なども加えて作風は多彩を極めた。そのなかに抵抗の姿勢を見せるものも若干拾えるという。諷刺的な手法の寸劇(コント)が好まれたのだろう。

国際的に二〇世紀前期は、アマチュア演劇が大きなブームになったが、地域により伝統演芸の影響を受けるなど、傾向はさまざまだった。中国の場合は京劇が大ヒットし、そのなかから自慢の一曲を歌う茶館が流行った。ほかにも、掛け合い漫才にあたる演芸や曲芸などを披露する演芸場が多種多彩にあり、そのような場で新しい軽演劇も盛んに演じられたと想われる。演芸台本をいう「戯曲」は本来、歌舞を伴うものに用いる用語で、中国では対話劇等には「戯劇」の語を用いている。

『盛京時報』に比して、新京の中国語新聞『大同報』(三二年、関東軍の指導下に創刊)の一般記事は、政府の御用新聞的な内容だったが、副刊(別冊)は編集体制を異にし、三三年三月から共産党系の編集者、陳華が「大同倶楽部」を担当し、掲載される戯劇には、李道衡「黄金塔」、洛虹「両箇陣営の対峙」など「日満協和」「王道楽土」の欺瞞を暴く抗日姿勢を見せるものがあったという。[*18]

『大同報』の副刊では、三三年八月六日に創刊された日曜日の「夜哨」は、実際には共産党員作家の蕭軍が担当し、李文光の抗日小説「路」などを掲載した。陳華は官憲に逮捕され、一二月二四日に五ヵ月足らずで停刊させられた。[*19]

翌年、蕭軍、蕭紅らは、ハルビンの『国際協報』の副刊「国際公園」及び「文藝」（劉莉編集）に舞台を移して、抗日姿勢の強い小説や批評をほぼ一年にわたって掲載した。ハルビンは蕭紅の郷里だが、ソ連からの風も吹き込み、共産党のシンパも多かったと想われる。熱河攻略を終えた関東軍は、三五年にかけてハルビン周辺の演劇グループなどを徹底的に弾圧した。蕭軍、蕭紅は青島に逃れて作家活動をつづけた。

なお、ハルビンの個人経営の中国語新聞、『国際協報』『黒竜江民報』には演劇、『午報』『哈爾濱公報』『浜江時報』（浜江省は一九三四年に東三省の再編により、ハルビン市を中心に設けられた）には映画の記事が溢れているという。

熱河作戦の終了

関東軍は、三三年一月、山海関を攻略、二月には内蒙古地区の熱河制圧に着手し、三月四日に承徳を占領、一〇日前後に万里の長城線に達した。国際連盟の総会への影響を懸念する日本国政府の姿勢など考慮することもなく、兵力を増員し、進撃を強行した。これが「満洲国」承認＝日満議定書調印と並ぶ武藤―小磯体制のいわば本務だった。四月には万里の長城を越えて河北省に攻め込み、五月に国民党政府と万里の長城とのあいだに中立地帯を設けて、停戦協定を結んだ（塘沽《タンクー》停戦協定）。

中華民国政府は、蔣介石と汪精衛が協力体制をつくり、汪が外交を担当、「一面抵抗・一面交渉」の方針により、「満洲国」を認めることはなかったが、事実上は黙認し、北京―奉天間の鉄道を開通させ、両国間の貿易や郵便も回復した。停戦協定の境界では、しばしば小競り合いが起こりはしたが、日中関係は、しばらくのあいだ小康状態に入った。一応は、そういえる。

が、小康状態に見えるのは、蔣介石・汪精衛の「安内攘外」政策によるもので、対日戦争に備えて国民党が四川、雲南などの地方を掌握し、国防体制を構築するまでのあいだ、対日摩擦を極力、避ける方針だったからである。[*20]

今日、公刊されている蔣介石日記には、日本に奪われた満洲を取り返さずにはおくものかという強い思いが滲んでいる。そして第一次上海事変時から、中日戦争は必至と見ていたらしいことも推察される。蔣介石は一九三三年四月一一日の講演で、一九三六年に中日が開戦し、第二次世界大戦が始まるという予測を語っている。[*21] しかし、蔣介石の講演には、そのときどきのアドバルーンの要素がかなり見える。そのように誰もが感じるだろう。
そして満洲事変の処理をめぐって、英米はあてにならないと判断した蔣介石国民党政権は、第一次世界大戦に敗北し、多額の賠償金を背負ったドイツから、兵器類を買い付けはじめた。ナチス・ドイツはこれに積極的に応じ、対日戦に備える国防体制の構築もアドヴァイスした。中国からは、いわゆるレアメタルなどを輸入。中―独間の貿易額は急速に増大し、一九三六年、ドイツの対中国向け輸出は輸出総額の六〇%近くにのぼるという。[*22]
「満洲国」にとっては、塘沽停戦協定により領土域が定まり、以後、滅亡するまで変更されることはなかった。関東軍は満洲国軍とともに、国内の共産ゲリラ対策に全力を投入し、治安の不安の除去に努めることになる。
治安維持については、国民統合の方式に具体化が図られてゆく。各県に日本人官吏を張り付け、一〇戸単位の「保」を束ねて「甲」をつくり、各県の警察署長が監督する、清朝が採用していた保甲制度の再構築が目指されてゆく。が、大地主を中心とする郷村の慣行を組み替えるには、彼らの内部に動機が弱く、郷村や町の社会のしくみに大きな再組織化を及ぼすには至らなかったようだ。やがて合作社問題が生じることになる（後述）。

統帥権をめぐって

熱河作戦の際、天皇の統帥権に関する問題が起こったので、ここでふれておく。三三年二月四日、閑院宮《かんいんのみや》参謀総長が熱河作戦に向け、関東軍の部隊配置を換える旨の許可、すなわち戦闘許可を求めたのに対し、昭和天皇は関内に攻め入ることのないように注意を添えて、これを許可した。ところが、斎藤実総理大臣が国際連盟の総会を前に、領土拡張のため軍を動かすことは内閣としてはできないと奏上し、これを受けて天皇は攻略許可を撤回、内閣は軍に作戦中止を求めた。ところが、軍は天皇の裁可を得ていると主張したため、天皇は統帥権を発動して中止命令を出そうとした。

おそらく昭和天皇は、関東軍が関内に攻め入ることがないように先に釘を刺したつもりだったが、戦闘許可が決定事項のように扱われてしまった。そこで慌てて統帥権を振りかざそうとしたと推測される。ところが、奈良武次《たけじ》侍従武官長が、天皇が自身の意志で問題の解決をはかろうとしてはならないと、これを制した。「国策ノ決定ハ内閣ノ仕事ニシテ閣外ニテ彼是レ指導スルコトハ不可能ノコトナレバ熱河作戦ノ中止モ内閣ニテナサザルベカラズ」と、彼の日記に記されている。*23

これ以前、一九三〇年、浜口雄幸首相がロンドン軍縮条約に署名したとき、当時野党の立憲政友会の犬養毅が統帥権の干犯にあたると議会で問題にし、議論になった。が、そのとき「天皇の大権」の施行も閣議決定に基づくものと決着がついていた。それを踏まえて、侍従武官長は、天皇が単独で決めようとするのは「勇み足」になると諫めたかたちである。

柳条湖事件の際、閣議決定を踏みにじる軍事出動が、朝鮮軍の越境を含めて事後に奉勅命令が出されるという、あってはならないことがなされた。[*24] しかも、若槻内閣は崩壊し、犬養首相はテロに倒れた。昭和天皇にとって、日満議定書の調印に運んだ全体の動きは、ひとまずは満足すべきものだったとはいえ、統帥権に関しては引っかかりが残っていたため、「勇み足」が生じたのではないか。侍従武官長も役職上、それを停められなかったことに慚愧《ざんき》の念を抱いていた。それゆえ、天皇の「勇み足」を諌める発言になったと見ることができるだろう。

なお、この件ののち、奈良武次は身を引いた。出過ぎたことをしたと考えたのかもしれないし、はじめから身を引く覚悟で諌めたのかもしれない。天皇の御意見番的な役割を負った、かなりの重きをなした人の態度にかかわることではあるが、それ自体は、統帥権の扱いとは別次元の問題である。

その後、一九三九年五月からのノモンハン事件などについても、関東軍、ひいては陸軍の指揮権の乱れ自体が問題にされる。それは当然だが、なぜか、直接、統帥権と絡めて議論される傾きが強い。やや不可解な気がしないでもない（後にふれる）。

熱河調査と長白山探検

熱河地域の情勢が治まると、その直後から国務院文教部及び満日文化協会（日本側からは日満文化協会）が、東方文化研究所の関野貞《ただし》、竹島卓一に熱河古蹟の調査を委嘱した。

熱河（現・河北省承徳）の山地中腹にある、一八世紀初めに康熙帝が避暑のための山荘として建て、乾隆帝が増築した離宮である（現在は「承徳避暑山荘と外八廟」として世界文化遺産）。広大な敷地に殿閣やチベット様式の寺廟が偉容を誇っている。なお、文教部は一九三三年七月に「古蹟保存法」を発布し、古蹟古物名勝天然紀念物の調査に取り組む姿勢を示していた。その最初期の事業である。これには羅振玉の意向がはたらいていよう。

最も熱心に熱河古蹟の調査・保存を訴え、また取り組んだのは、日本建築学会に君臨する伊東忠太だった。三五年、現地に調査修理事業の事務所を設置し、敗戦直前まで事業の継続をはかった。伊東の清朝の建築との出会いは早く、帝大工科大学卒業以前の一九〇一年、はじめて海外調査に行ったのが北京の紫禁城だった。満洲に関する書物に『満洲の文化と遺跡の史的考察』（啓明会事務所、一九三三）、『熱河遺蹟の建築史的価値』（同、一九三六）がある。

熱河への関心は古蹟に限らない。三三年八月四日から一〇月下旬にかけて『大阪朝日新聞』が満蒙学術調査団を派遣、未開地一帯の地理・地質・人類学・動植物などの調査を行った。[*25]「満洲国」政府の委嘱を受けた早稲田大学教授で地質学者の徳永重康を団長とし、先遣隊をあわせ、一二名の学者に医師・通訳・朝日新聞記者ら随行員十数名、人夫十数名の陣容で、関東軍将校二名が在郷軍人四〇名を指揮して、この護衛にあたった。資源発掘も期待され、一行には「文化の戦士」の異名が与えられた。[*26] なお、のち華北分離工作（後述）の進展に伴い、一九四二年には内地の資源科学諸学会連盟が、山西学術調査研究団を派遣している。*27

ついでにもう一つ、学術探検にふれておこう。「満洲国」と朝鮮との国境をなす長白山脈の最高峰、長白山（朝鮮では白頭山）は標高二七〇〇メートルの火山で、松花江、鴨緑江などの水源をなすが、国境問題、間島問題がからみ、日本では日露戦争後から地質学者、小藤文次郎らが関心を寄せていた。一九三四年に今西錦司（理学部講師）を隊長に、西堀栄三郎ら京都帝大関係者、新聞記者二名、山岳案内人四名をふくむ総計一八名による白頭山遠征隊が編成され、日本で初めて未調査地の観測や採集を伴う組織的探検が、しかも冬季に行われた。朝鮮側から三五年一月七日、白頭山の登頂に成功。今西錦司「白頭山登行雑記」（『改造』三五年三月号）等各種報告がなされ、四〇葉の写真を添えた報告書『白頭山』（梓書房、一九三五）が刊行された。

2　帝国の建設へ

溥儀の皇帝就任

首都・新京を中心にした「満洲国」の建設は、熱河攻略戦が落着し、国民党政府との関係が落ち着いてから本格化する。関東州と東三省の各機関を直接一本化する事業も行われた。三三年八月三一日には、満洲電信電話株式会社（満洲電電）が設立された。関東逓信局の大連放送局、満洲国交通部の奉天・新京・ハルビンの各放送局を束ねたもので、新京に本社を置いた。第一〇師団長として満洲事変に出動した、退役軍人の広瀬寿助《じゅすけ》が総裁を務めた。

一九三四（康徳元）年三月一日、溥儀は念願の皇帝に即位する。「即位詔書」を発して国号を「満洲帝国」、元号を康徳と改め、国家の防衛・経営は「常に日本帝国と協力同心、以て永固を期すべし」とした。また統治組織の根本を「組織法」に定めた（「政治組織法」を改定）。「組織法」は「満洲国」の憲法に相当するといわれるが、前文に、天意を承けた皇帝による制定、すなわち欽定《きんてい》であることが明示されている。大日本帝国憲法も前文では欽定としているが、議会の承認を受けた上で成立した。「満洲国」では議会は開催されず、

「組織法」第四条は、帝国憲法五五条と同様、国務大臣の輔弼《ほひつ》をうたう。のち、三年後、皇室典範を真似た「帝位継承法」が制定されるが、そこにも帝位の法的規定はない。つまり法制上、溥儀は専制君主に均しい地位にあった。

即位は、まず朝に、中国皇帝が古くから務めとしてきた天神地祇《てんじんちぎ》への祭祀（郊祭）を執り行い、午後は、登極（天子の位に就く）の儀ののち、大元帥として満洲国軍と関東軍併せて五万に威令を行き渡らせるパレードを行った。沿道は人払いされ、満洲国軍は銃剣を帯びることなく参列した。皇帝就任にあからさまな反対は出なかったものの、極度の警戒が必要だった。溥儀の皇帝就任は旧清朝の復活、すなわち中国国民党政権の打倒を目指す動きと解釈される可能性があったからだ。「満洲国」政府は清朝の復辟ではなく、あくまで新国家の皇帝即位であると繰り返した。

皇帝財政を司る宮内府が設けられ、宮内府大臣が輔弼を務め、詔勅《しょうちょく》等の文書を管理する尚書府、祭祀を司る祭祀府のほか、侍従武官処、軍事諮議院が設けられた。建国後、帝政への移行を準備し、日本の宮廷にはたらきかけてきたのは、初代国務総理（帝政移行に伴い、総理大臣）を務めた鄭孝胥だった。鄭孝胥は溥儀の皇帝即位後、四月に使節団を率いて東京の皇居を訪れ、この答礼のため、六月、秩父宮が満洲国朝廷を訪問した。

翌三五年には、溥儀が日本を公式訪問した。溥儀は皇室の歓迎ぶりに感動を隠さず、日本の皇室との精神的一体性をアピールし、日本のジャーナリズムは「躍進満洲」の特集を組んで、これを歓迎した。

明・清代を通じて、皇帝即位には、北京の天壇で伝統的な祭天の儀礼が存続していた。溥儀が即位の儀礼に先立ち行った、天地四方の神に祈りを捧げる郊祭は、諸民族のいわば地祇を祀る儀礼を統括する意味をもっていた。宮廷内の溥儀が祭祀儀礼を行う場も、国内諸民族の神に祈るようにしつらえられていた。

その溥儀が、のち日本の国家神道を尊重したのは、若き日から受けてきた親宜と、初の訪日でも皇室から歓待を受けたことへの感謝とともに、皇室の権威に寄りそうことにより自らの権威を高めたいという理由のほか、日本の国家神道に理想の祭祀を見出したことが大きいと想われる。東京帝大法学部教授・筧克彦《かけいかつひこ》が日本の神の本体を「宇宙大生命」とし、キリスト教の超越的絶対神をも凌ぐ普遍神と論じ、天皇をその現れとしていたことも響いていただろう。[*28] 溥儀は一九四〇年の第二次訪日ののち、帝宮内に建国神廟を建設するが（七月一五日）、筧克彦は、その準備のため、国文学者で国学を信奉した山田孝雄《よしお》とともに新京を訪れている。

また、溥儀の弟、溥傑《ふけつ》（陸軍歩兵学校在籍）と、昭和天皇の遠縁にあたる嵯峨浩《さがひろ》との縁談がまとまり、三七年四月に東京の軍人会館（現・九段会館）で結婚式が挙げられた。このようにして「満洲国」帝室は、タイ王室、朝鮮王室と並び、東アジアの皇室外交の対象たるべき地位を築いていった。だが、溥傑夫妻に対する関東軍の待遇は粗末で、監視も厳しく、二人の回想には不快感があからさまである。日満議定書によって、軍事権と国務院の実質的権限を握っていたとはいえ、関東軍は溥儀とその周辺が「増長」することに警戒を緩めたわけではない。また子供をもたなかった溥儀は、弟夫妻のあいだに男子が生まれることを怖れていたとも、愛新覚羅の血統に日本人の血が混じることを忌避したともいわれている。

総理の交替

鄭孝胥は、その後も皇帝の権威の保持に努め、関東軍の専横ぶりに批判的な態度をあからさまに示すこともままあった。最も明確だったのは、溥儀の皇帝就任の翌年、建国記念日の演説の際に、「満洲国は抱かれたる小児の如し」といい、「我が満洲国の未だよく立つ能《あた》わざるの状、日本政府のあえて手を放して立たしめざるの状況、これ今日自明のところ」と述べ、自身の「庸劣無能」を責めたという。含意は明らかである。「民族協和」をいいながら、関東軍が溥儀の首根を圧《お》さえ、日系官吏が行政を牛耳っているのは周知のことだったから、総理の口から日本への不満が吐かれたと報じられた。溥儀は、日本の皇室との一体性を強調することで、帝室の安泰を計る自らの政略と、その演説との食い違いに腹を立て、建国記念日の総理大臣の挨拶として不適当であると叱責し、鄭孝胥の更迭が決まった。

鄭孝胥は、それまで国務院会議で一言も発することなく、ただただ成り行きに任せてきたといわれる。それは何のためだったか。溥儀の皇帝即位までは総てに耐えてきたのである。さらにもう一年待った。が、何も変わらないどころか、溥儀に清朝皇帝の末裔たる矜持も感じられなくなり、仕えるのが馬鹿らしくなったというところだろう。公の場で自分の不甲斐なさをぶちまけたのは、すなわち溥儀への別れの辞であった。鄭孝胥が遺した詩に「快、玉斗を擲《なげう》つに似たり」とある。それを引いて、星野直樹は、楚の項羽の参謀だった范増《はんぞう》が項羽と議が合わず、玉杯を投げ捨てて辞めた故事を踏まえたものと述べている。能吏は、よく能吏の心を知っていたというべきか。

鄭孝胥は、そののちも、関東軍憲兵隊の監視下に置かれ、不遇のうちに生涯を閉じた(一九三八年)。鄭には秘書に使っていた息子がいたが、彼のことについては後にふれる機会があろう。

鄭孝胥に代わって総理大臣に就いた張景恵は、執務室で座禅を組み、閣議でもほとんど発言せず、部下の報告には必ず「ハオ」と答えたので「好好《ハオハオ》先生」と呼ばれていたという。時代の転変も俗流儒学で鷹揚に受けとめ、荒波に処しているうちに一国の総理にまで登りつめた風情の人だった。もともと旧帝政派でなく、関東軍の「内面指導」にも、内陣を取られる痛痒を感じるほどのこともなく、「満洲帝国」の葛藤に悠然と対処しえたのだろう。ただ第二次世界大戦の終末期、ソ連軍の侵攻に対して「東北暫時治安維持会」を結成し、関東軍が新京を引き払い、通化まで撤退する方針に断固として反対したという。敗北を敗北として受け入れる一国の宰相としての自恃を保ったというべきか。張景恵は、シベリア抑留ののち、撫順戦犯管理所で動脈硬化が悪化して死去した。

特急「あじあ」の車窓から

一九三四年一一月一日、満鉄の大連～新京間七〇一キロメートルを所要八時間三〇分で走る特急「あじあ」号が開通した。最高速度時速一三〇キロメートル。ほとんどが日本の技術開発によるもので、蒸気機関車が牽引する鉄道技術が先進国に追いついた徴《しるし》だった。

一九三四年一〇月から一二月初旬にかけて、勤務先の大阪住友合資会社が企画する鞍山事業の下調査のために満鮮を旅行した山口誓子《せいし》は、開通したばかりの流線形の特急「あじあ」に乗った。

汽車はやく枯れし野を日をしりへにす
掌に枯野の低き日を愛づる

誓子が帰国後に編んだ第二句集『黄旗』（龍星閣、一九三五）の前半に、満鮮の句が詠まれているが、その「特別快車亜細亜号」の句群より引いた。枯野は、収穫後の高粱畑。背が高く繁るため、匪賊が隠れられないよう、鉄路から距離をとるのはもちろんだが、畝の間隔を開けて植える。黄旗は満洲国旗をいう。のちの『満洲征旅』（満洲雑誌社、一九四四）に収めた紀行文によると、誓子は、大連から奉天に向かう特急あじあの「巡洋艦の艫《とも》そっくり」の展望車から鞍山付近の枯野を見ていた。

「鞍山を通るとそこらは一面の枯野で、左方に見える大きな工場の内部では紅い熔鋼を注いでいるのが美しく見えた。なおも走りつゞける列車は、首山・遼陽・沙河を経て奉天に近づいて行った。都会に近いせいかさすがに「牛奶糖」と大きく書いたキャラメルの広告などがはやい速力ですれちがったりした」。「牛奶糖」は、ミルク・キャラメルだろう。午後遅く、見渡す限りつづく枯野の上、ゆらゆら揺れ落ちてゆく赤き陽を珠玉のように掌で受け止めて愛でたくなる心地は、満洲ならではの感があろう。

　誓子は、その展望車で、「写真で見覚えのある土肥原少将」と乗りあわせたことも書いている。そして撫順炭鉱など視察ののち、新京に一泊。東支鉄道の大きくて豪華な片側通路式のコンパートメント車（ワゴン・リ）に乗り、ハルビンに向かった。誓子はこちらの車輛の方が大きく感じると書いているが、実際に広軌だった（三七年まで）。『黄旗』「ワゴン・リイ」より。

碧き眼の露西亜乗務員の眼に枯野

氷る河わたる車室の裡白《うちしら》む

ここでも枯野が詠まれている。二句目は、松花江の鉄橋を渡るとき、凍った広い河面の照り返しがコンパートメントの内を白く照らしたことへの軽い驚きの句。

誓子は、短期間に娼館、刑務所、慈善施設、戦跡、哈爾浜の白系ロシア人のキャバレーを訪れ、航空機にも搭乗するなど、大いに句材・句境を広げた。*29 俳諧連歌は、昔から和歌の雅に対して俗なる新風物をうたうのが流儀、誓子の新興俳句は、その意味で正統派である。

山口誓子がのちに『黄旗』の句と紀行文を併せた本を『満洲征旅』と題したのは、一九三一年にコロムビア・レコードから出た西岡水朗《すいろう》作詞、古関裕而《こせきゆうじ》作曲、内田栄一歌唱の軍歌「満洲征旅の歌」にちなんだのだろうが、満洲のあらゆる題材を制覇したという思いも掛けてあったにちがいない。そして車窓の光景が次から次へと変化し、都市から都市へと風物の変化を追う句風は、映画のモンタージュの手法をヒントにした連作スタイルの開発にも寄与したと想われる。

一九三九年、奉天に設立された満洲宮田製作所の専務取締役に就任した大場白水郎《おおばはくすいろう》の句集『早春』（春泥社、一九四〇）に、次の句が見える。

雪の中急行「あじあ」すれちがふ

「あじあ」号が雪を舞い立たせてすれちがう爽快な句として知られる。こちらは、「あじあ」号の車中から見る景色ではない。

北鉄買収

特急「あじあ」号は一九三五年九月には、新京からハルビンまで運転区間が延長された。その年三月二三日、「満洲国」政府がソ連の経営する東支鉄道一七〇〇キロメートルとその付属地を買収したからである（以降、北満鉄路）。

当初はソ連が鉄道施設の全額を請求し、日本側は、ソ連と中華民国との共有財産なのだからと、その半額を主張、交渉が難航していた。ルーブルの公定価格か実勢価格か、ソ連の労働者の退職金の出どころなどでも折り合いがつかなかった。が、廣《ひろ》田《た》弘《こう》毅《き》外相があいだに入って、現実的な線で妥結しようと話をまとめ、ソ連側が一挙に引き下げ、一・七億円で落着したのだった。

星野直樹は、回想記『見果てぬ夢——満州国外史』で、その日を「満洲国史に輝く最良の日」と称している。何かと揉め事の種になってきた鉄道であり、大きな紛争のもとにならないとも限らない、実にやっかいな存在だったからである。第二次五ヵ年計画に邁進するソ連にとっても、交渉が長引くより、いま資金を手に入れる方が得策と踏み切ったのである。一説に、日本の満鉄との共同運行が長くつづいていたため、「満人」の鉄道労働者のあいだにソ連の経営に対する反撥が生じていたともいわれる。だが、すでに満鉄が北満に鉄道を敷設し、東支鉄道の収益が落ちていたことが最も大きな理由だろう。

星野は公債発行の資金準備や外交の曲折に紙幅を割いており、そこに名前を出していないが、また実際に下働きの下級職員の名前までは知らなかったのかも知れないが、実際の数字を精確に調べ上げたのは、当時、外交部事務官の杉原千畝《ちうね》だった。彼は、ハルビン学院出身でロシア語に堪能で、学院の教員を務めたのち、ハルビン総領事館を経て、建国後は国務院外交部に移っていた。白系ロシア人と結婚し、ロシア正教の洗礼も受けていた。が、その妻が「ソ連のスパイ」という噂を流され、離婚せざるをえなくなった。おそらくその一件も絡んで、彼は関東軍の横暴をひどく嫌っていた。やがて、ヨーロッパ外交に活路を求めて満洲を去った。日本政府の訓命に背いて、ソ連軍占領下のリトアニア・カウナスの領事代理として、五〇〇〇名以上に上るユダヤ系難民の亡命を助けたことはよく知られる。

3 ハルビンの変貌

ポーランド人による建設

建国後、最も大きく変貌したのは北満だった。とりわけロシア―ソ連が利権をもっていた松花江の水運と、東清（支）鉄道の拠点として栄えた都市ハルビンの様変わりは著しい。

ハルビンはポーランド人によって建設された都市だった。ロシア帝国が南下政策を強め、満洲に東清鉄道を敷設する際、一八八九年四月、ポーランド人技師のアダム・シデオーフスキが、その拠点を松花江に接する港町ハルビンに定め、設計にかかった。ハルビンは、ツングース語で渡し場を意味するという。東清鉄道の支線、南満洲鉄道を大連・旅順まで敷設するのにも格好の地点だった。

そして、やはりポーランド人のスタニスワフ・キエルベージ技師が東清鉄道副理事長に任命されたため、ロシア内に生活していたポーランド人の実業家や流人などが移住し、ハルビンの建設がはじまった。ポーランドが列強に分割支配されていた、すなわち、その国家が地図の上から消えていた時代のことである。それゆえ、彼らにとってハルビンは「約束の地」だった。[*30] いや、国籍がなかったのだから「ロシア臣民」だったとする見解もある。[*31]

その後、第一次世界大戦とロシア革命の混乱により多くの難民が中央ヨーロッパからシベリアに流れ出て、ハルビンは亡命者で溢れた。ポーランド人の人口も一万人以上に達したともいわれるし、七〇〇〇人止まりともいわれる。自衛隊、教会、小学校、高等課程を備えた中学校もつくられ、ポーランド語の新聞も発行された。第一次大戦後、主権が回復したポーランドに戻って、文化人として活躍した知識人もいる。なお、ポーランド系カトリック教会は、今日でも活動している。

ロシア帝国における反ユダヤ主義の高まりは、一八八〇年代前半、ウクライナにおけるポグロムを生み、ユダヤ民族をハルビンにも招き寄せた。かなり立派だっただろうと思わせるシナゴーグ（メイン・シナゴーグ）が、いまは閑散とした壁と椅子だけの空間を晒している。近くにはタタール寺院もある。

つまり、二〇世紀への転換期からハルビンは、ロシアの租借地として、ロシア人とロシア帝国に編入されたポーランド系、ユダヤ系、その他諸民族が蝟集する国際都市だった。一六ヵ国を超える国家の領事館が置かれた。満洲で最初の映画上映が行われたのも一九〇二年、ハルビンとされ、ロシア人経営の映画常設館も早くから盛んだった。が、あくまで資源と商品の集散地であり、また軍事拠点として賑わったのであり、工業化が進んだわけではない。

ロシア人の活動が活発化したことに対し、清朝は一九〇七年、対露貿易の拠点として浜江庁（現・ハルビン市道外区）を設置。ロシアは松花江の港に埠頭区（現・道里区）、東清鉄道の駅付近に新市街（現・南崗区）、併せて七〇〇〇平方キロメートルの地域を管轄区に定め、いわばロシアと清朝中国との競合状態に入った。

一九一七年のロシア革命ののち、東清鉄道の経営権はソ連に移った。その革命後の権力の弱体化を狙って張作霖は共同経営化し、理事長も中国人を据えた。が、実権はロシア人が握っていた。張学良が権益の回収に実力行使に出てソ連赤軍から打撃を受けたことは再三ふれた。

関東軍が執拗にハルビン攻略を企てたのも、北満にソ連の拠点があることが常に懸念材料になるからである。ソ連は第一次五ヵ年計画期に入っており、日本との戦争は避け、鉄道の利権を守る方針を固めていた。一方、中国共産党への連絡・援助の拠点もハルビンになる。間島の朝鮮族もコミンテルンの一国一党方針に従い、中国共産党に入党した。

国際都市の残影

日本のハルビン領事館が設置されたのは、日露戦後一九〇七年のこと。その前年、〇六年には対ロ外交を重視した伊藤博文内閣の意向を受けて日露協会も発足、一九二〇年には対ソ外交と貿易に従事する者の育成のため、日露協会学校が設立され、「満洲国」建国後、三二年には専門学校・ハルビン学院と改称した（一九四〇年に国立大学）。建国後の日本人居留民は五〇〇〇人、翌年三三年には九〇〇〇〇人、三五年五月で一万八〇〇〇〇人と増えつづけ、一一月には二万七〇〇〇〇人に急増している。[*32]　一九四三年の日本人居住者は八万六〇〇〇人に達した。[*33]

東支鉄道売却後、ソ連の影響は減少したが、ハルビンがソ連及びヨーロッパとの貿易の要衝の地であることに変わりなかった。一九三六年、もと東支鉄道交響楽団を母体に、ハルビン交響楽団がロシア人を主体に結成され、ヨーロッパの演奏家もしばしば訪れていた。ハルビン放送局では関東軍の接収後もロシア語放送が継続して行われ、[*34]その関係者による女声コーラスの美声は「満人」、日本人のあいだで評判だった。ハルビン・バレエ団も活躍が目立つ。市の音楽・バレエ学校から小牧正英が登場し、戦時下、日本軍支配下の上海バレエ・リュスを支えたことも知られる。これらは亡命ロシア人たちのうちでも、財産家が支えていた。

ハルビンについての日本語の読み物は、奥野他見男『ハルビン夜話』（玉井清文堂、一九二九）が亡命ロシア人女性の「裸体踊りとキャバレーの歓楽郷」云々を記してのち、佐倉《さくら》啄二《たくじ》『艶色極東地帯』（白鳳社、一九三二）、群司次郎正《ぐんじじろうまさ》『ハルピン女』（雄文閣、一九三二）など、際物《きわもの》的な風俗読み物が相ついで刊行された。この種の夜の店は国際都市・大連などの歓楽街にも進出していた。

風俗の変転

内地では一九三三年、夢野久作の中篇小説「氷の涯《はて》」(『新青年』二月号)が書かれた。シベリア出兵時のハルビンを舞台に、ロシア赤軍、帝政派軍と日本軍の謀略戦に追い詰められてゆく一人の日本人青年の手記が展開する。国際時局を題材にとった心理ミステリーの傑作である。

またソ連が撤退したあとの変貌ぶりを、ハルビンに在住した竹内正一が連作風の短篇小説に書いている。たとえば「ギルマン・アパート点描」(一九三八)は、中心街・キタイスカヤ大通りに面して建つ、ギリシャ出身の老人が経営するアパートから白系ロシア人が次々に退去してゆく時期に、残っている住人の落魄《らくはく》した生活ぶりを、その階下のレストランなどを舞台に書く風俗小説である。キャバレーで働いているという触れ込みの、化粧の剝げたロシア人女性のもとに、黄色いダットサン(日産自動車製)に乗って通ってくる日本人の小企業の社長などがスケッチされる。時代の変転をとらえた風俗諷刺は、近代小説の本来の役割の一つだが、そのスタイルは、三〇年代の日本の文芸に見える、都会に一人暮らしするモダン・ガールの生態を一つのアパートに集約して描く竜胆寺雄《りゅうたんじゆう》らのモダン風俗小説にヒントを得ている。

この短篇は、満鉄社員会を母胎にした一種のサークル雑誌『作文』の一九三八年三月号に掲載されたのち、竹内正一の短篇集『氷花』（作文発行所、大連、一九三八）、および『復活祭』（満鉄社員会、一九四二）に重複収録された。

竹内正一は『満洲新報』大連支社長・竹内坦道《たんどう》（黙庵）の息子として大連で生まれ、一九二〇年に早稲田大学仏文科を卒業、満鉄大連図書館司書となり、三四〜三六年、満鉄哈爾濱図書館主事（館長）を務めていた。*35 内地の『早稲田文学』『新潮』などにも抒情性豊かな短篇を寄せており、いわばセミプロ作家で、三九年六月には文芸総合雑誌『北窗』を創刊、『哈爾賓入城長篇小説』（赤塚書房、一九四二）もある。のち第三回大東亜文学者大会（南京）に、中国人作家・古丁《こてい》とともに「満洲国」代表として参加するなど「満洲国」文壇では重きをなした。四四年に満鉄副参事となったが、四五年二月、満鉄を辞し、満洲出版文化研究所常務理事に就任。八月に引き揚げ、日本赤十字社関連組織などに勤務し、執筆活動も続けた。

時代の変化に伴い、都市ハルビンの街路を行きかう人の民族比率は変化した。だが、その街路樹は、そして辺りに開ける自然は変わらない。

楡《にれ》の銭散り敷く道ぞ八方に

楡はハルビンの街路樹。銭は、その焦げ茶色の花びらをいう。東京帝大法科大学の出身で、飯田蛇笏《だこつ》に師事して句作をはじめた佐々木有風《ゆうふう》は、東洋拓殖株式会社（東拓）に勤め、朝鮮勤務ののち、一九二八年一一月にハルビン支店長になった。この句は、その翌年の作。

一九三四年四月、「満洲国」は国策会社、日満製粉を設置し、本社をハルビンに置いた。すでに東支鉄道買収の話は起こっていた。小麦をソ連から輸入するためだろう。有風は、その事務所長に就任する。

つんどらの遠き谺《こだま》をききとむる（一九三六年の作）

「松花江の沿岸に立って北方に拡がる曠野を見ているとその寂寞《せきばく》の彼方から微かな物音が聞こえてくる。地の果てに棲むオロチョンの鞭の音か、冬帝の靴の先に踏まれて一夜にして堅氷と化する川の呻《うな》りか、オーロラの光りは、さうした一切のものを人間の目から隠す充分な力を持って縹渺《ひょうびょう》としてゐた」と自註している。

一九三九年には本社専務に就任。彼のもとにはハルビン学院の学生たちを中心にした黒水会俳句誌『韃靼《だったん》』の同人たちも集まった。一九四〇年には飯田蛇笏、山口青邨《せいそん》が相次いでハルビンを訪れ、松花江の河畔などでそれぞれに句会が催された。佐々木有風は敗戦後、ソ連に抑留されたが、抑留中の句も帰国後に発表している。

注

＊1　山口重次『満洲建国の歴史――満洲国協和会史』栄光出版社、一九七三、六四頁。
＊2　のちに中国に帰り、天津に潜んでいたが、盧溝橋事件ののち、山西省で八路軍と協力し、抗日戦に加わったこと、国共内戦時にはあいだに立って調整役を務めたことが知られているが、病を得て北京で死去した。
＊3　ラナ・ミター「心のなかの満洲――一九三〇―三七年の中国東北部をめぐる出版とプロパガンダ」玉野井麻利子編『満洲――交錯する歴史』前掲書所収を参照。
＊4　星野直樹『見果てぬ夢――満州国外史』前掲書、三一頁を参照。
＊5　同前、二九頁を参照。
＊6　石原莞爾『満洲建国と支那事変』前掲書、山室信一『キメラ――満洲国の肖像』前掲書、八九頁を参照。
＊7　山口重次『消えた帝国 満州』前掲書、一三〇頁を参照。
＊8　矢内原忠雄『満洲問題』前掲書、二四二〜二四三頁。
＊9　庄厳主編『鉄証如山――吉林省新発掘日本侵華档案研究』吉林出版集団公司、二〇一四、第一巻、一一四頁、鈴木貞美『『文藝春秋』の戦争――戦前期リベラリズムの帰趨』筑摩選書、二〇一六、三六九頁を参照。
＊10　森克己『人身売買』日本歴史新書増補版 至文堂、一九六六、五四〜六六頁を参照。なお、原文に「上原中尉（後の元帥上原勇之進）」とあるのを「上原勇作」にあらためた。この視察時の年代は正しいだろうが、このときは工兵大尉。

*11 『鉄証如山』前掲シリーズ、第一〇巻、二〇一六、二〇九頁を参照。
*12 矢内原忠雄『満洲問題』前掲書、第九章。
*13 山室信一『キメラ——満洲国の肖像』前掲書、二一一頁を参照。
*14 李相哲『満州における日本人経営新聞の歴史』（凱風社、二〇〇〇）を参照。満州国通信社（国通）は一九三六年に満洲弘報協会の下に置かれたのち、三七年に同盟と提携を強化し、株式会社として独立、四一年には特殊法人化して、国内、華北、華中、内地に四七の支社支局を置いた。年鑑『満洲国現勢』三二／三三年版～四四年版の刊行も行った。
*15 星野直樹『見果てぬ夢——満州国外史』前掲書、一二〇～一二一頁。
*16 華京碩「満州国時期の関東軍の新聞関与と中国語新聞」『二一世紀東アジア社会学』二〇一六年八号を参照。
*17 『満洲国政府公報日訳』第五九号。満洲行政学会『日文満洲新六法』一九三七。
*18 何爽「偽満時期東北報載戯劇生存様態研究——基于『盛京時報』与『大同報』的対比考察」吉林大学新闻与伝播学院主催「伝播視域下的東亜殖民主義研究」国際学術検討会提要、二〇一八を参照。
*19 首都大学東京大学院人文科学研究科博士課程・牛耕耘「「満洲国」時期の中国人作家・作品に関する資料調査および関係者へのインタビュー——作家山丁の「満洲国」時代を中心に」富士ゼロックス株式会社小林節太郎記念基金二〇一五年度研究助成論文、第一章、第二章第一節を参照。
*20 許育銘『汪兆銘与国民政府——1931至1936年対日問題下的政治変動』台北、国史館、一九九九、第二章を参照。
*21 『蔣中正総統檔案—事略稿本14』台北、国史館、二〇〇四、一九三二年四月一〇日条、四九頁。

＊22　田嶋信雄「親日路線と親中路線の暗闘——一九三五—三六年のドイツ」工藤章・田嶋信雄編『日独関係史 1890-1945』東京大学出版会、二〇〇八を参照。張学良がドイツの車輛を輸入していたのは一九二九年でナチス政権の成立以前で、この時期、蔣介石政権のドイツ貿易との関係は未詳。

＊23　「奈良武次侍従武官長日記（抄）」波多野澄雄・黒沢文貴編解説『中央公論』一九九〇年九月～一〇月号、一九三三年二月一一日条。

＊24　当時、統帥権の運用は閣議を経ることが必要とされたのは、天皇機関説（すなわち国家主権説）が公認されていたゆえである。軍の本部の許可なく兵を動かすことは軍規違反にあたることはいうまでもないが、直接、統帥権にかかわることではなく、軍内部で処分すべき事柄であろう。帝国憲法の条文上には、内閣規定がなく、国務大臣の輔弼がいわれているだけである。一九〇九年、軍令第一号で、統帥権の独立が明示され、参謀総長らの軍令に関する上奏権限と内閣を構成する陸相・海相の権限とのあいだに、いわば隙間が生じていた。なお、運用上は、一九三三年に、内閣総理大臣・陸軍大臣・海軍大臣・大蔵大臣・外務大臣で構成する五相会議がつくられ、一九三五年に国会で機関説が否定されたのち、三六年から頻繁に開催され、のち正式な国策決定機関に格上げされる（一九三八年六月）。

＊25　『大阪朝日新聞』一九三三年八月一三日～九月三日、藤木久三特派員記事。

＊26　『第一次満蒙学術調査研究団報告』六部二五冊＋総合目録、一九三四～四〇年を刊行。

＊27　山西学術調査研究団編『山西学術探検記』（朝日新聞社、一九四三）を刊行。

＊28　筧克彦『続古神道大義』下巻、清水書店、一九一五。筧克彦『皇国精神講話』春陽堂、一九三〇など参照。

＊29　H.Brill「鉄道と文学の書棚――山口誓子の『黄旗』と『満洲征旅』」tetsubun.main.jp/2017/01/01/manchou01/、二〇一七年一月一日投稿を参照。
＊30　ワルシャワ大学名誉教授、ミコワイ・メラノヴィッチ氏より教示を受けた。
＊31　トーマス・ラウーゼン、中野耕太郎訳「支配された植民者たち――満洲のポーランド人」玉野井麻利子編『満洲――交錯する歴史』前掲書所収を参照。
＊32　哈爾浜特別市公署総務処庶務科『哈爾浜』一九三六、一八頁を参照。
＊33　薛連挙『哈爾浜人口変遷』黒龍江人民出版社、一九九八、一五六頁を参照。
＊34　満洲電信電話株式会社『満洲放送年鑑　昭和一四年（康徳六年）』一九四〇、二一一頁を参照。
＊35　哈爾浜図書館は、日本の特殊法人としての満鉄がその付属地外に唯一、一九二三年に創設し、ロシア・ソ連関連図書を収集。満鉄付属地撤廃後も、清朝ゆかりの四庫全書を蔵した奉天図書館とともに、「満洲国」に移管せず、満鉄鉄道総局に所属。

第四章　産業開発から戦時体制の構築へ

1　満鉄解体

国家建設の進展

熱河作戦終了後、関東軍は満洲国軍とともに、国内に分散配備し、反満抗日のゲリラ活動を抑えるために力を注いでいった。他方、内地から送り込まれた官僚もさらに種々の国家機関の創設や整備を手掛けてゆく。一九三〇年代後半の動きを見てゆこう。

一九三五年、満洲国総務庁次長、星野直樹は、内地の理化学研究所（一九一七年創設）に倣って基礎科学と産業活潑を目指す総合科学研究所・大陸科学院（国務総理大臣直属）を新京に創設することを計画、直木倫太郎（前出）が初代院長に就任する。設立にはオリザニン（ビタミンB1）の発見、また合成清酒の発明で著名な鈴木梅太郎（東京帝大教授・理研主任研究員）が関与していた。鈴木梅太郎は、二六年に満洲を視察、満鉄顧問として中央研究所を指導していた。三七年に第二代院長に就任、とくに農芸化学に力を注いで、四一年まで務めた（第三代には直木が復帰、第四代は、理化学研究所からヨーロッパ留学後、京都帝大農学部教授を務めた化学者、志方益三（一九四二〜四五年）、第五代には三九年〜四三年に満鉄総裁を務めた大村卓一が四五年一月に就任）。

「満洲国」は国務院の下に法院（裁判所）も帰属させた。裁判は、それまでと同様、中華民国の法律に準拠していたので、裁判官は「満人」が務めていた。法院の制度が最高・高等・地方・区の四段階となり、検察もそれに対応して置かれたのは、一九三六年六月のこと。「司法部に内地の専門家を三〇人以上迎えて、刑事訴訟法、民法、商法、民事訴訟法、強制執行法などの主要法体系が一挙に整えられるのは、一九三七年一月である。すでに建国後五年近く経っていた[*1]。この法改正に手間取ったのは、台湾や朝鮮と異なり、「満洲国」を独立国とする以上、日本国籍など外国籍の人々、また法人の処遇などで問題となる、治外法権を撤廃しなくてはならなかったことが大きい。

内地では一九三六年三月に廣田弘毅が内閣総理大臣として組閣している。廣田は「満洲国」を承認した斎藤実内閣の内田康哉外相と三三年九月に交代して以来、長く外務大臣を務め、協調外交をうたい、中華民国との関係改善を探っていた。おそらくそのあいだに、「満洲国」の法改正の準備をしていたと推測される。三七年には、関東軍の実質支配に代わって、日本政府が積極的に「満洲国」経営に乗り出し、産業開発五ヵ年計画が実施に入る。建国期、体制構築期に次ぐ第三期といってもよい。

夢の欠片の数かず

「満洲国」は、大規模な都市開発でも知られる。すでに関東軍参謀部第三課は三一年一二月に「満蒙開発方策案」を作成し、その中で新都市開発も計画していた。そして建国を前後する時期、満鉄の技師を政府職員に出向させ、新庁舎や職員宿舎の設計・施工が開始された。政府内に国都建設局が設けられ、拡充が重ねられ、内地の建築家の招聘も行われた。[*2]

今日、保存されている官庁や軍の建物には、鉄筋のビルに唐代風の冠様の飾り瓦屋根を載せた、内地で帝冠式と呼ばれる様式に似た建物が目立つ。これらは当時の日本建築学会を率いた伊東忠太の指導を受けた人々の設計によるのだろう。「興亜」の掛け声とともに東アジアに拡がったといわれる。ただ、満洲国の「帝冠」屋根には、元代以降、皇帝の徴《しるし》となった龍の五本爪の鬼瓦を載せていないようだ。日本人の設計者たちは、そうしたことには無頓着だったらしい。

ちなみに、満洲に遺る寺院には道教と仏教の習合したものが多く、これらは龍の鬼瓦を載せている。他方、辛亥革命後、各省に乱立した軍閥の木造の建物は、北京などに残されたものを見る限り、載せていない。これは清朝皇帝を廃した思想によるものと想われる。

新京の街路には、モニュメントを残す思想による建物とは別に、機能主義の先端を走る建築家たちによるモダン・デザインのビルが並んだ。三、四階の煉瓦造りが多い。取り壊さず、内装、外装に手入れをして今日まで使われているものがかなりある。長春の中心街の佇まいは、円形の広場を中心に放射状に街路が走る大連とは、当時から異なっていた。今日、建築技術の先端をゆく超モダンなビルが林立する北京や上海と比べても、独特の雰囲気を醸している。都市計画に、区域特性をつくるゾーニングが取り入れられていた。

満鉄の技師による新京の全市域水洗化も知られていよう。これは一九三七年に完成した。関東州の上下水道に携わった京都帝大工学部の大井清一の関与が知られている。*3 その新京の水道設備は、水源地・浄月潭《じょうげったん》貯水池の保護とともにあった。その周辺には、中国東北特有の樹相を映す広大な緑地が設計されていた。利便性の向上に留まらない当時の自然科学系の理想、その実現に向けた努力が重ねられていたのである。その跡は、今日、アジア最大の生態系を保存する森林公園として、市民のレクリエイションの場となっている。一角には、満洲のトラなど野生動物も飼われている。

その起工者の名は鄭禹《ていう》。国務初代総理・鄭孝胥の次男である。東京成城大学やリバプール大学土木科に留学後、「満洲国」では鄭孝胥の秘書官を務めていた。父親が関東軍の意のままに操られることをよしとせず、辞任したのち、一九三五年に国都建設局局長に就任してすぐの仕事である（のち、奉天市長など歴任）。

「満洲国」のモダン都市のライフ・ラインについては、満鉄沿線の各都市に都市ガスが普及したことも知られる。記録を見たことはないが、近郊にはプロパンガスも普及していたという回想を聞いたことがある。ともに新たに着手しえた分、欧米に先んじていた。これらの都市計画は、街路と建物の改造を伴いながら、次々に朝鮮や内地に導入されていった。

水力発電は、建国と同時に大林組から国務院国道局長に就任した直木倫太郎が水力電気建設局長を兼任し、一九三四年一一月、満洲電業株式会社が統括して推進されていた。産業開発五ヵ年計画は政府直営の水力発電にも着手し、四一年六月、水豊発電所（朝鮮との合弁による鴨緑江水力発電株式会社）、四二年六月、鏡泊湖発電所（国営）、四三年三月、松花江に豊満発電所（国営）の三大水力発電所が完成した。豊満ダムが当時、東洋一と喧伝されたことは序章で述べた。

五ヵ年計画の形成

一九三七年四月から実施された産業開発五ヵ年計画は、総額約二五億八〇〇〇万円ものの膨大な資金をつぎ込み、重化学工業を中心に経済全体の発展を図り、「満洲国」内の自給自足体制をつくるとともに、日本の不足資源の供給を目指すことを目標に掲げていた。それぞれの項目に目標値を設定し、長期運営に耐えるように満洲興業銀行を設立した。四一年度の目標は、銑鉄《せんてつ》・鉄塊・鋼材のそれぞれが、三六年末能力の三倍以上、シェール・オイルが約五・五倍、アルミニウムが五倍、まだ生成しえていない石炭液化燃料が八〇万トン、自動車も飛行機も目算が立てられていた。眼目は軍需産業を活発化させ、ソ連に対する前線基地化を図ることにあった。

それを実質的に指揮した岸信介は、のちの回想に、ソ連の五ヵ年計画を知ったときには少し衝撃を受けたが、はたしてうまくいくかと疑問をもったといい、だが、「満洲国」の五ヵ年計画は「ソ連のまね」、その「基底」は「ソ連から学んでいる」といい、それを承知で立案段階から意見を述べていたことを明かしている。[*4]

当時、「満洲国」に送り込まれた実業部総務司計画科長は椎名悦三郎だったが、それ以前に、石原莞爾の要請を受けて、宮崎正義が東京で日満財政経済研究会を組織し、ソ連の五ヵ年計画を参照したプランを練っていた。その計画は、三六年八月には「昭和一二年度以降五年間帝国歳入及歳出計画」（附、緊急実施国策大綱）として立案され、内閣制度の廃止を含め、中央集権的総力戦体制づくり、すなわち軍事大国化を推し進めることを構想するものだった。

もともと建国一周年にあたる一九三三年三月一日に出された「満洲国経済建設綱要」（第二 経済建設ノ根本方針）は「無統制ナル資本主義経済ノ弊害ニ鑑《カンガ》ミ之ニ所要ノ国家的統制」を加えることの必要が述べられている。資本の自由競争を嫌い、二〇世紀型国家社会主義を志向する傾向が関東軍首脳に渦巻いていたことは明らかである。当時、東京帝大法学部教授・上杉慎吉が国家社会主義の研究を進めており、石原莞爾が関心をもっていたことは先にふれた。だが、「満洲国」のそれは、満鉄という国策会社が基幹産業を担っていたことを基盤に着想されたものであり、資本の自由競争を否定する考えは内地では異端視されていた。

五ヵ年計画立案の途中の一九三六年、二・二六事件が勃発した。戸惑う陸軍首脳を後目《しりめ》に、石原莞爾が指揮の先頭に立って青年将校らの叛乱を抑えこみ、二七日には天皇の名をもって首都を戒厳令下に置いた（七月一八日に解止勅令）。石原のこのときの決断の速さと断行には、五ヵ年計画の立案と遂行への意欲が手伝っていたと見てよいだろう。将校らの処刑が決まるあいだに、その立案は突貫工事の様相で進行した。

石原は政財界の要人の説得にもあたった。二・二六事件という国内危機を利用した根まわしである。九月に入ると、先の計画のうち、「満洲国」部分を分離し、関東軍、「満洲国」政府、満鉄の関係者の協議を経て、三七年一月、関東軍の「満洲産業開発五ヵ年計画要綱」でプランを確定、四月から実施に移された。

機を見るに敏なことも、アクロバティックな運びも相変わらずだが、場当たり的なところも否めない。第一に資本、第二に技術力や労働力、第三にその計画の実施を誰が担うのか、その目算も立っていなかった。それは日満経済ブロック形成を狙うものだが、双方を見渡し、監督する司令官の影も形もなかった。本来は作戦のみを担い、実施は司令官に委ねる参謀が経済戦の構想を練ったに等しい。そして「満洲国」はタテマエ上、独立国家だったから、日満経済を一体化して計画推進することは憚られたのである。

計画経済とは何か

革命により権力を集中したソ連は、第一次世界大戦期を戦時経済政策で乗り切ったのち、一九二八年に五ヵ年計画を採用した。フリードリヒ・エンゲルスが『反デューリング論』（一八七八）などで、資本の無政府的展開に目的意識的な経済の計画を対置したことにのっとったものだが、レーニンは『帝国主義論』（一九一七初版）で、大企業の資本集中が国家運営と密接に結びついた状態を「国家独占資本主義」と呼んだ。だが、大英帝国のように植民地および旧植民地リーグから吸い上げる膨大な資本を国家が再配分する形態と、ロシアのツァーリが独占する形態とでは、国家権力と資本の関係、その密接度も大きく異なっており、資本主義の一段階のように規定できるものではない。ソ連の場合は、ツァーリ型の資本独占をモデルに、資本を集中し、合理的に社会に再配分し、利益を国家に吸収するしくみを思えば、レーニンの規定する「国家独占資本主義」と、それほど遠いものではない（ちなみに第二次世界大戦後、アメリカと生産力競争、技術革新競争に邁進したソ連は、ごく単純化すれば、地域や部門ごとの分業を推し進めた結果、チェルノブイリ事故が起きると、全体が機能不全に陥り、あえなく破産した）。ソ連の第一次五ヵ年計画では、外部との流通をコントロールしえたため、一九二九年秋からの世界恐慌を回避しえた。それによって計画経済の有効性が認められたかたちになり、ナチス・ドイツも四ヵ年計画（第一期一九三三～、第二期一九三六～）を展開した。

アメリカでは第三二代大統領、フランクリン・デラノ・ルーズベルト（在位、一九三三～四五）が不況対策として一九三三年より、労働者の雇用を増大させるなど国家が積極的に市場経済に介入する一連の政策、ニュー・ディール（New Deal、新規まき直し）を実施した。これはイギリスの経済学者、ジョン・メイナード・ケインズによる有効需要の拡大による経済発展論（『雇用・利子および貨幣の一般理論』一九三六）を採用したといわれる。だが、アメリカが一九二九年秋からの恐慌による不況を脱したのは、第二次世界大戦の軍需産業の振興によるともいわれ、実際の効果について評価は分かれる。他方、アメリカでは、関税をめぐって同業種の企業連合がつくられ、得意業種が不得意業種をカヴァーするように調整・運営され、またテクノクラシーにより国内のエネルギー総量の計測が行われるなど、総合政策が進展していたこともまちがいない。大英帝国と併せ、それぞれに国際経済から自国産業をブロックする工夫も進行していた。

なお若い頃、京都帝大で河上肇《はじめ》の指導を受け、社会主義全般に関心を持っていた近衛文麿は一九三四年に渡米の折、ニュー・ディールの資料を集めてきていた。*5 それはしかし、大統領の発表する政策の範囲に留まっていただろう。

蒙彊分離工作

板垣征四郎は、一九三二年八月、関東軍の首脳が入れ替わったとき、司令部付として満洲国に留まったことは先に述べておいた。三三年一月からの熱河作戦時には、天津特務機関長として、華北に反蒋介石の叛乱を組織する工作をしかけたが失敗し、ヨーロッパに出された。が、陸軍内部で永田鉄山ら統制派が勢力を盛り返すと、三四年一二月に関東軍参謀長に就任した。その間に板垣は、蔣介石国民党との協調を図る廣田弘毅外相の路線を批判し、中国大陸を東西方向にいくつかに分断し、それぞれに親日政権を立て、経済基盤を育成する方針を固めていた（分治合作論）。そして、内モンゴル独立運動の指導者、デムチュクドンロブ（徳王）を支援し、三六年五月、蒙古軍政府を組織させた。徳王の部隊は三六年末に綏遠《すいえん》省（フフホト一帯）に攻め入り、国民革命軍に撃退される事件を起こし、廣田弘毅の対中国外交に波乱を呼んだ。外交戦略と軍事が矛盾角逐する構図は相も変わらず続いていた。板垣は、土肥原が工作した冀東防共自治政府（一九三五～三八年）の特殊貿易利益を徳王の援助につぎ込んだといわれており、二人の作戦は緊密に連動していたと見られる。

「満洲国」内の蒙古族にも不穏な動きが生じた。ホロンバイル副都統・貴福の息子、凌陞がモンゴル人民共和国と国境問題をめぐる交渉に携わるうちに内通していたことが発覚、一九三六年に憲兵隊に逮捕され、軍法会議にかけられ、六月、死刑に処された。この事件で喜福は参議を辞した。

そののち、日中戦争の本格化に伴い、日本軍は内蒙古に本格的に出兵し、一九三七年一〇月一七日に包頭《パオトウ》を占領すると、親日勢力が二八日に厚和（綏遠を改称）に蒙古聯盟自治政府を樹立。雲王を主席としたが、翌年三月に雲王が病没し、徳王が主席に就いた。一九三九年九月一日に察南自治政府・晋北自治政府と合併、張家口を首都とし、蒙古聯合自治政府とした。かつて満洲青年連盟で活躍した金井章次は、その最高顧問に就いた。彼は回族の広範囲にわたるネットワークを利点としてあげ、蒙・漢・回の三民族協和を強調する。[*6]

徳王は、一九三八年、訪日して天皇に拝謁、板垣征四郎に独立国家として認めるよう要請したが、日本はそれを認めることなく、汪精衛政権下の自治政府と位置づけた。

官僚には興亜院から大平正芳が送り込まれた（蒙疆連絡部経済課主任、のち課長）。興亜院は、一九三八年一二月一六日、中国大陸の占領地域の政策を統一的に推進するため、第一次近衛文麿内閣の下に設けられた機関で、課長以上を陸海軍の将校が占め、アジア行政を軍部が握るためのものだった。外相を務めていた宇垣一成は、その設立を遺憾とし、辞任した。興亜院はのち、一九四二年一一月、拓務省の廃止、関係省庁の統合を機に大東亜省に格上げされる。その際には東條英機内閣の外相・東郷茂徳が辞任している。

板垣と石原の岐路

板垣征四郎の分治合作論は、ソ連（＝共産勢力）と国民党との連携を阻止することを掲げ、地方毎に分裂しやすい中国の政治風土を利用した戦略的展望に立っていた。実際のところ、華北五省（河北省、察哈爾《チャハル》省、綏遠省、山東省、山西省）を国民党政府から分離独立させる華北分離工作は、廣田弘毅の外交路線を阻害しただけでなく、現地の両軍に戦闘態

石原莞爾

勢を解く姿勢を与えず、盧溝橋事件に際しても、近衛文麿内閣と蔣介石国民政府とが和平協定を結ぶ傍から戦火が拡大する下地としてはたらいた。「満洲国」への労働者の流入を妨げ、産業開発五ヵ年計画推進の阻害要因にもなった（後述）。それはまた、軍内部にも角逐を生んだ。

石原莞爾は参謀本部戦争指導課長に就いていたとき、関東軍本部を訪れ、蒙疆分離工作は陸軍本部の統制無視と忠告した。だが、武藤章第二課長ら関東軍幕僚は、軍規違反を繰り返して満洲事変を進行させた張本人が、今度は逆に中央の統制無視を忠告しにきたことを揶揄したと伝えられている。板垣も全く無視した。このとき、石原と板垣の対立はスレチガイに終わった。だが、その二つの戦略は次第に激しい葛藤を呼び起こし、「満洲帝国」及び「大日本帝国」を苦しめてゆくことになる。

板垣と石原がしかけた柳条湖事件は、政党政治の主流化に対する軍部の反撥に端を発し、張作霖爆殺前後からの満洲領有方針を、機を見て実行に移したものだったが、その後の軍略は参謀本部の方針に従っていた。彼らのその場限りの戦術判断で、大きな軍略が動いたわけではない。例外は板垣がしかけたとされる上海事変で、海軍を巻き込み、国際的に日本の軍部の動向に警戒心を掻き立てる結果になった。石原の錦州爆撃も結果は同じだが、スケールがちがう。

石原莞爾は「満洲国」の保全を第一とし、中国国民党と連携を図ってゆくことを展望しており、日中戦争の拡大を阻止するため、近衛文麿に蒋介石との会談を命じるかのような態度に出たという。二・二六事件を弾圧し、満洲産業開発計画を策定し、参謀長として重きをなしたことで、自ら日本の軍略を仕切るかのような傲慢増長を隠すすべも失っていたのだろう。[*7] 三七年九月に参謀本部の機構改革で関東軍参謀副長に左遷され、そこで東條英機と対立、陸軍から追い落とされた。

先にもふれたが、参謀は作戦のアイデアを出すのが役割である。それを採用するもしないも、修正して実行に移すのも司令官の権限である。一般に軍において部下を持たない参謀の地位は低い。柳条湖事件後、すぐに編まれた『文藝春秋』一九三一年一一月号に掲載された満洲事変関連者一覧表が高級参謀・板垣大佐以下二〇名以上の人物の似顔絵と寸評を載せているが、石原莞爾の名は見えない。

実をいえば、辛亥革命の発端にも陸軍の参謀がかかわっていた。一九一一年一〇月の武昌蜂起は、日本と往き来していた革命家、孫武が誤って爆弾を破裂させ、蜂起の計画が露顕して追い詰められた革命家たちが蜂起に出たことによる。その孫武に日本軍の参謀部が武器や軍資金を渡しており、しかも小隊を武昌に派遣して実行に移すかどうか監視していたことが明らかにされている。[*8]むろん日本政府は清朝と国交を結んでいた。陸軍参謀には、諜報活動の延長線上で反政府的な謀略に走ることさえ辞さないという気風が流れていたといわざるをえない。

石原の根本的な戦略思想として『世界最終戦論』（一九四〇）があり、軍略家の印象が強い。だが、それは、大英帝国をバックに、最適者生存の進化論が世界史をも貫き、最終的に最適者国家を戴く国際連邦を展望するハーバート・スペンサーの国際連邦論の借用にすぎない。そのスペンサーの楽観的な展望は、第一次世界大戦によって打ち砕かれていた。

石原が日蓮信仰に走ったのは、国柱会の田中智学の思想に惹かれたからだが、田中智学は、一九二〇年、国際連盟ができ、戦争のない世界になった現在、天皇の神威により日本こそ世界のリーダーになると唱えていた。その神がかり的平和主義が彼のいう「八紘一宇」の精神であり、世界諸民族が「それぞれにところ」をえる文化相対主義の主張だった。[*9]石原が満洲青年連盟の「民族協和」論に同調したことにも、田中智学の思想が響いていただろう。彼は、その二つの戦略的展望を、どのように噛みあわせていたのだろうか。

彼自身がアメリカを最終戦争の相手とする構想を早くから抱いていたとしても、またそれを何かの折に開陳したことがあったとしても、その内容は格別なものではない。アメリカは、モンロー主義を捨て、第一次世界大戦に介入し、その帰趨を決したのち、一九二〇年を前後する時期に日本の海外進出を抑えにかかった。それゆえ、日本の「次の戦争の相手」はアメリカと掛け声をかける人々もかなりいたからである。しかも、石原が日本の最終戦争の相手をアメリカとしていることが伝説化していたわけではない。「満洲国」の建国は、まずはソ連に対峙する戦略基地を意味したし、「民族協和」の旗は、ナチス・ドイツに対抗するものともとられていた。

二〇世紀への転換期から列強間の争いは、個々の国家同士でなく、国家連合間の闘争の様相を呈していた。国際連盟ができたのちは、連盟が駆け引きの舞台となった。だが、日本は連盟を脱退した。最終戦の相手をどこの国と想定しようが、石原の世界戦略の要は、「日満」に中国を味方につけることが不可欠だった。それゆえ、彼の戦略的構想は、対中国戦争が和平の展望を失った時点で、完全に挫折していた。一九三八年一一月の近衛文麿による「東亜新秩序」建設声明に便乗し、彼が翌年夏、匿名で東亜連盟論を打ち出したことに、それは端的に示されていよう。

実のところ、石原の世界最終戦争論の内容が明らかにされたのは、東條英機に追い落とされ、一九四一年に立命館の国防学研究所長に就任する直前のことである。最後の相手としてアメリカを想定した『世界最終戦論』を、日本がファシストリーグを組み、かつ日ソ中立条約を結んでいたときに、たとえ少部数であれ刊行したのは、何のためだったのか。

その真意を疑わざるをえない。なお、石原莞爾は対米英戦争の開戦後、和平工作を手探りしていたことも知られている。

計画実施の無謀性

さて、産業開発五ヵ年計画の実施について内実を見てゆきたい。当時の「満洲国」を率いた五人、関東軍参謀長・東條英機、国務院総務長官・星野直樹、国務院総務次官・岸信介、満業（後述）総裁・鮎川義介、満鉄総裁・松岡洋右が、五人まとめて「弐《ニ》キ参《サン》スケ」と通称されたことはよく知られている。東條英機は三五年九月から関東憲兵隊司令官・関東局警務部長、三七年三月、関東軍参謀長に就任したが、産業開発には、ほとんどかかわらなかった。のち一九四一年の組閣時に満洲人脈が活かされる。そして、この体制による計画実施は、総体として見るなら、関東軍の権力と協和会の権威の相対的低下を伴うものだった。

岸信介は東京帝大法学部を卒業、農商務省から分割された商工省で要職を務めたのち、「満洲国」に乗り込んだのは三六年一〇月だった。松岡洋右は、三三年二月、国際連盟総会で反共の砦としての「満洲国」の意義を訴えたものの通用せず、その翌月、日本は連盟脱退を通告した。その年一二月に松岡は政友会を離れ、政党解体＝権力機構の再編を訴える「政党解消連盟」運動を展開したのち、三五年八月に満鉄総裁に就任した。日産自動車、

鮎川義介

日立製作所などを傘下に置く日産コンツェルンを率いる鮎川義介は、「満洲国」国営産業の展開のため、三七年末に立ち上げられた特殊法人、満洲重工業開発株式会社（満業）の初代総裁となり、「満洲国」顧問に就任した。

星野直樹は、三七年七月の盧溝橋事件勃発後、松岡が、満鉄が北支に鉄道を建設する大事業にかかるから、その重工業部門を担っていた昭和製鋼所を国営に委ねたいともちかけてきたと回想記に記している。[*10] 北支に鉄道を敷設する計画がどこまで熟していたのか未詳だが、日本の国策会社、総合企業体としての満鉄を鉄道部門（撫順炭鉱の経営を含む）のみ残して解体し、傘下の企業を特殊法人化して国営企業に移管する計画が、その頃に固められつつあったと見てよい。そのために日産資本を導入し、国家資本でそれを補い、満業が立ち上げられたのである。

ところが、三七年七月に端緒を開いた対中国戦争は、八月半ばの上海蜂起により全面戦争化し、ソ連が蔣介石国民政府への支援を決定、一二月、日本軍による南京虐殺事件をきっかけに、米英も蔣介石への支援を増強し、日本は総力戦に突入することを余儀なくされた。近衛文麿は、戦時を利用して電力供給の国有化など二〇世紀型の国家社会主義政策に踏み込んでいった。そのため、「満洲国」から鉄鋼や石炭を絶えず送らなくてはならなかった。五ヵ年計画の目標数値は重化学工業を主体に一・五倍から二倍に修正され、資金総額も二倍弱近くに跳ね上がった。しかし、内地からの資金は滞り、公債を外国に売り込む目算も立たず、新たな設備投資はできず、重点項目を決めて生産拡大に励むしかなかった。

鮎川はユダヤ系資本に目をつけ、アメリカ資本を引き出すアイデアをもっていたが、アイデアだけに終わった（「ドイツ系ユダヤ人五万人の満洲移住計画について」一九三四、のち三八年、五相会議で「河豚計画」）。この計画は日中戦争が本格化したことで挫折したとされるが、日本の国際的孤立と引き換えに樹立した「満洲国」の計画経済に、欧米から投資を引き出そうとする目論み自体、無理があったとすべきではないか。

なお、松岡は満鉄解体に際して、調査活動の拡充をはかることに活路を見出そうと調査部を拡大し、転向したマルクス主義経済学者を大量に抱え込んでゆく。彼らにしてみれば働き口を得られるだけでなく、計画経済の実際にふれる機会を与えられることになったが、のち満鉄調査部は、関東憲兵隊の追及にあい、満鉄調査部事件（一九四二、四三年）を引き起こすことになる。そのチグハグさは目を覆わんばかりである。

構造的矛盾

五ヵ年計画の実績について、第二次世界大戦後の大蔵省の見解は「最終年度に於ける綜合実績は修正五ヵ年計画の雄大さに比し著しく遠いものであった」が、なお「累積する悪条件下に於て短年月の間に飛躍的生産力の伸張を為し遂げた効果は高く評価さるべきであろう」[*11]としている。当初目的が途中で修正され、部門によってはさらに拡大修正が重ねられた計画の実績をどのように評価すべきか、また日本産業への貢献度や「満洲国」と内地の物価変動などをどのように織り込むか、など評価の方法も問われるだろう。鉱工業部門だけ見た場合、「設備能力」の修正計画目標を四一年末で達成したのは「塩」のみ、四五年夏において達成したのは石炭のみ、銑鉄・電力・パルプが「当初計画」目標を四五年夏に達成している。鉄鉱石・銑鉄・石炭・電力など基礎素材部門については比較的良好だったが、液体燃料は完全に失敗し、車輛工業はかなりの成績を残したものの産業機械全体は失敗、飛行機・自動車などの軍需工業は劣悪とされている。[*12]

数値目標の設定そのものに無理があったかどうか、その判断も、途中で修正がかかっては不可能である。では、なぜ修正が入ったのか、また先の大蔵省管理局のいう「累積する悪条件」とは何か、経済学者が前提にし、織り込み済みのことからまず明確にする必要があろう。軍需産業を集約点とする増産計画そのものに倒錯があり、それを植民地で実施したことに無理があったという見解もある。が、ソ連やナチスの計画経済との比較を欠いており、かつ植民地的条件とは何か、その根本に踏み込んで検討しなくてはならないはずだ。ここでは、計画経済の根本的性格および、産業開発政策そのものがもっていた欠陥を考えてみたい。

まず、ソ連の五ヵ年計画にしても、ナチスの四ヵ年計画にしても、国力の増強を図るあいだ、戦争を回避することが絶対条件だった。関東軍の計画にも、それは断言してあった。もし、計画実施段階の途中で軍事物資の需要が拡大するなら、計画そのものの見直しが必至であり、それは計画の根幹を揺るがすことになる。「満洲国」の場合、内地の対中国戦争の総力戦体制づくりという要因が加わったため、この鉄則が破られた。修正をかけるには、投資資本の補充をしなければならないが、それもできなかった。

星野直樹は『見果てぬ夢――満州国外史』に、書いている。「生産過剰の心配などは一遍に吹っ飛んだ。が、一方、資材や技術家を得ることは困難になり、計画どおり生産を増大していくことには、非常に苦労をしなければならなかった」。だが、「物資需要の激増に先立って総合計画の立っていたことは、混乱を多少でも少なからしめた効果はあった」と。[*13]

日中戦争の拡大によって、すべての事情が一転し、混乱に見舞われたのである。生産現場には無理がかかり続けた。

そもそもは、産業開発五ヵ年計画自体が抱えていた深刻な構造的矛盾が一挙に噴き出たというべきではないか。「満洲国」の総人口の圧倒的多数を占める「満人」は、農業従事者が大半を占めていた。当初より工業生産に必要な技術者および労働力を確保する目算が立っていなかったのである。工業生産に携わる労働者には、職場のルールの遵守などに一定の教育水準、いわゆる平均的労働力が不可欠である。郷村から、たとえ労賃を上げて労働者を呼び寄せたとしても、すぐには工業労働力とはならない。苦力の多くは農閑期に出稼ぎにくる季節労働者で、冬に来て春に帰る。見習い工として雇い入れても、訓練期間を経なくては工業労働力たりえない。しかも、植民地における経験労働者育成のノウ・ハウを蓄積してきた総合企業・満鉄を解体し、それをもたない満業に工場経営を委ねたため、技術者の育成はままならなかった。内地は不況からの脱出に地場産業の育成が急務となり、対中国戦争の進展は軍需産業等の労働力市場を拡大し、一方で生徒や学生であれば徴兵を逃れられるため、中学生以上の学徒を急増させ、労働力の担い手は減少した。

　実のところ、これらの阻害要因を日中戦争の本格化以前から、日本軍が自ら作り出していた。一九三三年に塘沽停戦協定を結んで「満洲国」の領土拡張は終結したが、中立地帯では、しばしば小競り合いが起こっていた。日本軍は土肥原賢二を中心に、天津を拠点として、一九三四年一二月から民衆自治運動を促進し、華北分離工作に出ていた。これは国民党政府とのあいだにさまざまな軋轢を生んでゆくが、国民党政府は、勢力を四川省等に拡大するため、その都度、日本と協定を結び、隠忍自重の態度を保っていた。

　華北分離工作は、国民党が銀の国有化に乗り出したことへの反撥が華北に拡がったため、宋哲元が率いる、いわゆる中立政権、冀察《きさつ》政務委員会がつくられて一段落する（冀は河北、察は察哈爾《チーハル》）。争乱は軍需を促進し、インフレを招き、労働賃金が上がるため、「満洲国」

に労働力を呼びこめない。また華北に小競り合いが恒常化していたことは、三七年七月の盧溝橋事件に際して、停戦協定が次から次に破られる下地になった。そして戦火が拡大すれば、山海関は閉じたも同じである。

「満洲国」の産業開発と日本軍による華北分離工作とのあいだの矛盾・葛藤は講ずるべき弥縫策もなく進展し、日中戦争の本格化は「軍」と「産」のあいだの亀裂をさらに開くしかなかった。戦略的調節なき膨張主義といわざるをえない。さらに日本軍が犯した南京虐殺事件は、国際的に四面楚歌の状態に自らを追いやっていった。

「満洲国」への人口流入

満洲への人口流入の推移を中期的に見てみよう。建国前は、一九二七年がピークで一〇〇万人を突破（残留七六万人）、二九年秋には張学良政権とソ連軍の衝突があり、三〇年には七〇万人弱（残留二三万人）に減少。三一年には満洲事変が起こり、流入四一万人（残留一万四〇〇〇人）、三二年は政情不安定が続き、流入三二万人に対して流出四五万人と人口減少が生じた。三四年になると、流入六三万人、流出四〇万人と、ややもちなおした。政情が安定するに従い、新京の建設ラッシュなどにより、労賃が高くなり、当然、流入人口は増える。ところが、一九三四年に「満洲国」政府の労働統制委員会は、自国民の利益を守るために、大東公司（のち、満洲労工協会に統合）を設立し、入満希望者に査証を発行する制度を発足させ、流入の抑制にかかった。[*14] その実態は、大川周明の手勢による「満人」労工のブローカーが、手数料をピンハネして甘粕正彦らの活動の財源にし、甘粕はその資金で東南アジア各地に「排英工作」をしかけていたのだという。[*15]

一九三六年では流入三六万人、流出三六～三七万人（当時の各種統計により数値にちがいがある）と、また逆転が起こり、三七年までに残留人口を半数近くまで減少させた。これは、華北分離工作が華北の産業を盛んにし、労働力需要を拡大、インフレーションにより、「満洲国」と労賃の差が大差なくなったことによる。かつ盧溝橋事件以降、「満洲国」と関内との往来は阻害された。いよいよ経験を積んだ職工は払底することになる。「満洲国」の生産現場には過酷な要求が続く。先にも述べたが、長期にわたって経験工、熟練工を育成するしくみを満業は欠いていた。悪循環に陥ったのである。

そののちの華北からの「満洲国」への流入を見ておこう。三八年に四九万人（残留二四万人）だったのに対し、三九年に、九九万人（残留五九万人）とほぼ倍増、[*16] 四〇年には一三二万人（残留四七万人）に上る。だが、四一年、九一万人（残留二三万人）、四二年、一〇七万人（残留四一万人）と推移し、四三年には、七九万人（残留六六万人）に減少する。[*17]

この出稼ぎ人口の変動も、大きくは、関内の政治情勢と密接に関連する。日中戦争が本格化した三七年一二月、日本の北支那方面軍特務機関の工作により、かつて軍閥抗争のあいだ北平（北京）の政権にかかわっていた王克敏《おうこくびん》が中心になり、北平に中華民国臨時政府が成立した。翌年九月には、和平派により中華民国政府連合委員会が北平に成立し、そして四〇年三月末に汪精衛が南京政府を樹立、中華民国臨時政府と連合委員会がこれに合流し、「和平地区」が全土に拡大してゆく。この一連の動きにより、治安のよい「満洲国」に華北から流入が起こったと見てよいだろう。

だが、四一年には、流入と残留人口の減少が見られる。これは四〇年七月に、「満洲国」が華北向け為替送金と賃金の持ち出しを制限したためと推察される。

産業開発五ヵ年計画の第一期は四一年に終了した。岸信介は三九年一〇月に帰国し、商工次官に就任。星野直樹は国際経済のブロック化に対して、近衛文麿の日・支・満「東亜新秩序」建設声明を経済政策で支える役割を期待され、四一年七月に、第二次近衛内閣の企画院総裁に異動。一〇月には、東條英機の組閣に参画することになる。鮎川義介は関東軍との角逐に嫌気がさして、三九年には日産グループの満洲撤退を検討したといわれる。四二年には満業の総裁を辞任し、東條内閣の顧問に就いた。つまり、対米英戦争期の日本の軍事・政治・経済の中枢の担い手は「満洲国」から移動した人々だった。その意味でも「満洲国」は、軍国主義・日本の実験場だった。その実験が成功したかどうかを検証する術をもたないまま、日本は「大東亜戦争」に突入していったのだった。

一九四一年以降の「満洲国」への華北からの流入人口の増減については、第二次五ヵ年計画による政策転換を見なくてはならない。本章第3節で述べる。

2 「満洲国」の文化、その光と影

開拓移民政策

産業開発五ヵ年計画には、満蒙開拓団に代表される日本人農業移民の大量移入計画が付随していた。もともと一九三〇年からの昭和恐慌の解決策として、また対ソ戦に備えた兵站基地の構築のために計画されたもので、三一年から試験的移民と称して、辺境に、匪賊の襲撃に備えて塀をめぐらし、銃器で武装した集団生活を営む移民が行われていた。三六年八月、廣田弘毅内閣は一九三六〜五六年のあいだに五〇〇万人を移住させる「二十ヵ年百万戸送出」計画を確定。その年には二万人の家族移住者を送り込んだ。以降、「大東亜戦争」に突入するまでが、本格的移民期とされる。産業開発五ヵ年計画、ソ連国境地帯の戦略的整備・開発を目的とする北辺振興三ヵ年計画とならぶ「満洲国」三大計画と呼ばれ、関東軍が主導した。

不慣れな気候風土のなかで、「満人」農民に伍して農作物商品を産出するには、いくつもの問題を打開することが必要だった。①匪賊の襲撃に対する防御の備え、②融資、③耕作地から鉄道への輸送距離の問題、④土地に適した農具と農業技術の習得、⑤何世帯もの集団生活は習慣上の違いからトラブルを抱えがちなこと、等である。移住者たちは、④には農業技術の指導が必要なことを訴え、苦力を雇って耕作させているのが実態で、⑤も、かなりの障壁となり、初期の移民の四割近くは脱落、離農して不在地主になる人々が出ていたことが報告されている。

それゆえ三八年以降は、農林省と拓務省により、分村移民が実施された。同郷者三〇〇戸で一集落、一〇集落で一村を基本単位に、産業組合が産物・加工・販売・貯金などを統制し、最初は共同経営、次第に単独経営に移行する方式がとられた。民間の満洲移住協会、満洲拓殖株式会社（一九三七年以降は満州拓殖公社）が移民の募集、訓練、土地の選定買い入れ、金融の斡旋を行い、移民集落は日本政府の指導員の指導から三年で離れ、「満洲国」の地方行政下に入るようにした。応募資格は三三歳までだが、各戸あたり二〇町歩（東京ドーム約四個分）の自作農になれる。農家の次男、三男には魅力である。

だが、内地では、農村事業家層による地場産業の活性化や開発が図られ、日中戦争の本格化は労働力需要を拡大した。それゆえ開拓団に応募するのは、山峡の谷間の村などの悪条件を脱して、広い耕地を求める貧農層に限られた。

それゆえ三八年からは、拓務省が一六〜一九歳の青少年義勇軍を募った。戦時期の戦意高揚の波に乗って、中学校の成績が中以上の者の応募が多かったというが、それには学校教育のネットワークによる割り当てがはたらいていた。青少年義勇軍は、内地で三ヵ月、満洲で三ヵ月の訓練を経て、一般農民より厳しい環境の開拓地に送り込まれた。敗戦までの八年間に八万六〇〇〇人が入植した。開拓団全体の三割にあたる。退職した教員などが指導についたが、彼らが寒冷地の集団生活や農業の指導に適しているわけではない。学徒にも教員にも、悲惨な破綻があったことも報告されている。

開拓移民が入植した土地は、国土総面積の一四・三%にあたるという。最初は、満洲拓殖公社が現地の中国人農民の土地を時価の半値以下で安く買いたたき、集団移住させるケースが多かった。これは日本人の専横である。下級官吏の政策提言を何でも「ハオ」と受け入れた総理大臣・張景恵でさえ、これには苦言を呈したと星野直樹は回想している。[*18] 治安上も問題になるので、次第に解消に向かったが、「満人」のあいだには反感が強く残った。

また、斡旋された土地が荒蕪地だったこともかなりあったという。これは日本政府の宣伝に偽りがあったことになろう。日本人児童の学校は現地民とは別のケースも多かった。「五族協和」のスローガンに反するが、多発するトラブルを避けるため安易な策に向かったらしい。

満映の創設へ

先にもふれたが、満洲で映画が最初に上映されたのは一九〇二年、ハルビンでのこと。

一時、北満一帯の映画館はロシア人が独占的に経営し、フランス映画が多く上映されていたという。が、ロシア革命ののち、映画館は次つぎに中国人に買い取られていった。

関東州を含めて満洲全体で映画の常設館は、一九三二年で約三〇、三五年には八八、三六年には九五館にのぼる。三六年の統計で、その経営者は、日本人五〇人、中国人三七人、ロシア人七人、アメリカ人一人という数字が上がっている。[19]

一九三五年の常設映画館の経営者のうち、ロシア人のそれはハルビンがほとんどだったと想われる。ハルビンで刊行されていた中国語新聞のうち、『午報』『哈爾濱公報』『浜江時報』は映画評が多く掲載され、『国際協報』には演劇評が多いといわれる。[20]東三省全体で、三〇年代中期に上映された映画の制作国は、アメリカ六〇%、上海二五%、日本その他ドイツなどが一五%とされる。[21]この数は、映画がいかに大衆を引き寄せるようになったか、アメリカ映画がいかに好まれていたか、を語っている。中小の町では中国人民衆が、軽業や漫才のような演芸や軽演劇を楽しむ場や、庶民が京劇の一曲を歌って楽しむ茶館などでも、映画の上映が行われていただろう。そうした場では、カンフー、時代劇、メロドラマを中心にした上海映画に人気が集まっていたようだ。勧善懲悪は階級闘争や民族対立を描く映画も用いられ、富豪を倒す群衆の場面などは、抗日的に受け止められることも少なくなかったといわれる。

二〇世紀前半の戦争と革命は、大衆の動向に、したがって大衆を動員する力に左右された。大衆は階級を超えて廉価な消費物資を享受する不定形な集団であり、マス・メディアがその動向に動かされ、かつ大衆を動かした。ロシア革命の過程において、ボルシェビキはドキュメンタリー映画を駆使して非識字層を革命に動員し、ナチスも政権奪取後、ラジオ放送と映画をプロパガンダに用いた。満洲では、先にふれたが、満鉄弘報係映画班による満洲事変のドキュメンタリーが建国の機運を盛り上げるのに用いられた。

建国後の三三年三月、国務院はいち早く、情報収集と思想宣伝を統括する情報処を設けた。これも内地に遥かに先駆けていた。内地では、内閣情報部・外務省情報部・陸軍省情報部・海軍省軍事普及部・内務省警保局検閲課・逓信省電務局電務課が内閣直属の情報局に一元化されるのは、一九四〇年一二月のことである。

情報処は、満鉄弘報係と協力し、記録映画『新興満洲国大観（ないし全貌）』（五巻）の日本語・英語・フランス語・ドイツ語版を制作、在外公館を通して各国に配布、また日本の松竹映画社とタイアップして『明け行く西満洲』（二巻）も制作配布した。それ以前には書籍『満洲事変上海事変新満洲国写真大観』（大日本雄弁会講談社、一九三二）も公刊された。これらは国際連盟対策として制作され、日本が脱退通告したのちも、満洲事変への反感をリカヴァーする目的で配布された。

三三年五月ころ、関東軍参謀・小林隆少佐が国家の文化政策として映画を推進する満洲国映画国策研究会の設立を提案するなど、自国映画の製作と普及の必要性を訴え、治安部軍政司が三三年八月、「映画利用による宣伝計画」を発表、三四年七月一日、映画検閲規則及び実施方法を制定し、検閲基準の統一がはかられた。

一九三六年一月、満鉄弘報処が撮影に長い期間をかけ、編集も工夫したトーキーの記録映画『秘境熱河』が日本の東亜商事の配給で公開され、評判をとった。満鉄弘報処は一〇月に満鉄映画製作所に改組され、四四年に満映に吸収されるまで活動は続いた。

他方、一九三七年八月、国務院は株式会社満洲映画協会法に基づき、特殊会社（資本金五〇〇万円、満洲国と満鉄の折半）満洲映画協会、略称・満映を設立した。映画製作・配給・映画館経営・巡回映画などを業務とし、初代理事長は清朝皇族の金璧東（川島芳子の異母兄）が就任したが、実権は元満鉄庶務課長・専務理事の林顕蔵が握っていたという。

この背景には、先に見たように満洲においても、映画が大衆娯楽を牽引していたことがあげられよう。もう一つは、産業開発五ヵ年計画の実施により、総合企業・満鉄を解体し、その技術を「満洲国」の国策企業に発展させることが求められていたからである。

甘粕理事長

満映は、日活多摩川撮影所の黄金時代を率いた根岸寛一を専務理事に迎え、プロデューサー・牧野満男（マキノ光雄）とともに活動し、内地からも、それなりの人材を呼び、内地の映画会社との提携作品もつくられるようになっていった。

甘粕正彦

経営者には、二代目理事長に総務庁弘報処長・武藤富男と総務庁次長の岸信介の推薦で甘粕正彦が送り込まれた。武藤は東京帝大法学部卒で、東京地裁判事から「満洲国」司法部刑事課長として、一九三四年に渡満。創建時の満映の放漫経営が問題視されていた。それもあって甘粕が呼ばれた。事務能力には定評があったらしい。また、甘粕には東條が目をかけていたことも一因であろう。陸軍戸山学校で馬事訓練中に落馬して右膝を痛め、関節炎を患い、軍人になるのを諦めようとしたとき、東條英機に説得され、憲兵への道を歩んだといういきさつがあった。のち政府は満映の資本金を九〇〇〇万円に増加、東洋一の規模を標榜するスタジオも完成し、傘下に多数の子会社をもった。

一九二三年九月、関東大震災後、流言飛語が飛び交い、東京の各地で自警団が朝鮮人、中国人を誰何して暴行、殺害するなど不穏な空気が漂うなかで、戦闘的労働者たちに人気があったアナルコ・サンディカリスト、大杉栄と伊藤野枝、数え七歳の甥・橘宗一が官憲の手で殺害された事件の軍法会議で、甘粕は罪状を自白、服役したのち、恩赦により短期で釈放された（模範囚だったためもある）。一旦は世間の目を逃れるため、事件以前に婚約していた女性と結婚し、フランスに滞在したが、鬱然たる日々を送ったのち、大川周明の庇護を得て渡満、軍籍を剝奪された身分でありながら、関東軍特務機関長・土肥原賢二の工作にかかわっていた。

大杉栄らを殺害した犯行は、軍規違反を見張る憲兵のエリート・コースに乗った者（甘粕）が軍務とかかわりなく、大杉の主義への個人的な憎悪によって犯行に走ったという自白と命令系統の乱れが疑問視され、軍法会議において甘粕は判士（陸軍法務官）から厳しい質問を浴びた。だが、その判士は更迭され、また甘粕が一度は認めた幼児殺しについても弁護士の詰問にあい、前言を翻した。子殺しにかかわった憲兵三人が自首して出、第二回軍法会議にかけられたことなど、不自然なことが多々あり、当時から疑惑が拡がっていた。陸軍及び憲兵隊上層部の責任を甘粕が一人で被ったという噂も絶えなかった[*22]。自ら進んで軍の犠牲となった人物を遇するにふさわしいポストとして、満映理事長の椅子が当てがわれた。

甘粕は満映で働く日系と満系のスタッフにそれほど給料格差をつけないようにし、また大部屋の俳優にもそれなりの給料を与え、女優を酒席に侍らせることを禁止するなど、いわば平等主義で、内部の評判はよかったらしい。検閲にも口を出させず、それなりの「自由」が保たれた。日活出身の日本初の女性監督・坂根田鶴子も活躍した（一九四〇年入社、「開拓の花嫁」一九四三など）。

甘粕は、「満人による、満人が楽しめる」映画づくり、「満洲国」の大衆に娯楽を与えることを目的とすべしという方針を打ち出し、満映は大衆娯楽映画を「娯民映画」、ドキュメンタリーなどを「文化映画」、ニュース・フィルムを「時事映画」（日本語版「満映通信」、中国語版「満映時報」、子供向け「こども満洲」）と三分野に分けて制作にとりくんだ。娯民映画にはハリウッドのスター・システムを採用していたことがパンフレットにうかがえる。中国人の専属映画女優として「李香蘭《リーシャンラン》」を大活躍させ、人気を博したのはそれによる。が、傑出した成功者は、容貌も中国語も中国人と変わらず、歌唱力もそなえた李香蘭こと、山口淑子一人だった。彼女自身の境遇と努力によるところが大きい。

資本規模と製作本数の多さにもかかわらず、満映の内地での評価は低かった。当時の映画評を覗いてみる限り、中国人が監督した中国人の俳優の活躍する映画をはじめ、庶民が好む笑いの戯劇に類するものが多いようだ。「娯民」も「文化」も、内地に比して稚拙で低級、演技もカメラも構成も基礎技術の蓄積がないと切って捨てられていたようだ。[*23]「文化」映画については、素人のわたしの、しかも観た本数が少ないからかもしれないが、題材の新奇さに頼り、当時の新聞社がつくった粗雑な時局便乗のニュース映画、ないしは観光映画と大差ない。これは満鉄弘報係映画班の延長線上に製作が続けられたからではないだろうか。映像のメッセージ性や基礎文法など映画理論は国際的に左翼のものだった。もと左翼の転向者も含め、スタッフを内地から呼んではいた。だが、それらが現場に蓄積されていったようには感じられない。現場の映像技術の面は、内地の映画会社の協力体制に支えられていたのではないか。

内地の映画統制は、フィルムの原料である硝酸セルロースを戦争に必要な物資と規定し、徴収して制限し、映画界全体を国家権力の下に置いた。だが、満映は、甘粕に保障された「自由」の下に置かれていた。「満洲国」の観客に受けることが映画産業としては最も大切とされ、そのためには何でもする産業主義、利用主義で、観客の文化的向上の観点など度外視し、総合的な人材育成を含めた組織運営は望むべくもなかったのだろう。

そのかわりといっては語弊があろうが、小説などで活躍する人々に、文芸部の、いわば腰掛的な籍を与えていた。北村謙次郎、長谷川濬《しゅん》、中国人の左翼系作家、梁山丁、一九四三年には橘外男も嘱託の籍を得ていた。

満映理事、根岸寛一が一九四四年『満洲公論』三月号に「決戦下の国民娯楽」を寄稿している。盛り場に代わる娯楽施設として映画館を建設するという持論を開陳し、満映と上海映画界との連携にふれただけで、文章を途中で投げ出している。戦時期の映画の行き方に自説の持ち合わせがなかったとしても非難するに当たらない。一九四四年に入れば、「満洲国」文化人たちは、ごく一部を除けば、厳しい文化統制に全く活力を殺《そ》がれていた。

敗戦に際して甘粕正彦は、今後は中国人スタッフによる時代になると挨拶したという。周囲が自害を警戒していたなか、隙を見て青酸カリで服毒自殺した。長谷川濬がまず気がついたが、救急措置は間にあわず、内地で仕事を失い、満映を頼ってきていた内田吐夢監督の膝の上で息絶えたのだった。

満映は敗戦後も、撮影等の機材とともに二〇〇名以上のスタッフとその家族が残り、一九四六年一〇月一日に発足した映画会社・東北電影公司を支えることになった（四八年、東北電影制片廠、さらに長春電影製作廠）。

建国大学

満映設立と同じ月、三七年八月、国務院は建国大学令を公布し、直轄の国立大学として新京に建国大学を設置し、三八年五月に開学した。こちらは満鉄と無関係に、石原莞爾に心酔していた関東軍参謀部付・辻政信が石原のアイデアをもとに作成した「アジア大学」の素案[*24]から周辺に機運が拡がり、それを承けて、ないしは奪って、参謀長・東條英機が自ら創立委員長となり、軍部に親しい東京帝大文学部国史学教授・平泉澄を参画させた。要綱では「道義世界建設ノ先覚的指導者」養成をうたっている。「満洲国」の最高学府ではあるが、台北や京城の帝国大学が内地の総合大学のいわば縮小版だったのとは異なり、前期三年（予科相当）、後期三年（学部相当、政治学科・経済学科・文教学科）制で、武道を必須とし、語学に力を入れるのが際立った特徴である、別に研究院を置いた。

総長は国務総理大臣が兼任し、実質権限は副総長にあった。創立委員には、広島文理科大教授・西晋一郎（東洋哲学）、東京帝大教授・筧克彦（法学）、京都帝大教授・作田荘一《しょういち》（経済学、のち副総長）が参画している。なお、三八年五月、東條は第一次近衛内閣の板垣陸軍大臣の下で次官に就任、「満洲国」を去った。石原莞爾もこの年、罷免され、一二月、舞鶴要塞司令官に転出する。

　建国大学は教授陣に、朝鮮の文学者で、三・一独立運動の宣言文の起草者といわれる崔《チェ》南善《ナムソン》（朝鮮史学）、北京大学から鮑明珍《パオミンチン》（政治学）、台湾から蘇益信《そいしん》（政治学）ら異色の人材を招聘。瀧川政次郎《たきがわまさじろう》もその一人で、東京帝大法学部（独法）卒業後、満鉄に四ヵ月勤務したが、調査部に配属されない不満から退社。一九三四年、中央大学教授のとき、「大化改新管見」（『経済往来』四月号）で奴隷制にふれたため国粋主義者の攻撃を受け、満洲国司法部法学校教授に転出。三八年より、北京の新民学院の創設など司法官の養成に尽力したのち、四〇年に建国大学教授となり、中国法制史に関心を拡げた。新京で敗戦を迎え、ソ連軍捕虜となり、戦後、帰国。極東国際軍事裁判の弁護人を務め、裁判の問題点を指摘したことでも知られる。

　国家運営に必要な教授陣を呼ぶケースもあった。岡野鑑記は、東京帝大経済学部を卒業し、欧米留学を経て横浜高商教授に在籍のまま、三九年四月、建国大学教授に就任。日満財政経済研究会の重要メンバーで『満洲経済建設の指導原理』（建国大学研究院、一九三九）など著した。『藝文』一九四三年五月号に寄せた「民族協和の具現」では、日本人の優位意識を戒め、惟神（かむながら）の道を強調しつつ、溥儀を皇帝として戴く「満洲国」の政治体制を擁護している。内地では昭和天皇と溥儀を並列することすら国体に反すると非難を浴びかねない内容だった。岡野は、四三年のうちに横浜高商校長となり、帰国。戦後は神奈川大学教授となり、賠償問題研究と取り組んだ。*25

学生には月五円が「手当」として支給された。学費など払えず、上級学校を望めなかった青年には、これが魅力だった。前期修了生、後期卒業生には、内地の司法試験の第一次試験免除などの特権も与えられた。日系、満系、蒙古系、ロシア系の在住者のほか、朝鮮半島、台湾からも学生を募った。第一期生は日系六五名、満系五九名、朝鮮系一一名、蒙古系七名、露系五名、台湾系三名、計一五〇名。

副総長に就任した作田荘一は、山口高等学校を経て、東京帝大法科大学卒業、一九〇八年、清国・武昌の湖北法政学堂（官吏養成学校）で経済学を教えたのち、京都帝大助教授、三〇年に皇道国家経済学を基礎づける論文「自然経済と意志経済――経済学の根本問題」で京都帝大経済学博士号を取得。三一年、経済学部長、三二年、国民精神文化研究所研究員を兼任していた。東洋哲学に立つ『現代科学と満洲国学』（満洲帝国協和会建国大学分会出版部、一九四二）などがある。作田は自己管理をモットーに比較的開放的な運営を行った。在学中は無試験とし、図書館では左翼の文献も孫文の著作も自由に読むことができた。全寮制の学生生活は内地の高等学校に似た自由な雰囲気で談論風発、日中戦争の折にも日系・満系の学生のあいだに民族対立問題などが闊達に議論されたこと、植樹など課外活動も活発に行われたことが回想されている。なお、学生たちは差別を嫌い、食堂では、日系に支給される米飯と満系への高粱とを混ぜて食べていたという。

ノモンハン事件

時局は時々刻々、変転していた。民族協和のタテマエの下で暮らす人々にとっても中国大陸で進行している戦争は、他所事ではなかった。

一九三七年七月、盧溝橋事件。八月、国民党軍が上海で蜂起。日中戦争が全面化し、九月二二日、中国、第二次国共合作が成立。一二月上旬、日本軍南京虐殺事件。一四日、王克敏らが中華民国臨時政府（北京）樹立。中旬（および三八年二月）、内地で人民戦線事件。

一九三八年一月一六日、近衛文麿「爾後国民政府を対手とせず」声明を発表。五月、毛沢東「持久戦を論ず」（『改造』一〇月号）。三月二八日、梁鴻志ら親日派が南京に中華民国維新政府を樹立し、江蘇省、浙江省、安徽省の三省と南京および上海の両直轄市を統括。一〇月、日本軍、武漢攻略戦、下旬、蠟山政道「東亜協同体の理論」（『改造』一一月号）を発表、一一月三日、近衛文麿「東亜新秩序」建設声明、一二月二九日、汪精衛「和平反共救国」宣言。

一九三九年九月、第二次世界大戦のヨーロッパ・ステージ開幕、一九四〇年三月三〇日、汪精衛が南京に国民政府樹立。北京の中華民国臨時政府と南京の中華民国維新政府（三八年三月成立）が合流。関内の日本軍の制圧地、いわゆる「和平地区」の拡大に伴い、「満洲国」から上海に官用や社用で旅行して帰ってくる人々も増えてくる。

他方、ソ連との国境地帯では、小規模の軍事衝突が絶えず起こっていた。一九三七年夏、アムール川の中州の乾岔子島《カンチャーズ》とその周辺で、また一九三八年七月には、東部の豆満江近くの張鼓峰で、日ソ両軍の大規模な衝突が発生した（張鼓峰事件）。後者は朝鮮軍が戦ったが、関東軍・満洲国軍は国境警備体制の強化を図ってゆく。一九三六年一一月に締結された日独防共協定に三七年にイタリアが加わり、三九年にハンガリー王国、満洲国、スペインが加わって六ヵ国に拡大。対抗してソ連は、モンゴル人民共和国との軍事同盟を固めていった。

一九三九年に入ると、外モンゴルと内モンゴルの国境を流れるハルハ河を巡って国境紛争が起こり、五月と六月に双方が大規模な兵力を投入する戦争になった。ノモンハン事件と呼ばれる。従来、機械化を高度化させたソ連軍の部隊に日本軍は記録的な大敗を喫したと評されてきたが、ソ連の崩壊により、ソ連側の損害も甚大だったことが判明、あらためて戦闘の実際に関心が集まった。関東軍に関しては、敵情把握の弱さ、包括的な作戦が立てられず、命令系統の無視や中央との連絡もないがしろにする悪弊、兵器の機械化が進む時代に、白兵戦を重視する傾向など、陸軍の体質的弱点があらためて浮き彫りにされた。

日ソ間の停戦協定は九月一五日に妥結したが、それ以前、戦闘継続中の八月二三日に独ソ不可侵条約が結ばれ、日本の国際戦略は根本から見直しを迫られた。八月末、平沼騏一郎内閣は総辞職し、阿部信行内閣、米内光政内閣を経て、一九四〇年七月、第二次近衛文麿内閣が組閣された。その間、一九三九年九月一日、ドイツがポーランドに侵攻し、第二次世界大戦のヨーロッパ・ステージが開幕した。

ペストの流行と七三一部隊

一九四〇（康徳七）年一〇月一日、国務院総務庁および治安部警務司の統計（住民票登録）では「満洲国」の総人口約四一〇八万人、国務院国勢調査（現在人口）では四三〇〇万人だった。この年一一月、新京でペストが流行し、患者を病院に隔離し、感染の拡大を防いだ。また病原菌を媒介するノミを運ぶネズミの種の特定など、研究も進んだ。一般に医療は、植民地に文明の有難さを知らしめるのに最も効果を発揮する。

満洲では、一九一〇年にペストが大流行した際、ペスト菌の発見や感染症に血清療法の開発に実績のあった北里柴三郎を、北京の国際的医学会議に派遣、北里が会議のまとめ役となり、北里がまだ幼かった宣統帝・溥儀に建議書を提出したこともあった。溥儀は間もなく廃位。満洲では一九二一年にもペストが流行し、被害が拡がった。

関東軍はノモンハン事件の際、石井四郎が率いる防疫給水部本部が給水部隊を派遣し、防疫面でも実績をあげていた。いわゆる七三一部隊である。防疫の半面には、生物兵器の開発が伴う。ノモンハン事件でも細菌を河に流す実験を行ったという証言がある。コレラ菌を拡散させ、二万人規模の人々を殺戮した報告もなされている。

一九二五年のジュネーヴ議定書で、戦争において化学兵器・生物兵器（細菌兵器）の使用禁止が申しあわされていたにもかかわらず、各国ともその開発には力を入れていた。また医療の陰では、薬剤開発などに多かれ少なかれ、人体実験が行われてきたこと、現在でも続行していることは否定できない。とはいえ、七三一部隊の場合、「満人」の捕虜や犯罪者等をマルタ（丸太）と呼び、凍傷や性病等の研究の実験台とし、「実験」の監督もまったく杜撰で、対象の人権・人格無視を超えて、実験動物以下というべき扱いをしたことが顕著である。最も驚くべきは、それに携わった集団全体に、常軌を逸したものとの自覚すらなかったことである。何千何万という苦力を悪条件下で酷使し、その遺骸を「万人坑」に捨てるのと共通するおぞましさは、戦場の狂気とは同列視できないし、すべきことではない。なお、七三一部隊の細菌戦などに関するデータは、のち、アメリカ軍がヴェトナム戦争で、いわゆる枯葉剤などに用いたことが明らかになっている。

ここに、もう一つ加えるべきことに、アヘンの売買がある。台湾統治に後藤新平が提案した漸禁政策は、一方でアヘン中毒からの救済事業を行いながら、他方で専売し、収益を上げるもの。関東州、「満洲国」でも同様の措置がとられた。とくに熱河省で栽培・精製されるアヘンは上質とされていた。すでに一九二〇年代にはアヘン中毒の害との闘いが世界的に激しくなっていたが、星野直樹『見果てぬ夢——満州国外史』でも、アヘンを、淡々と政府財源の一つとして挙げている。関東軍がソ連との国境地帯に兵営を築く際など、苦力をアヘン漬けにして酷使し、廃人同様にし、また死に至らしめた数は計り知れないという。[*26]

徳王の蒙疆政府も財源はアヘンに頼ったとされる。内モンゴル産のアヘンの売り捌きは、関東軍のルートで上海の「阿片王」、里見甫が担っていたことが明らかにされている。里見機関が、汪精衛南京政府の財政を支えたことも極東軍事裁判で判明している。[*27]

ある建国大生の日誌から

一九四一年六月に独ソが開戦すると、ヨーロッパ情勢の変化を踏まえ、日本はソ連に極東側から圧力を加えるべく、ノモンハンでのソ連軍との激突を踏まえて関東軍を大幅に増員、七四万の兵力を集中し、七月に、ソ連国境付近でデモンストレーションを行った（関東軍特種演習）。国際情勢の逼迫は、建国大学でもひしひしと感じられた。

一九四一年一一月一四日と翌年三月三日、「満洲国」治安維持法容疑で、建国大学の中国人学生が二〇名以上、検挙された。[*28] 彼らは、独ソ戦の進行に伴い、日本軍がソ連に侵攻するなら、国民党軍と共産党軍が「満洲国」に攻め入るのに呼応してゲリラ戦を展開する計画を練っていたため、検挙されたのだった[*29]。そのため、「満洲国」が建国一〇周年を迎えた一九四二年六月二二日、作田荘一副総長は引責辞任し、第二代副総長に軍人の尾高亀蔵が就任した。

一九二四年、九州の農村事業家の家に生まれ、商業学校を優秀な成績で卒業した森崎湊は、一九四二年、数え一九歳で四期生に入学してすぐ協和会に加わり、五月二一日に建国一〇周年全国動員大会に参加した。彼がいつこの事件を知ったのが、わからないが、六月一三日の日誌に「二十人の満系学生の思想犯」とある。彼が膨らませてきた「民族協和」の理念と建国大学の現実とのあいだに亀裂が走った。

六月二二日、作田荘一副総長が引責辞任した日、森崎湊は日誌に書いている。「日系と満系は表面にこそ出さぬが、内部では完全に二分し、対立している。日系の方が協和への熱意が強く、満系はうわべはそうでなくとも、頑固に団結している。(中略)一期二期の人たちなど、創立当時の苦労をつぶさにともにし、たがいに肚《はら》もわり、真情をひれきしあい、その間、かなりの相互理解があったはずなのに、やはり二十余人も抗日学生たちが出た」。「日本の民族協和政策などというものは完全に失敗」であるといい[*30]、「同じ満洲国民と思うのがまちがいのもとだ、「彼らの民族性は四千年にわたる長い歴史のなかでつちかわれてきた牢固たるものであり、しかもその四千年の間に統一国家としての生活をしたことがないのだから、たかが日本人のちっぽけな誠意なんかで、一朝にして彼らをかえるということは絶対にできるものではない」云々。[*31]

中国はずっと分裂国家だったと誰かに習ったのか、それとも未だ近代国民国家の体をなしていないという意味か。すでに一九四〇年三月末、汪精衛政権が南京に成立し、重慶の蔣介石政権と分裂状態なのはよく知っていたはずだから、それを指していったものか。

森崎湊は、ヒットラー『我が闘争』（*Mein Kampf*, 1926, 27. 室伏高信訳、第一書房、一九四〇推定）を読み、波多野乾一『中国共産党史』（未詳）を読み、トロツキー『スターリン政権を暴く』（『裏切られたる革命 ソヴィエット同盟とは何ぞやそれは何処に往くか』荒畑寒村訳、改造社、一九三七推定）も読む。勉強に打ち込み、大いに悩む。今日の世界は民族間の修羅場であり、どの民族の人々もその遂行に生涯をささげんとしている、にもかかわらず自分は、日本人は、という思いが己れへの、日本人への批判に向かう。その思いを抱いたまま、彼は欺瞞的な建国大学の学生生活を続けた。

戦局は動いていた。一九四〇年七月、近衛文麿内閣、「大東亜共栄圏」構想を発表。四一年七月、日本軍は南インドシナへ進駐。一〇月、対米交渉決裂。一二月八日、真珠湾攻撃。日本は、米英の砲火を浴びることがないように、汪精衛政権と「満洲国」には開戦宣言をしないように勧めた。「満洲国」はそれに従ったが、汪精衛は示しがつかないと開戦宣言した。「大東亜戦争」の初戦の戦果は華々しかった。香港もシンガポールも大英帝国の下から「解放」した。一九四二年六月、ミッドウェイ海戦に敗北したことは徹底的に伏せられ、四三年にも勝ち戦気分は続いていた。

森崎湊のその後については、この章の最後で追うことにし、民族主義が盛んになるなかで、「民族協和」をタテマエとする「満洲国」で展開した文芸は、どのような相貌を見せていたか、それを見てみたい。

「満洲国」の文芸

「満洲国」で生まれた文芸は、日本語と「満語」(中国語)、ロシア語のそれに分けられよう。朝鮮語、蒙古語については後述する。日本語のそれには、中国語やロシア語作品からの翻訳、中国語のそれには、外国文芸の翻訳を含めて考えてもよい。台湾と朝鮮半島では、一九四〇年前後から皇民化政策が進み、作家たちには日本語で書くことが強要されたが、それとはちがう。「民族協和」のタテマエが守られたからである。なお、ここでいう「文芸」は、公文書や企業の業務上の記録等を除き、広く人に読ませることを目的とし、出版物(新聞・雑誌・単行本)に掲載され、流布したもの全般、詩・小説・戯曲(演劇台本)・随筆(エッセイ)・批評(評論)、論説の類をいう。

それとは別に、「満洲国」を題材にとった作品は、その著者が長短期の訪問者か、一定期間の居住者か、訪れたことのない者かで大別することもできるだろう。それが意味をもつ場合と、もたない場合もあろう。

内地では、一九一〇年代から新中間層、その後半には若い女性のリテラシーが飛躍的に向上し、総合雑誌・婦人（家庭）雑誌の種類が増え、また二〇年代には円本ブームが到来した。それまで文芸の経済的基盤をなした演劇（歌舞伎・新派・新劇）の台本（戯曲）や修養書以外に、小説、評論、随筆などの文芸を専業にする人々が輩出し、中央文壇を形成、また一九二〇年代後半に「大衆文学」文壇が形成された（第二次世界大戦後の文芸ジャーナリズムは「純・中間・大衆」に三分割）。また多種多様な翻訳書が出まわった。それらが二〇世紀前半の日本文芸文化の大きな特徴をなす。

「満洲国」には、首都・新京を中心に、専業作家を含む様々な分野そして様々な立場の日本の文化人が訪問、そこで題材を得た詩・歌・句、また紀行・随筆も多く書かれた。彼らが「満洲国」における文芸サークルに、はたらきかけたことも見過ごせない。その題材の範囲は、関東州、内蒙古に拡がり、旅行記や小説には北京や上海などとの往復、朝鮮半島経由のものも多い。それらのほとんどは内地の出版社から刊行されたが、「満洲国」でも読まれた。逆に、「満洲国」で刊行された日本語の出版物も内地で読まれた。市場も人脈も共有されていた。それゆえ「満洲国」の文芸は、同時期の日本文芸の一角をなす。ただしタテマエ上、「満洲国」は、日本とは別の国家だったことは度外視できない。

たとえば北海道出身の八木義徳《よしのり》は「海豹」（『早稲田文学』一九三七年二月号）で横光利一に認められたのち、三八年、早稲田大学を卒業、奉天市の満洲理化学工業に入社、四三年、退社して東京の東亜旅行社（のち日本交通公社、現ＪＴＢ）に移り、奉天の工場を舞台に中国人労働者を主人公にした「劉広福《リュウカンフー》」（一九四四）で第一九回芥川賞を受賞した（応召して湖南省長沙から行軍中に受賞を知った）。これは労働文学の印象が強い。が、日・満・支がつくる「東亜協同体」ないしは「大東亜共栄圏」の発展に寄与する作品と見なされたのである。そして彼は戦後、専業作家の道を歩む。

「満洲国」の文芸ジャーナリズムの特徴をいうなら、日本語の新聞・雑誌の数が読者数に比して相対的に多く、新中間層（官吏・教員、商社マン等）のアマチュアの男性の著作、とくに各種エッセイが多く掲載されたことであろう。書き手も読み手も多い理由は簡単で、内地よりはるかに余暇が多いためである。一部のエリートを除けば、一般に植民地では現地民との言語や風習のちがいから仕事がはかどらない。そして「満洲国」には、単身で赴任する男性が圧倒的に多かった。内地の都市部では一九三〇年の国勢調査で、七〇％が二世代以下の家族だが、「満洲国」では日系日本人の大半が二世代以下世帯である。[*32]したがって、ジャーナリズム全般に新中間層男性の趣味が反映する。その特徴は、満洲の風俗へ関心が傾くことも挙げられるが、モンゴルの英雄チンギス・ハーンも人気が高かった。一九四〇年を前後する時期、内地では、リットン調査団に随行し、東方社理事を務めた岩村忍らによって中国の西域ものが陸続と刊行されたが、それと連動していたと想われる。また、知識層まで「満人」の多くが吸引していたアヘンにふれた記事も多い。

満洲文壇

「満洲国」在住者の文芸サークルは、内地と同様、短歌・俳句のグループが多く、また川柳も盛んだったことが各種日本語新聞の投稿欄からうかがえる。短歌は、内地では『アララギ』系が高等学校・女学校生徒の教養のように流布していたのに比べると、歌会始に代表される宮中の御歌所《おうたどころ》系の投稿が多く見える。実際、内地から宮中に連なる歌人が訪れ、歌会を催したりした記録も残る。内地では潜在しがちな傾向が表面に現れているのだろう。一九三五年に、新京短歌会（満洲歌話会）、哈爾濱短歌会（北満歌人社）が結成され、それぞれ機関誌『満洲歌人』（三八年）『北満歌人』（三六年）を創刊。三八年には、全満の歌人を糾合して満洲歌友協会が結成された。が、弘報処の統制により、四〇年頃から結社の一元化と歌誌の統廃合が進められた（後述）。

俳句愛好人口は、一般に短歌の三倍くらいはあるといわれる。俳句は、無季を認めた新興俳句以外は一般に季語を重んじ、そのため歳時記が必要になる。内地と満洲とでは気象に大きなズレがあるから、満洲に独特の風物を織り込みたければ、満洲歳時記が必要になる。満洲育ちの金丸精哉が『満洲の四季』を一九四一年に博文館（東京）から刊行、一九四三年に『満洲歳時記』を同じ版元から刊行した。金丸精哉は、熊本医大を中退後、満鉄に入社、弘報課で『満洲グラフ』（前出）などの編集に携わった。

水原秋櫻子《しゅうおうし》の新興俳句のもとから出発し、『馬酔木』『京大俳句』に、印象より観念のはたらきに寄った新興俳句を寄せ、荻原井泉水が率いる『層雲』の無季に同調する姿勢も見せていた高屋窓秋《たかやそうしゅう》は、第一句集『白い夏野』(一九三六)で注目されたが、彼自身、厭世的になり、「ひそかに、日本脱出が、育っていた」と後年の「百句自註」にある。[*33] 結婚を機に渡満し、三八年六月から満洲電電の新京局に勤務。父親は参謀本部通信課長などを歴任した人ゆえ、反戦的な趣の句もつくっていた窓秋は満洲に「出された」のではないだろうか。「満洲国」には、『ホトトギス』系の三木朱城《しゅじょう》らの『柳絮《りゅうじょ》』、『石楠』系の金子麒麟草らの『白楊』、佐々木有風らの『韃靼』(前述)の三つの句誌があったが、窓秋はどれとも距離をとっていた。満洲俳句協会に統合された折り、事務局長を務めたのはそれゆえで、『満洲俳句』の刊行に消極的に携わったと語っている。[*34] 自筆年譜に一九四六年「ソ連軍憲兵の追及を受け、辛うじて逃れ、市中に潜伏する」とある。国共内戦を潜って、引き揚げ後、四七年より『俳句人』に在満中に作った句の発表をはじめた。

夏河の碧《へき》の湛《たた》への湛へとよ
昨日の河さゞなみすでに凍てしなり

川柳も、関東州・大連からはじまった。大連川柳会が一九二〇年に川柳誌『娘々廟《ニャンニャンびょう》』、二四年に『白頭豕《はくとうたく》』を刊行している。東野大八《とうのだいはち》は全満の川柳吟社を統合して東亜川柳社を結成し、『東亜川柳』（一九三八）を発刊した。四二年には、奉天の川柳大陸社より満洲の各都市から川柳を募った『句集川柳共栄圏』が刊行された。*35 庶民文芸の興隆の様子がよくわかる。

「満洲国」には、官民各種団体の文学賞が数多くあった。日本語の文芸ではG氏文学賞と満洲文話会賞、中国語文芸では文芸盛京賞に代表されよう。詩人・城小碓《じょうおうす》（本家勇《ほんけいさむ》）が私財を投じて一九三七年に創設したG氏賞は三回、後続の文話会賞は二回授与が行われ、杉茂樹、吉野治夫、竹内正一、日向伸夫、高木恭造、北村謙次郎らが受賞した。文芸盛京賞は『盛京時報』創刊三〇周年（一九三六）を機に誕生し、通算八回行われ、古丁《こてい》ら代表的な中国人作家がほぼ網羅的に受賞している。ほかに民生部大臣文芸賞、芸文社文学賞、協和会文芸賞、満洲詩人会賞などがあったが、いずれも短命に終わっている。

各種新聞で文芸欄が盛んになり、満鉄職員による『作文』や奥一《おくはじめ》らの『高粱』（新京）など同人雑誌が刊行され、また文学賞の創設などの機運を受け、一九三七年六月、各地の文芸愛好者を緩やかに統合することを目的に、満洲文話会が発足した。新京に本部を、大連・奉天・ハルビンに支部を置き、月例の懇談会、文芸講演会、文化映画の夕などを開催、機関誌『満洲文芸年鑑』の刊行をうたっている。『満洲文芸年誌』（大連、一九三二）、次いで『満洲文芸年鑑』第一輯（G氏文学賞委員会編、一九三七）が出され、全国規模のものになってゆき、第二輯（満蒙評論社、一九三八）に受けつがれていた。文話会はこれを機関誌化し、その第三輯（一九三九年一一月）を刊行した。この時点で会員数三五〇名。

ここで満洲の風土に独自の詩風を拓いた詩人を二人、紹介しておこう。早くから内地の詩誌『白百合』等に寄稿していた古川《ふるかわ》賢一郎が三菱長崎造船所勤務ののち、一九二三年に渡満し、満鉄に入社、『作文』同人となり、活躍した。道家思想の観念による象徴詩を開拓し、『老子降誕』（詩之家、一九四二）で第一回満洲詩人会賞を受賞している。[36] 測量士として華北や蒙古にも赴き、現地の信仰風俗や郷土玩具などにも関心を拡げた。

逸見《へんみ》猶吉《ゆうきち》（本名、大野四郎）は、早稲田大学法科に六年在籍。現実への反攻と内攻の交錯する禍々《まがまが》しい内面を隠喩に託してぶつける連作詩「ウルトラマリン」が吉田一穂に激賞され、二〇世紀日本のボヘミアンとして注目を集めた。のち日蘇通信の『月刊ロシア』の編集に携わり、三七年二月、新京支社通信員として渡満。三九年には満洲生活必需品会社に転職した。『満洲浪曼《ろうまん》』編集同人に加わり、詩「哈爾浜」「海拉爾」などを寄稿。汚濁にまみれ、抑圧を強める不条理な体制に対峙し、北方の厳しい自然に自己同化する心情をうたったが、四一年、統制を強める文芸家協会の委員に選ばれ、体制協賛に傾いた。新京特別市の自宅で肺結核と栄養失調で死去、妻と小児麻痺を患った娘は、帰国途中に病没した。[37]

『満洲浪曼』の刊行

一九三八年一〇月、「満洲国」に初めて本格的文芸雑誌『満洲浪曼』が登場した。満映でシナリオなどを手掛けていた北村謙次郎と長谷川濬が語らい、弘報処に勤めていた仲賢礼（筆名、木崎龍）に相談し、満日文化協会の常務理事・杉村勇造[*38]に協力を取りつけて文祥堂より刊行。表紙デザイン（満洲新聞社次長・今井一郎、創刊同人）は内地のモダニズム系季刊詩誌『詩と詩論』（一九二八〜三三）を参照しており、創刊号の文芸作品がすべて再録であることからもアンソロジー形式のクォータリー雑誌を企図していたことがわかる。また文芸復興期の内地の文芸ジャーナリズムの動きを映して、文化総合雑誌を志向し、創刊号の特集「満洲文化について」は各界名士から、第三輯の「文化機関当事者に訊く」は雑誌の存在感を示すためもあろうが、文化官僚や政財界から寄稿を受けている。第四・五輯は文化協会内に編集所を置いたが、官製色を嫌い、四〇年一一月の第六輯は、外部の興亜文化出版社より刊行した。

北村謙次郎は、一九三四年、大連に渡り、満洲日報社に勤めたが、翌年帰国。三五年、太宰治らの同人雑誌『青い花』に参加、まもなく『日本浪曼派』に合流。三七年八月、新京に移住し、満映に入社（娯民映画部文芸課か）、満洲独自の作風の文芸を目指したが、大連の自由闊達な気風と新京の官僚管理の差に敏感だった。彼の代表作、長篇小説『春聯』（新潮社、一九四二）のタイトルは、中国で春節を祝う目出度い文字を記した赤い紙を並べる飾りから取る。建国後、一九三二年後期、ホロンバイルで起きた地方政権独立運動（ホロンバイル事件、前述）をめぐって、軍務についている兄と民族協和の理想を追う弟を対比的に並べる構成をそのタイトルに託しているが、「満洲国」への祝意をこめたものとはいえまい。[*39]

『満洲浪曼』第二輯の編集を担当した長谷川濬は、牧逸馬・林不忘・谷譲次の三つの筆名で活躍した長谷川海太郎の弟で、戦後、シベリア抑留生活を題材に民族観対立の不条理性を漂わせる小説で活躍した四郎の兄。モダニズム系文体で小説も書いたが、ロシア語をよくし、白系ロシア人作家で狩猟家のニコライ・バイコフ『偉大なる王』（一九三六）を翻訳、一九四一年に文藝春秋より刊行し、大ヒットさせた。

バイコフは一九〇二年より東清鉄道国境警備及び東満洲の自然調査に従事、第一次世界大戦に参戦し、負傷。敬虔なロシア正教の信者で、二三年に亡命、二五年よりハルビンで森林利権林区監督官を務めていた。『偉大なる王』は、満洲の山岳地帯の密林に棲む虎を主人公にして、文明に追い詰められてゆく野性を書いている。一九四二年には『ざわめく密林』（一九四二）の刊行を機に訪日。「満洲国」崩壊後は香港に滞在、国際的に知られ、オーストラリア・ブリスベーンで歿した。

『満洲浪曼』のみならず、各種新聞などで中国人作家の翻訳を一手に引き受けた感のある大内隆雄は、本名・山口慎一。上海同文書院出身で、田漢や郁達夫と親交があり、一九二九年、満鉄に入社し、大連で『満鉄調査月報』『満洲評論』の編集に携わり、また左翼的

評論に活躍した（本名のほか、矢間恒耀、徐晃陽などの筆名も用いた）。三一年に橘樸ととも
に『改造』一九三二年七月号附録「最新満洲辞典」を編集・執筆したが、三二年に続いて
三三年末にも検挙され、満鉄を退社し、日本に帰った。三四年に再び渡満、毎年のように
職場を替えながら翻訳家として活躍、評論では「勤労者文学」を主張していた。一九四一
年には満映娯民映画部文芸課長。満人作家小説集『原野』（三和書房、一九三九）、『蒲公英』
（同、一九四〇）、自著に『東亜新文化の構想』（満洲公論社、一九四四）、『満洲文学二十年』
（国民画報社、一九四四）がある。

『満洲浪曼』は、そのアンソロジー的性格から、他に農民文学など諸傾向が交錯し、青木
実、竹内正一、日向伸夫、吉野治夫ら『作文』同人、横田文子、仲賢礼（木崎龍）、矢原
礼三郎、逸見猶吉、北尾陽三、坂井艶司、筒井俊一、鈴木啓佐吉、檀一雄（大陸に出征し
て軍務終了後、満洲を訪問）、長谷川四郎らが寄稿。バイコフらロシア人作家や中国人作
家・田兵、疑遅、石軍、また王則や袁犀らの抗日的傾向の作品も紹介した。北村謙次郎は、
文芸家協会が設立されると（後述、一九四一年）、『満洲浪漫』は前年の六号をもって終刊
とし、意匠を改め、創作集『僻土残歌』など小型判の「浪曼叢書」五冊（興亜文化出版社）
を刊行した。[*40]

『作文』を牽引した青木実は、満鉄東京支社に勤務、三〇年暮れに満鉄大連図書館司書と
なり、四〇年、奉天の鉄道総局愛路課に転勤。中国人を題材にとることを訴え、人道主義

の立場から農村合作社運動のルポルタージュ小説などを書いたが、むしろ庶民の哀歓をうたう短歌や随筆に持ち味を発揮した。*41

高木恭造は、青森日報社などに勤務したのち、一九三三年満洲医科大学医学部を卒業。眼科医として本渓湖満鉄医院などに勤務ののち、満洲医大に戻る。三五年秋、冬木羊二(白石義夫)らと同人雑誌『医科』を創刊。詩集『鴉の裔《すえ》』(作文発行所、一九三九)で、満洲文話会賞第一回を受賞。医師生活から題材を得た小説も多い。なお、冬木羊二は満洲各地を舞台に偽医者を主人公にした小説『青き夜の医師』(モダン満洲社、一九三八)を上梓、彼の「青島から来た女」は映画化されたという(未確認)。

横田文子は、一九二八年、プロレタリア作家同盟に参加、『女人文芸』などを創刊したが、転向して『日本浪曼派』『コギト』同人。「白日の書」(『婦人文芸』新知社、一九三六年連載)が第三回芥川賞候補(一九三六年上期)になったのち、三八年渡満して、詩集『崖っぷちの歌』(作文発行所、一九三九)などで知られる詩人・坂井艶司と結婚、『満洲浪曼』などで活躍した。

牛島春子は第一作「豚」(一九三七、のち「王属官」)が第一回建国記念文芸賞二等一席となったのち、「祝という男」(一九四〇)が一九四〇年下半期の芥川賞次席となり、各種新聞小説に活躍した。国務院官吏の夫と奉天、黒龍江省、新京に住み、各地の風俗を描いたが、抑制しつつも支配—被支配関係の全般にわたる批判を散見する。

文芸批評では、木崎龍（仲賢礼）が幅の広さと、現実批判の方法に関心を注ぎ、力量を示した。三四年、東京帝大国文科卒で、在学中から明治文学会の幹事を務め、文芸誌『批評』同人を経て、大連に渡り、国務院弘報処に勤務、満映の創設、『満洲浪曼』の創刊などに協力、魯迅の『阿Q正伝』（一九二二）などを論じもした。敗戦を待たずに新京で、病で歿した。

演劇人では、藤川研一が大活躍した。日本プロレタリア劇場同盟九州支部で活動したのち、満映勤務の傍ら、一九三四年に中国人と新京で大同劇団等を結成、主導した（中国名、王清）。三三年『満洲浪曼』第一輯に「満洲演劇の建設」を寄せ、「文芸協会設立」をうたう。創作喜劇『兵役法宣伝資料——愛の箭《やたて》』（『弘宣』四〇年二号）は各地で上演され、四〇年二月、アヘン厳禁策をとった清朝官吏を描いた歴史劇『林則徐』は、新京で上演後、映画化され、天津等でも上映・上演された。[*42]

かつて日本のプロレタリア文学に『文芸戦線』の作家として抜群の技能を発揮した葉山嘉樹《よしき》は、転向後、伊那や木曽の山村に暮らしていたが、一九四三年に渡満した折、日本人入植者の貧民層に深い同情を寄せるエッセイを『満洲新聞』に連載。一九四五年六月に黒龍江省北西部の北安省開拓村に娘と入植。敗戦直後、引き揚げ列車の内で、脳溢血で死去し、吉林省徳恵県付近に埋葬された。

中国語の文芸

建国以前、左翼文芸のほかに、奉天医科専門学校の高啓福らが吉林で中国現代文学の団体、白楊《はくよう》社を結成し、一九二四年に『新民意報』の別巻の形で非定期の文芸雑誌『白楊文壇』を八冊刊行したことは、あまり知られていない。白楊はポプラの一種で吉林に多い。新詩、批評、若干の小説も掲載、関内の『小説月報』『晨報』『文学句刊』などに報じられ、東京帝大仏文科に留学していた象徴詩の詩人、穆木天《ぼくぼくてん》も熱心な支持者だったという。[*43]

「満洲国」で最初の中国語の月刊総合雑誌は、関東軍の指示により、月刊満洲社の社主・城島舟礼が出資し、一九三七年九月に創刊された『明明』である（〜三八年九月）。城島は一九二八年に満鉄を退社し、撫順から新京に移り、『新京日日新聞』や『コドモ満洲』を刊行、新傾向の俳人としても活躍、中国語書籍を城島文庫として刊行した。

『明明』の表紙はモダンなデザインで、編集の実質は、古丁ら若手作家グループが担い、第一巻第六号から文芸誌に切り替えた。出版禁止されていた魯迅の著作について「魯迅記念特集号」（三七年一一月号）を組み、日本語の「魯迅著作集解題」を翻訳したほか、日本文学、ロシア文学などの翻訳も多く掲載、旧文学や礼教、日本支配と戦う姿勢の雑文を掲載し、中国人読者に勇気を与えたといわれる。小説では満洲の中国知識人や農民の置かれた現実を悲劇的に書くものが多い。古丁らは多様な作風を主張し、『大同報』文芸欄を拠点に「郷土文芸」を主張する山丁らのグループと論争が長く続いた。
民間資本の『明明』の停刊後、満日文化協会の支援で『明明』同人に杉村勇造や陳邦直、大学教員・李松伍らが加わり、「芸文志事務会」が結成され、『芸文志』を発行（一九三九年六月〜四〇年六月）。発刊の辞に「芸文の創造」と「文化の発展」をうたう。著作人は趙孟原、発行人は城島舟礼。発行所は、第一輯は月刊満洲社、第二輯、三輯は芸文志事務会。小説は『明明』同様、「暗い」小説が続いているが、当局の要求に応じて「満洲国」建設に関する「明るい」作品も掲載され、モダンなデザインや戦う姿勢の雑文が消え、古詩文など伝統的な作風が増えてくる。おそらくは『明明』の傾向に文化協会から異議が唱えられ、方針転向が図られたのであろう。『明明』が「短打扮」（労働者的、革命的）であったのに比べ、「長衫」（士大夫的、保守的）と揶揄された。[*44]
これらの編集をリードしたのは、古丁である。長春出身で、満鉄経営の小学校、中学校を卒業後、満洲事変を避けて、北京大学へ進学。左翼作家連盟北方部で活躍、日本のプロレタリア文学理論などを翻訳紹介したが、挫折して故郷に帰り、一九三三年末、国務院総務庁統計処に就職、下級官吏の仕事をしながら『明明』や『芸文志』の編集・創作に携わったのち、一九四一年一〇月、出版社兼書店の芸文書房を創立した。長篇小説『平沙』（一九四〇）は、大内隆雄訳で中央公論社より刊行（同年）。中国語文芸を多彩に発展させるため、翻訳にも新たな工夫を重ね、夏目漱石『こころ』（一九三九）、石川啄木の短歌集

『悲しき玩具』（一九一二）を中国語に初めて翻訳（『悲哀的玩具』一九四三）、芸文書房から「現代日本文学選集」を出し、島崎藤村、宮沢賢治などの翻訳も刊行した。ニコライ・ゴーゴリの短篇『狂人日記』（一八三四、日本語訳より重訳）など多数に及ぶ。

詩人、作家たちは日・英・米・露・仏などの作品を新聞、雑誌に翻訳掲載。日本語からの重訳も多い。日本の小説は火野葦平『麦と兵隊』『土と兵隊』が早くに翻訳された。満日文化協会は一九三八年に「東方文庫」を創刊し、種々の日本語書籍の中国語訳も刊行した。満洲図書株式会社から、山丁編『近代世界詩選』『世界名小説選』（ともに一九四一）、芸文書房から日・露・仏など短篇『訳叢』（一九四一推定）、バイコフ『牝虎』（一九四三）なども刊行された。

もう一つ、官僚支配下の新京を離れ、奉天で王秋蛍主編の文芸雑誌『文選』が一九三九年一二月と翌年一〇月に刊行された。中国人作家の大同団結、日本人作家との交流も図り、西洋文芸の新しい動きにも目配りし、批評を重んじる姿勢が見えるという。*45

朝鮮人による文芸作品は、延辺周辺で日本語作品がはじまり、一九三〇年代後半に朝鮮語作品が間島の同人誌『北郷』や新京の『満鮮日報』（一九三八年創刊）に発表され、安寿《アンス》吉《ギル》らが活躍。亡国のテーマが目立つ。小説集『芽生える大地』（申瑩澈編、満鮮日報社、一九四一年）、随筆集『満洲朝鮮文芸選』（申瑩澈編、朝鮮文芸社、一九四一年）、『満洲詩人集』（安田観祜編、第一協和倶楽部文化部、吉林、一九四二年）、『在満朝鮮人詩集』（金朝奎編、芸文堂、延吉、一九四二年）等が出される一方で、抗日ゲリラの活動する地区では、抗日歌謡や戯劇が残された。[*46]

内蒙古・蒙疆政府下における文化関係の史料発掘および報告も進んでいる。だが、わたしの勉強が追い付いていない。

3 文化統制と日満一体化

藝文指導要綱

一九四一年一月、行政機構が改革され、それまで宣伝行政を担っていた総務庁弘報処に、治安部の映画・新聞・出版に関する検閲、交通部の放送・ニュース通信に関する検閲、民生部の文藝・音楽・演劇などの文化行政、また外務局の対外宣伝事務が吸収され、一元化が図られる。弘報処長・武藤富男が文化芸術各界の統制指導のために作成した「藝文指導要綱」が三月二三日に公布された。

「藝文」の意味を芸術文化（音楽、美術、文藝、演劇、舞踊、演藝、映画、写真）と規定、「日本藝文を経とし、居住民族固有の藝文を緯とし、世界藝文の粋を取入れ織り成したる渾然独自」のものを目指すと宣言した。

やや判然としないが、武藤は、生活文化に対する藝術文化の意味で「藝文」を用いているようだ。古くから「藝文」の語は、儒学を主体に経典類によく通じている文章博学を意味する「文学」に、文章の藝（技術）を加味した「文藝」とほぼ同義に用いられてきた。その意味をまったく転換してしまうことになる。独断的な態度といえよう。

そして七月二七日、弘報処が文藝家協会の創立大会を招集、武藤が議長を務め、山田清三郎を委員長にすえた。山田清三郎は日本共産党系の文学芸術組織、ナルプの委員長を務めたのち、転向して、三九年に渡満、『満洲新聞』に勤めていた。この起用により、山田はいかにも植民地文化官僚然とした態度をとりはじめる。内地の共産党では鹿地亘《わたる》と親しかったが、鹿地が転向して中国にわたり、郭沫若と懇意になり、日本人の捕虜らと対日反戦運動を組織したのとは大きなちがいである。

文藝家協会は、八月一四日の委員会で、機関誌『満洲藝文通信』を一二月号で廃刊し、唯一の「純藝文総合雑誌」をうたう機関誌『藝文』（日文）と『藝文志』（漢文）を翌年一月号から創刊することを決定、弘報処の統制指導を強めてゆく。[*47]

そして、八月二五日、弘報三法（満洲国通信社法、新聞法、記者法）が発布され、情報宣伝の一元化が、ほぼ完成する。同日、藝文連盟が結成され、日本語の文芸も、各地に劇場が増え、最も盛んな時期を迎えていた戯劇も、中国語の文芸も大きな転換を迫られることになった。時局に逆行するもの、国策批判や民族対立を煽るもの、建国前後の暗黒面を書くもの、退廃や情欲や乱倫を煽り、また犯罪や残虐な刺戟的描写、歓楽街に特殊な人情世態を描くことなどが禁じられた。「八不主義」と呼ばれ、『盛京時報』『大同報』二大紙も、文芸と劇作の掲載は減少した。だが、「建国」一〇周年に向けて『盛京時報』が慶祝と慰安を目的にした脚本を募集、読者の投票により『十年劇本総選』が編まれた。[*48]『大同報』の「満洲帝国国民文庫」とともに、「満人」作家たちを統合包摂する目的の露わな企画といえよう。放送においても、とくに「満人」向け第二放送の強化、充実が図られていった。

日本語の『藝文』は「満洲国唯一の文化綜合雑誌」をうたい、新京で創刊（発行所は小原克巳の藝文社）。一九四二年一月号より四三年一〇月号まで二三冊を刊行。一九四四年に藝文連盟が発足すると、中国語雑誌『藝文志』（前述）とともに、一月号から機関誌として再出発する（編集委員長、山田清三郎）。

この文化統制の強化に唯々諾々と従う人ばかりではなかった。『満洲日日新聞』記者で『作文』同人だった吉野治夫は「満洲文芸聯《ママ》盟に望む——中央集権主義の反省」（『満洲日日新聞』四二年二月六日）で、文話会活動が「不本意な結果を招いた」と表明している。文話会活動が結果として統制機関・満洲藝文連盟の下地になったことをいっている。『満洲浪曼』の編集同人たちも官製組織から距離をとったことは先に述べた。

ただし、『藝文』の編集は七月号より、満洲文藝春秋社に委託された。「満洲国」進出を狙う菊池寛とのあいだに話が進んでいたと推察される。編集経験を積んだ永井龍男が専務となり、その下で文芸色を強め、内地作家にも原稿を依頼し、日満一体化を強めてゆく。『藝文』の編集事務を担っていた小原克巳は「切られた」ことに憤慨してだろう、『藝文』の後継誌を名のって総合雑誌『満洲公論』（満洲公論社）を刊行し、旧巻号を継続している。『藝文』の編集長だった山田清三郎がこちらの主筆に異動。内地同化政策に従い、「内地」の執筆者と、神がかり的記事とが増えてゆく。なお『満洲藝文年鑑』（一九四三年版）は満洲藝文年鑑編纂委員会編で、満洲冨山房より刊行された。

四三年秋、米軍の爆撃機が鞍山を爆撃した。奉天の満洲医大の医師・高木恭造が『藝文』四三年一二月号に寄せた短篇「厄払い」のなかで、それにふれている。B29による爆撃は米軍の記録では、翌一九四四年夏からとされているので、B24系の爆撃機によるものと想われる。高木恭造は、連作風に私小説的な短篇を寄せ、敗戦期の鞍山の様子を伝えている。そうかと想えば、一九四四年には釣名人・佐藤垢石《こうせき》が各地で豪快な渓流釣りの随筆を残してもいる。

それとは別に耶止説夫《やとめせつお》（八切止夫）が一九四二年一一月（推定）、大東亜出版社を設立し、久生十蘭らの怪奇幻想小説シリーズを刊行していた（新聞広告のみ確認）。

藝文聯盟の中国語機関誌『藝文志』（連盟『藝文志』と呼ぶ）は、藝文書房から出版され、編集者は趙孟原。創刊目的は「聖戦協力」と「新しい東亜の文学を創造」をうたう。いわば「明るい」内容の小説が多くなり、戦意高揚のため、生産現場の様子を報じる報告文学も多い。西洋文学の翻訳紹介が消え、日本や中国の古典ものも多くなる。一九四三年一一月～四四一〇月、全一二冊を刊行。

なお、言論統制と情報宣伝の一元化をリードした武藤富男は、一九四三年五月、内地の情報宣伝を一元化した情報局第一部長に転出した。

勤労奉公運動の二面性

産業開発五ヵ年計画の実施を指導した官僚たちが内地の政財界へ復帰すると、「満洲国」では、関東軍と協和会がいわば息を吹き返す現象が見られる。四一年には第二次産業開発五ヵ年計画が発足するが、総合雑誌に日本人官吏が寄せている記事を見ている限り、各省・各部署でのそれぞれの開始期も内容もまちまちだった（それゆえだろう。第二次の計画は立てられなかったといわれていた時期が長かった）。

一九四一年九月、「満洲国」政府と協和会は「労務新体制確立要綱」を発し、「四千万皆労体制」の確立を訴える。「労働を尊重し、労働を愛し、労働をして歓喜であり、国家に対する国民義務であると共に栄誉であるとの勤労精神の昂揚を第一意義とし、農村と都市とを貫く労働の適正配置、労働者保護並びに家族援護、女子労力活用、使用人数の制限や技術工養成の促進などを掲げる。これは「満洲国」を日本の総力戦体制のための兵站基地化し、食糧増産の課題に応えるために、内地の勤労奉仕運動にならって策定したもので、「国民勤労奉公運動」とも呼ばれる。

これには二つの側面がある。まず「勤労報国隊」の結成が考案されたが、これは鉱工業及び建設事業における人手不足からであった。日本による華北の産業開発が盛んになるに従い、一九四〇年には労働者の流入が激減、場合によっては日雇い苦力を集めるのにも苦労するような現場が出はじめていた。

「満洲国」では四一年一二月、「大東亜戦争」開戦に応じて「戦時緊急経済対策要綱」が発表され、翌四二年一月に「戦時農産物緊急増産対策要綱」が出されている。第二次五カ年計画は、その趣旨を「農工併進」に切り替えたが、一九四二年四月の公表は見送られた。中央官僚が内地に引き揚げたのち、全体を包括する計画が立てられないまま、各部それぞれに第二次五ヵ年計画が策定された。

勤労奉公運動のもう一つの側面は、食糧生産の倍増という課題がかかげられ、協和会が「国民隣保組織確立の運動」「農産物蒐荷工作」などを担っていたことである。ただし、「現状に即して」が強調され、郷村の自力更生的な傾きの強い運動方針になってゆく（四三年に法制化）。宮沢賢治の「雨ニモマケズ」の中国語訳（北京大学教授、銭稲孫による）が、賢治の友人、森荘已池《そういち》（佐一）によって喧伝され、食料増産運動に一役買ったといわれる。

一方で鉱工業や建設現場の労働力の不足をいいながら、他方で郷村の復興をいうのは、著しい矛盾である。その解決策の一つとして、王克敏北京臨時政府の下の労働者を徴用して送り込ませた。そのため、流入人口は再び、一〇〇万の大台を超えた。[*49] また「満洲国」内では、知識青年層にも徴用が及んだ。そのまま行方知れずになった友人もいたと、わたしは年配の中国人日本文学研究者たちから仄聞した。

第一次五ヵ年計画でも農産物の生産拡大が課題としてあげられてはいたものの、政策としては現場まかせになっていた。建国大学の農学者たちは、総合雑誌『藝文』一九四三年五月号「興農増産」特集に寄せた記事中で、まったく無策に等しかったと公然と非難している。[*50] なかには、ソ連の集団農場をさらに国家と一体化させるような理想を掲げている人もいる。

協和会有志が貧農救済のための農事合作社（協同組合）運動に自発的散発的にかかわっていたのもそれゆえである。たとえば橘樸の郷村自治思想の影響を受けた『満洲評論』編集長・佐藤大四郎は、興農合作社中央会職員として、一九三七年一月から、北満の浜江省綏化県の生産力向上運動にかかわっていた。

ところが、これが四一年一一月、憲兵隊により共産主義思想の実践として摘発された（合作社事件）。郷村復興をはかる協和会運動に共産主義思想が紛れ込むことを極度に警戒したゆえである。合作社事件で検挙された協和会の鈴木小兵衛らが満鉄調査部員の関与を供述したため、満鉄に左翼転向者が入社したことに警戒を募らせていた関東憲兵隊（関東軍司令官指揮下の軍令憲兵。憲兵司令官指揮下ではない）によって共産主義とみなされ、協和会や満鉄調査部の五〇名余が検挙された。いわゆる満鉄赤化事件である。はじめに満鉄調査部三三名（第一次満鉄調査部事件、四二年九月）、のち満鉄の提出したリストにより一〇名が追加された（第二次、四三年七月）。

内地では、三九年から四一年にかけて、多数の企画院職員・調査官らが左翼活動の嫌疑により治安維持法違反で検挙・起訴され（企画院事件）、満鉄調査部メンバーの関与が問題にされていた。岸信介は、この責任をとって一旦、商工次官を辞任した。

近衛文麿を担いだ新体制運動は、各政党をいわば上から解党したが、全体の集権度は低く、セクショナリズムの温床になった。平沼騏一郎ら皇道派国粋主義者は「革新官僚」による国家社会主義的政策を、国体に抵触する「赤化」と断じていたが、一九四〇年七月に成立した第二次近衛内閣は平沼騏一郎を無任所国務相に抱え、挙国一致体制を保とうとした。一九四〇年一〇月に企画院が発表した「経済新体制確立要綱」に対しては、財界が反撥、「自主統制」を主張し、総裁・星野直樹は辞任した。

このような状態の内閣および国家体制を、第二次世界大戦後の左翼および自由主義陣営が規定したように「ファシズム」と断じられるとは、わたしには思えない。ヨーロッパのファシズムとちがって、下からの盛り上がりに欠けることをもって「日本的」と称するにしても、挙国一致の内実すら作れなかったからである。

建国一〇周年

日本の対米英戦争が華々しい戦果をあげるなかで、一九四二年三月、「満洲国」は建国一〇周年を迎えた。五月二八日、日本から高松宮、南京国民政府の汪精衛主席を迎えて式典を行い、芸能、相撲、楽団などが来訪。八月には競技大会・武道大会、九月には「日満」両語の歌詞の国歌を制定。一五日には日満議定書締結一〇周年記念式典を新京・嶺南公園と東京・日比谷公園で同時開催した。一〇月には芸文祭、少数民族祭を開催。また内地の帝国芸術院会員の絵画を満洲国政府に寄贈した。

一一月、満洲国政府は、汪精衛南京政府が開催した大東亜博覧会、また同月、東京で開催された第一回大東亜文学者大会に、それぞれ代表を派遣。諸民族を「国民」として統合し、かつ「大東亜戦争」の担い手たらしめるべく「日満一体化」が進んだ。[*51] 翌年には満洲劇団が内地を巡回公演した。

だが、日本国天皇と満洲国皇帝を同等に扱うことを、情報局の下部組織・大日本言論報国会が「日本の国体思想にもとる」として問題視するなど綻びも生じる。具体的には、日本文学報国会事務局長を務めていた作家・久米正雄が一九四二年五月二八日、「満洲国」建国一〇周年式典の様子を内地の新聞に送った原稿が、その半年後にやり玉にあげられた。[*52] 大日本言論報国会は、文学報国会が、いわば「大東亜共栄圏」を文字どおり文芸において実現しようとする路線が気にくわなかったのである。官憲は「大東亜共栄圏」を文字通り実現しようとする主張をも共産主義と見なし、弾圧してゆく。一九四二年秋に発する横浜事件が、やがて『改造』『中央公論』を停刊に追い込んでいったことはよく知られる。

つまり「満洲国」の産業開発五ヵ年計画と統制経済の経験は、内地ではさまざまな抵抗勢力の反撥にさらされた。この点で「日満一体化」は上手くいかなかった。けれども、官憲の「赤」対策は「日満一体化」していたのである。そして「満洲国」と内地のあいだの矛盾は「満洲国」と、台湾と、朝鮮とのあいだにも亀裂を生じさせる。

台湾や朝鮮では一九四〇年を前後して皇民化政策が徹底してとられた。とくに朝鮮では、官庁や学校など公の場では、日本語以外は用いてはならず、民間演劇さえ日本語で上演するよう、指導が行われた。だが、「満洲国」では、むしろ「民族協和」のタテマエが強調されていった。一九四三年三月八日に発表された「協和会運動基本要綱」では、「日系」の課題として「満語」の修得を掲げている。

民族協和のタテマエが強調されることと「満洲国」の人々に体制順応を強いることとは別である。実際のところ、「満洲国」の思想統制は、沈黙すら許さないところがあった。内地の文学報国会には、軍部の圧力に対して、微弱であっても文芸家の言論を守ろうとする姿勢が見えるが、満洲文壇は、ごく狭い社会だったから、活動を続けるには、戦時体制構築の姿勢を表明しなくてはならなかった。その気配がそこここに感じられる。

『藝文』一九四二年一二月号に巻頭論文「大東亜戦争一周年と思想戦概観」を寄せ、長期にわたる総力戦における思想戦の意義を強調した関東軍報道部長、長谷川宇一中佐は、一九四三年一二月号座談会「決戦文芸の途《みち》」では、ほとんど主役を演じており、「満洲国」は「大東亜共栄圏」、民族解放の模範たれ、という論調を展開している。太平洋の戦局は、すでに消耗戦期を経て制海・制空権をアメリカが握っていたが、一一月初旬、東京で開催された大東亜会議に「満洲国」からは張景恵国務総理大臣が参加した。

大東亜文学者大会

一九四〇年夏に満洲を、四二年一月にも満洲・中国を旅行し、『廟会　満洲作家九人集』（竹村書房、一九四〇）を編集した浅見淵《ふかし》は「朝鮮作家論」（一九四〇）のなかで、「外地」の作家の作品が盛んに翻訳紹介されるようになった現象をとらえて「日支事変や第二次欧州大戦の勃発と共に、民族の問題が改めて一般の関心を喚《よ》び起し、それが契機になって、支那の現代文学や満洲作家の作品が紹介されだした。それら民族を包摂するために、それらの民族を理解しようとしている一般の気持を反映してであろう」と述べていた。「それら民族を包摂するために」は、検閲を逃れる方便と読める。浅見は、やがて朝鮮語が滅びるという危機感ゆえに朝鮮人作家は朝鮮語で書くことに、より「固執」するのだとも述べている。

また河上徹太郎は「小説の中の『私』」（『文藝春秋』一九四一年八月号）で、朝鮮族の作家・金史良《きんしりょう》が日本語で書いた小説を時評にとりあげ、「彼等は、その母国語で、何ごとか衷心から東亜の共栄について、わが国是に基づく東洋の平和について共鳴を叫びたいのだ」と述べている。これは「大東亜共栄圏」の理想を示し、国策批判を行うやり方である。朝鮮半島の作家たちの翻訳紹介も盛んだったが、一九四三年には日本語作品が主になる。皇民化政策が実をあげていることを示すためだろう。

なお、金史良は、東京帝大独文科を卒業ののち、朝鮮語と日本語の両方で小説を書いた。「光の中に」（一九三九）が芥川賞候補にのぼって発表の場は拡がったが、一九四一年秋、故郷・平壌に戻り、李朝末期を舞台に火田民と呼ばれる最下層民が自由を求めて戦う大作『太白山脈』（『国民文学』一九四三年二～一〇月号）を日本語で連載し、その後、中国「解放地区」へ逃れた。「大東亜共栄圏」の理念と、朝鮮半島の皇民化政策とが完全に背馳《はいち》するものだったゆえである。彼が『太白山脈』をわざわざ日本語で書いたのは、自らの真意を日本の読者に告げたかったと考えれば納得がゆこう。

それに対して、内地の「文芸復興」期の一九三二年、『改造』懸賞小説にプロレタリア文学系の「餓鬼道」（四月号）が入選してデビューした在日朝鮮人作家、張赫宙《チャンヒョクチュ》（日本名、野口赫宙《かくちゅう》）は、一九四四年には、まぎれもない国策小説『岩本志願兵』を刊行している。[*53] 「共栄圏」の理想と現実とのあいだで多くの作家たちが揺れ、また引き裂かれた。

浅見淵や河上徹太郎は、この問題に人一倍、敏感に反応したが、国策批判と読まれかねない表現は極力避けた。避けなければ、発売頒布禁止や切り取り処分などを受けることが必至だからである。言論弾圧をかいくぐって、伝えたいことを伝える工夫が戦時期には満ちている。

少し遡る。一九三八年に島木健作、間宮茂輔らが「農民文学懇話会」を結成し、その年、『農政』一巻二号（二月号）が下村千秋、丸山義二《よしじ》他編で農民文学者全国農村視察報告を特集、福田清人が渡満し、「大陸開拓文芸懇話会」を主催するなど内地の農民文学の担い手たちによる満洲開拓の視察が活発化した。島木健作『満洲紀行』（創元社、一九四〇）は、耕作地から漢族・朝鮮族農民を駆逐し、小作として雇い入れる実態にふれている。こうした動きが一九四二年の日本文学報国会結成への下地となっていった。

ただし、一九四〇年、大政翼賛会文芸部長の椅子に、リベラルな劇作家・岸田國士《くにお》が座ったように（四二年、官僚化を嫌って辞任）、一定の抵抗線が引かれた。それが「皇国文化宣揚」をうたう大東亜文学者大会の運営にも現れる。第一回は一九四二年一一月初旬に台湾、朝鮮からの九名を含む日本五七、満蒙華より二一名を集めて東京で行われた。これは、いわばただのお祭りに終始した。第二回は、四三年八月下旬「決戦会議」と称して東京で行われたが、このときに満洲国の代表、古丁が諸民族作家の「互いの作品の翻訳」を提案し、決議された。これは台湾、朝鮮の皇民化政策には抵触する方向である。全体方針は国策に従いながら、「共栄圏」のタテマエどおりの実現を目指す姿勢を混ぜこむやり方である。

その根まわしに、第一線の文芸批評家・小林秀雄が七月に新京に赴き、古丁と会っていた。[*54] のち台湾、朝鮮、「満洲国」に翻訳館が設立される。満洲側から山田清三郎・北村謙次郎・古丁、日本側から川端康成・岸田國士・島木健作が編集委員となり、『文学界』とも縁の深い創元社から『満洲各民族創作選集』四二年版（四三年）が刊行されたのは、この延長線上にあったといってよい（四三年版、四四年）。

大東亜文学者大会の第三回大会は一九四四年一一月中旬、中日文化協会の主催により南京で行われた。参加者は日本代表一四名（団長は長與善郎）、満蒙華代表五四名。草野心平が一人で日本の参加者の世話の手配をしたが、すでに「大東亜戦争」の行方も見えており、討議には緊張感が欠けていた。

同じ一九四四年、「満洲国」の文化が日本色、軍事色に染まった時期、在満の詩人と画家で「五族」の風俗をそれぞれに描く『五彩満洲』と題する一冊の絵本が満洲冨山房から刊行された。「編纂の趣旨」には「満洲国のほんとうの姿を日本の少年少女に見せたい」「満洲のめぐまれざる少年少女に美しい絵本を与えたい」とある（中文付）。文を古川賢一郎、逸見猶吉、北村謙次郎、坂井艶司、画を関合正明、赤羽末吉、白崎海紀《かいき》、斎藤英一が担当。これらの画家たちは、さまざまなモダニズムの手法をこなし、戦後の日本でも画家や絵本画家として活躍する。

中国語訳（満洲仮名つき）には、山丁ともう一人、訥夫という匿名の人が協力している。しおりには「満語カナ的読法」が付され、「マンゴノコエノ　ダシカタ」と四声や鼻濁音等の解説がつき、末尾に次のようにある。「ホントウノ　マンゴノ　コエハ、マンシュウコクノ　ヒトタチニ　ツイテ　ベンキョウシナケレバ　タダシイ　コエハ、デマセン」。この発音どおりの表記は、第二次世界大戦後、日本で採用された仮名遣いを先取りしている。

満洲冨山房の絵本企画の一つで、有力な画家たちの参加は納得できる。だが、文に関して、当時、これだけのスタッフを集められるのは、北村謙次郎しかいないだろう。山丁は統制の強化を嫌って、すでに北京に逃れていた。だが、編集に北村の名前はない。その遺品のなかにも、この絵本はないという。

歴史の事後解釈

一九四二年二月一五日、日本軍がイギリスのアジア最大の基地、シンガポールを占領した夜、林房雄は古丁と新京の最高級のレストラン「香蘭」で対談した。そこで林房雄は「満洲事変の時に既に日本側の指導者には大東亜戦争の構想があったんですね」と「新発見」を語った。そして「これは是非（満人に）しらせなければならぬですよ。最初から知って居ったらどうだったろう」と問うた。

林房雄がこのときの念頭に置いていたのは、石原莞爾だろう。その『世界最終戦論』は立命館の出版部から一九四〇年九月に少部数、刊行されており(前述)、その内容を伝え聞いていたのだろう。林房雄はのち、『大東亜戦争肯定論』(一九六四)で、アジア主義の系譜をつなげて、アジア解放の百年戦争論を説くことになる。このときの「新発見」が膨らんだことは明らかだろう。

それに対して、古丁は「知って居ったら今迄の満系官吏は、今迄以上に働ける様になるのではないかと思います。目的がはっきり示されて、それに向かってはっきりした目標がある訳ですからね」と答えている。これまで、その目的ははっきりしていなかったではないか、という批判をふくんだ皮肉である。古丁は「満洲国」の現実から日本の医療や科学技術の優れた点は評価し、だが、「民族協和」のタテマエがタテマエに過ぎない点を批判しつづけた。満語の発音どおりを日本人に憶えさせるために用いられた満洲仮名についても、所詮は日本語、ピンインに似た注音記号にせよ、と論じた。日本の敗色が濃くなれば、青年たちに今のうちに日本の技術を学んでおけと呼びかけもした。その立場は明確である。[*55]

彼について、しばしばいわれてきた「面従腹背」、表向きだけ従い、腹のなかで反撥する態度ではない。

日中戦争は「大東亜戦争」を準備するものだったという林房雄の事後解釈は、このころ、蔓延していた。なかには、日露戦争の停戦を決めたポーツマス条約までさかのぼる議論さえ生まれた。たとえば『藝文』一九四三年八月号、森一樹「満洲と小村壽太郎」は、小村壽太郎が、アメリカが提案した満鉄の共同経営案を敢然と蹴ったことによって対米英戦争に向かう道が決まったように述べている。小村はロシアから南樺太の領地と関東州の租借権の譲渡を認めさせただけでなく、アメリカからも朝鮮半島の保護国化をとりつけていた。アメリカの対日態度が厳しくなるのは、第一次世界大戦後、日本の権益拡大を警戒してのことである。

菊池寛が満鉄の職員からの聞き書きをもとに、その創業期をドキュメンタリー・タッチで追う『満鉄外史』(『満洲新聞』に断続連載、前後編は一九四一、四三年に刊行)も、後藤新平や中村是公の功績をうたい、今日の「大東亜共栄圏」を切り開くものだったという意味のことを述べている。「大東亜共栄圏」が拡大の一途をたどる勝ち戦に乗じ、そのモデルとなった「満洲国」、その基礎を築いたもの、と順次さかのぼって、満鉄の創業期を見ていた。満鉄がなければ満洲事変はなかったが、満鉄が満洲事変を呼び寄せたわけではないし、柳条湖の謀略は「民族協和」の理念とは無縁だった。結果から原因に遡行するときにも、逆に経緯を辿る際にも、往々にして短絡が起こる。出来事の歴史性を正しく回復するのは容易なことではない。

河上徹太郎は、のち、「日華協会のころ」(一九六四、のち「上海の久保田万太郎」)で、彼が北京や上海を飛びまわり、親中国の態度が目立ちすぎたためだろう、すでに文学報国会の役職を解かれ、かろうじて大東亜省の外郭団体、日華協会の文化局長の役についていた時期を振り返っている。日華協会は、近衛文麿が父親・近衛篤麿の遺志を継いでつくった組織で、国民党政権と文化面のパイプ役を担っていた。河上徹太郎は中国からの留学生を引き受けていた。

彼は北京や南京を飛びまわっていたころの自分を「精神的にも二元的な生活」「観念の闇取引きで生きていた」と回想している。文学者の国際連帯の理念に賭けて、帝国主義侵略戦争の現実を見て見ぬふりをしていたという意味だ。そして大東亜文学者大会第三回の折、南京では、小林秀雄が自分のニヒリズムに付きあってくれたともいう。理念と現実とのあいだに引き裂かれ、ニヒリズムに陥ったことを隠さずに開陳している。

序章でふれたように、竹内好「近代の超克」(一九五九)は「あの戦争」の二重性として論じた(一三頁)が、河上徹太郎はそれを己れのなかに生じた分裂として語っていた。竹内好の「あの戦争の二重性」論は、「分裂」論に転換すべきではないか。日本帝国主義は台湾と朝鮮で皇民化政策を進めながら、「満洲国」では「民族協和」のタテマエが通っていた。「満洲国」と台湾の漢民族は、いわば国籍のちがいにより、引き裂かれていた。朝鮮半島と「満洲国」に分かれて暮らす朝鮮族は同じ日本国籍をもちながら、異なる政策に引き裂かれていた。

序章で述べたが、大東亜会議期（一九四三年）においては、東條英機軍事政権がつくる軍事上の現実と、重光葵外相による外交上の理念は、分裂したまま事態が進行した。より具体的には、ビルマにおける、いわゆる「南機関」は、地元勢力に独立政権をつくらせる工作をしながら、日本軍の軍政下では、その独立を認めなかった。明らかに「騙した」ことになる。[*56]が、それはむしろ例外で、ほとんどの場合、軍は独立の機運すら無視して、イギリスの蔣介石援助ルートを断つことにかまけていた。

遡れば、第一次近衛文麿内閣は「東亜新秩序」建設方針の下に、和平派の汪精衛に政権の樹立を促したが、近衛が汪精衛の重慶脱出を見届け、退陣してしまうと、陸軍は、汪精衛がとうてい呑めないような条件を突きつけ、南京政府の樹立は遅れに遅れた。

それら「親日」政権の総てを連合国側は「傀儡」政権と規定したが（二重外交を行ったタイ王国を除く）、中国においては日中間の戦争に対する和平派の結集であり、東南アジアにおいては連合国軍に対するそれである。「カイライ」たちの思惑は、それぞれにちがう。

そもそも、大日本帝国の外交と軍のあいだに亀裂が開いた原型は「満洲国」建国に求められよう。関東軍の場当たり的冒険主義が呼び出した陸軍の軍事路線が、その時どきの歴史的条件により、矛盾と亀裂を次々に生み出しながら、拡大展開してきたという意味においてなら、歴史の連続性が認められるだろう。

森崎湊の自決

一九四三年四月三日、森崎湊は新京の鮎川会館（未詳）前へ行き、東條英機の訓示を聴いた。建国大学の民族協和こそ、東亜解放の縮図であり、勉学はそれを実現するための準備という訓示の趣旨を日誌に書き付け、「やや狭量だ」と批判的なコメントを付している。大きな理想も深い自省もないという意味だろう。その裏には、偉大な精神が立ち現れることへの期待が棲みついていた。

四月一二日、森崎湊は、ある教授の「われわれの世代のうちに、日満合邦という事実がくるかもしれぬ」という言にも反撥している。日本が中国人を二つの国家に引き裂いている現実がまるでわかっていないと。「いよいよ善政を敷けば、民は安居楽業してますますよくなり、幸福になるのではないか、というのは手前のことだけ考えて相手の心情を察せぬ理屈である。民族の血はそんななまやさしい理屈を承知するものではない」。

同じ四月、以前検挙され、獄中に繋がれていた建大の先輩にあたる中国人学生たち一五名が判決を受けた。無期懲役二名、軽くても懲役一〇年。*57 これが湊に伝わったかどうか、わからない。

五月三〇日、森崎湊は建国大学の寮で、日本軍のアッツ島玉砕の報を受けた。敗退に向かう戦の影は建国大学にも落ちてきていた。六月、第一期卒業生のうち、日本国籍の学生の徴兵免除は解除された。前期修了で入営する者も出た。戦後ルポルタージュ作家として活躍する上野英信はその一人である。

その年一〇月、森崎湊は大学当局から帰国・静養を命じられ、熊本在住の万田師範のもとに預けられた。蔣介石および毛沢東と日中和平を交渉するための決死隊を組織し、二陣までが帰らなかったため、第三陣を組織したというのが理由である。*58 命をかけて日系建大生の使命を全うする、という思いに取り憑かれていたとしか思えない。湊は郷里へ帰り、退学届を出した。湊は知らされなかっただろうが、一二月一四日、建国大学の中国人学生、七名がまた逮捕されている。

森崎湊は、牢固として動かぬ中国民族の強い絆に撥ねかえされたと感じ、民族を政治で分断してはならない、民族はそれぞれの歴史を生かしめるべきだという強い信念を育てていた。日本人も中国人も同じ「満洲国人」というタテマエの下に、支配民族である日本人が中国人を「満洲国」に囲い込み、分断支配している過ちに傷つき、追いつめられていった。民族自決に命をかけている中国人学生たちに対抗するには、「民族協和」の理想に己れが命をかけることとしかないと囁きかけてくるものがあった。明治以来の日本の教育は、国家の幻想は民族の「血の幻想」に裏打ちされてこそ尊いと教えてきたからである。

一九四四年二月二四日、郷里の実家で暮らすうち、湊は海軍航空隊を志願することを決意した。だが、無理な話である。いわば札付きの身分である。体格検査は通っても、志願先を陸軍に替えても、徴兵検査を通らなかった。彼の日誌には、デカダンスに陥り、ナンセンスを歓び、また神がかりに近づく心境も覗く。ところが、どのようなツテによったか不詳だが、湊は、八月一〇日、三重海軍航空隊に入隊、翌年六月に海軍少尉候補生となり、特攻要員になった。彼にとって「大東亜共栄圏」の実現に命を捧げることこそ、日本民族の誠を証す「日本男子の真生命[*59]」だった。伊勢の部隊に入隊したのも、たまたまではないだろう。

だが、そこにはすでに搭乗すべき飛行機がなかった。またもや道を塞がれ、彼は航空隊で常軌を逸するような行為を重ねたという。やり場のない憤りに耐えきれない心情を察して、上官たちはそれを大目に見た、と湊の弟で映画監督として知られる森崎東は湊の日誌をまとめた『遺書』の「まえがき」に記している。

一九四五年八月一六日、敗戦の翌夜、森崎湊は伊勢湾に面した砂浜で、一人、東に向かって端座し、親友に借りた短刀で割腹、左頸動脈を切り、心臓に突き立ててこと切れた。遺書には、自分は敗戦を受け止められず、生きながらえれば策動に走り、君には不忠、親には不孝を犯すにちがいないゆえ、死して護国の鬼になると認《したた》めてあった[*60]。それによって、それまで森崎の所属する部隊に溢れていた決戦ムードは鎮まったという。少年兵たちは、不忠や不孝な真似などせず、生きて祖国の再興に尽くせ、という湊の教えを受けとめた。忠義や孝行をも超えた、ある測りがたい意志が遂行されたことを感じとったにちがいない。

森崎湊の日誌は、日本帝国主義、軍国主義の現実に対する悪罵に満ちている。それらに、彼の憤激や叛逆を読み取る人は多い。だが、その刃は、いつも己れにも向かっていた。自分は、この民族主義の修羅の世界に、民族協和の精神を貫いて生きているか。だが、己れが理念を貫ける場所は、どこにもなかった。

森崎湊の自決が語るのは、醜悪な葛藤に満ちた現実をつくっている大もとが蜃気楼と知ってはいても、それが蜃気楼ゆえに人は命を捧げることができるということではないか。彼にとっては「民族協和」という使命こそが至純な価値規範だった。忠孝など世の規範を見切ってでも、それを超えた至純なものにかけること、それこそが彼らの世代に沁み込んだ「潔さ」という美学だった。そう、わたしは思う。

建国大学の卒業生のその後を追って、諸外国をインタヴューして歩いた朝日新聞記者・三浦英之が一期生、百々和《どどかず》を神戸の特別養護老人ホームに訪ねた折、「建大生らしさ」とは、との質問に答えて、九一歳の百々は「潔さ」と「責任をとる態度」の二つをあげ、そして森崎湊の『遺書』を示したという。

百々和は、山西省に残った日本軍が国民党軍に組み入れられ、長く共産党軍と戦った部隊に属し、不条理きわまりない経験を重ねてきた。が、帰国後、勉学に励んで、五三歳で神戸大経済学部の教授になった。この人などには、森崎湊の心情がそっくり受けとめられていたのだろう。

森崎湊の自決の一週間後、八月二三日に建国大学の解散式が行われた。[*61] 卒業生、在籍生には、シベリア抑留など苦難が待ち受けていた。しかし、韓国第二一代国務総理・姜英勲《カンヨンフン》をはじめ、のちに各国の外交、経済、法務畑などで活躍した者も多い。

注

＊1　山室信一「『満洲国』の法と政治――序説」『人文學報』第六八号、一九九一年三月を参照。
＊2　西澤泰彦「「満洲国」の建設事業」『「満洲国」の研究』前掲書など参照。
＊3　藤田賢二『満洲に楽土を築いた人たち――上下水道技術者の事績』日本水道新聞社、二〇一一、第四章を参照。
＊4　『岸信介の回想』矢次一夫・伊藤隆によるインタヴュー構成、文藝春秋、一九八一、一七頁、二一頁。
＊5　「近衛文麿公閑談会」『文藝春秋』一九三六年七月号。鈴木貞美『「文藝春秋」の戦争』前掲書、第三章を参照。
＊6　金井章次「回民に就て」『満蒙行政瑣談』前掲書、一九四三を参照。
＊7　一九三七年一月、廣田弘毅内閣が政局混迷のもと総辞職したのち、宇垣一成が「大命」を受けて組閣にかかったが、これを陸軍主導に立ち塞がる動きと見て、陸軍首脳に働きかけ、陸軍大臣を出さないよう妨害工作をしかけて頓挫させたのは、参謀本部第一部長心得の地位についていた石原莞爾だった。代わって組閣した林銑十郎（文部大臣兼任）は、三月末に文部省から『国体の本義』を刊行するなど開明派の反撥を招き、総辞職。解散後の総選挙では社会大衆党などが躍進

し、近衛文麿の組閣の運びとなった。
＊8　馮天瑜ほか『辛亥武昌首义史』武漢大学出版社、二〇〇六を参照。
＊9　鈴木貞美『「近代の超克」――その戦前・戦中・戦後』前掲書、第二章第二節を参照。
＊10　星野直樹『見果てぬ夢』前掲書、「満洲開発五ヵ年計画　松岡・星野会談」を参照。
＊11　大蔵省管理局『満洲編』一九五〇、七八頁。
＊12　山本有造「『満洲国』鉱工業生産力の水準と構造」『人文学報』二〇〇三年三月、一三頁を参照。
＊13　星野直樹『見果てぬ夢』前掲書、二一八頁、二一九頁。
＊14　松村高夫「満州国成立以降における移民・労働政策の形成と展開」満州史研究会編『日本帝国主義下の満州』御茶の水書房、一九七二を参照。
＊15　佐野眞一『甘粕正彦 乱心の曠野』前掲書、三七四〜三七六頁、三九五〜三九八頁を参照。
＊16　興亜院華北連絡部政務局編『華北労働問題概説』一九四〇、一七五頁。高岡熊雄・上原轍三郎『東亜経済研究2――北支移民の研究』有斐閣、一九四三、一九〇〜一九一頁。満洲国史編纂刊行会編『満洲国史』各論、満蒙同胞援護会、一九七一、一一五六頁を参照。
＊17　一九四〇年以降の数値は『満洲国史』前掲書のみ。
＊18　星野直樹『見果てぬ夢』前掲書、一九七頁〜を参照。
＊19　劉文兵「満州映画史研究に新しい光を――「満州国」における日本映画の上映と受容の実態」『専修大学社会科学研究所月報』(2015-09-20）を参照。
＊20　何爽「偽満時期東北報載戲劇生存様態研究――基于『盛京時報』与『大同報』的対比考察」前掲を参照。
＊21　『満洲国現勢』康徳四年版満洲国通信社編、一九三七、四四九頁。

＊22　一九七六年、偶然の機会に、事件直後に三つの遺骸を検死解剖した軍医が作成した「死因鑑定書」（返却されたものか？）が、甘粕の遺品のなかから発見され、甘粕が「自供」した単独での絞殺ではなく、集団で殴打を重ねたうえでの絞殺だったことが判明した。竹中労『断影 大杉栄』（ちくま文庫、二〇〇〇）は「大杉殺し・甘粕ではナイ」と断言し、佐野眞一が周辺資料を丹念に集めて甘粕を巡る人脈を浮き彫りにした『甘粕正彦 乱心の曠野』（新潮文庫、二〇一〇）も目撃証言なども併せて、それを追認している。軍の上層部が下した検束指令を受けた憲兵数人が二人をそれぞれ、取り囲んで暴行、殺害に及んだことを疑う余地はない。

＊23　山口猛『幻のキネマ満映――甘粕正彦と活動屋群像』平凡社、一九八九。四方田犬彦『日本映画史一〇〇年』集英社新書、二〇〇〇。マイケル・バスケット「日満親善を追い求めて」『満洲――交錯する歴史』前掲書所収などを参照。

＊24　ロシア革命軍、赤軍を率いた革命家、レフ・トロツキーの名が講師の一人にあがっていたことが話題になる。トロツキーは一九二九年に国外追放にあい、各地を転々としながら、一九三八年、左翼反対派・国際革命派の第四インターナショナルを結成したが、このころには日本では行方が知れなかった。一九四〇年、スターリンの刺客により、メキシコで暗殺された。

＊25　岡野鑑記『ある経済学者の一生――自伝と随想』白桃書房、一九七七がある。

＊26　黒河省（現・黒龍江省の西北部に一九三四年に設置）においては、一九四〇年に共産匪賊の来襲とともに、一一月に満洲採金会社の苦力の暴動・匪化・越境逃亡が報告されている。『鉄証如山10』前掲シリーズ、〔通信検閲月報〕四一頁。また、ソ満国境警備で知られる山神府の部隊から日本の妻に宛てた手紙に「苦力」の監視役に就いていることを説明して、「苦力トハ『支那の捕虜』ヤ満洲ノ職人等」とある（同前一三一頁）。軍が監視付きで苦力を使役していることは、

孫呉県からの手紙にも見える（同前二八六頁）。これらも憲兵隊により、押収されたものだが、中国兵捕虜を苦力として使役した可能性を否定できない。

＊27　里見甫の人物像、満洲事変から上海、戦後日本につながる人脈については、佐野眞一『阿片王――満州の夜と霧』（新潮文庫、二〇〇八）に詳しい。

＊28　元第一期生の中国人学生・楊増志は、一九四〇年春頃から「勉強会」を開催し、北京や重慶の国民党と連絡をとり、新京の各大学にネットワークを拡げ「東北抗日機構」を組織し、独ソ戦の進行に伴い、日本軍がソ連に侵攻する際には、満洲へ進撃する国民党軍に呼応してゲリラ戦に出る準備をしていたという。ところが、国民党との連絡係の一人が憲兵隊の送り込んだスパイで、四一年一二月に一～三期生一五名が検挙され、拷問で自白を強要され、四三年四月に判決を受けていた。この一連の事件の一端であろう。二〇一〇年八月、大連での朝日新聞記者・三浦英之のインタヴューによる。三浦英之『五色の虹――満州建国大学卒業生たちの戦後』集英社、二〇一五、一二五～一三三頁。

＊29　森崎湊『遺書』森崎東・泉三太郎編、図書出版社、一九七一、五六頁。

＊30　同前、六一頁。

＊31　同前、六二頁。

＊32　『満洲国国務院国勢調査報告』康徳七（一九四〇）年を参照。

＊33　高屋窓秋「百句自註」『高屋窓秋全句集』ぬ書房、一九七六。

＊34　「暖流」一九四七年四月号、「俳壇談義（その四）」（瀧春一、有馬登良夫と）。

＊35　小泉京美さんより教示を得た。

＊36　西原和海編『古川賢一郎全詩集』沢々社、一九九七がある。

＊37 逸見の祖父と父は、足尾鉱毒事件で水没させられた谷中村の村長で企業側についていた。次兄・和田日出吉は『満洲新聞』社長などを務めていた。尾崎寿一郎『詩人 逸見猶吉』コールサック社、二〇一一を参照。

＊38 杉村勇造は中国美術学者で、満洲国立図書館の開設に貢献。

＊39 北村謙次郎が引き揚げ後、しばらく経ってまとめた『北辺慕情記』（大学書房、一九六〇）は、満洲国の日本語文芸の動向をよく総覧しており、いわば古典的価値をもっている。

＊40 復刻版全七巻別巻一、ゆまに書房、二〇〇二。

＊41 岡田英樹「在満作家青木實――『満人もの』、そして戦後」立命館大学法学会編『島津幸子教授追悼論集』二〇一八を参照。

＊42 戦後は藤川公成の名で、創立期のテレビや映画プロデュースに活躍。多分に自己戯画化をふくむ喜劇的な小説三部作『ヘンな兵隊』『八方破れのシベリア』『員数外の関東軍』（すべて近代ジャーナル出版部、一九七〇）がある

＊43 中国社会科学院、熊鷹さんに教示を得た。

＊44 梅定娥『古丁研究――「満洲国」に生きた文化人』日文研叢書四九、二〇一二。

＊45 岡田英樹『文学に見る「満洲国」の位相』研文出版、二〇〇〇を参照。

＊46 大村益夫・布袋敏博編『旧「満洲」文学関係資料集（一）』大村益夫・布袋敏博編『旧「満洲」文学関係資料集（一）――『満洲日日新聞』『京城日報』』早稲田大学語学教育研究所、大村研究室2000、『旧「満洲」文学関係資料集（二）』（緑蔭書房、二〇〇一）を参照。

＊47 武藤富男『私と満洲国』文藝春秋、一九八八による。

＊48 何爽『偽満洲国戯劇研究』「偽満時期東北報載戯劇生存様態研究――基于『盛京時報』与『大

同報』的対比考察」前掲を参照。

＊49　前田一『特殊労務者の労務管理』山海堂（産業能率増進叢書）、一九四三、二五三頁。荒武達朗「清朝中期以降中国人満洲移民出身地の分布」徳島大学総合科学部『人間社会文化研究』第一二巻、二〇〇五を参照。

＊50　『藝文』復刻版、ゆまに書房、二〇〇八。

＊51　『藝文』一九四二年一二月号。同復刻版（二〇〇七〜）を参照。

＊52　鈴木貞美『「死者の書」の謎――折口信夫とその時代』作品社、二〇一七、「アラヒト神事件」を参照。

＊53　鈴木貞美『「文藝春秋」の戦争――昭和戦前期リベラリズムの帰趨』前掲書、第五章を参照。

＊54　『藝文』一九四三年八月号、座談会「小林秀雄氏を囲んで」で確認できる。『藝文』の編集事務をになってきた小原克巳が司会役で、山田清三郎、北村謙次郎、長谷川濬、大内隆雄ら日本人作家・批評家五名、中国人作家、古丁、爵青の二名が参加。

＊55　注＊44に同じ。

＊56　玉居子精宏『大川周明 アジア独立の夢――志を継いだ青年たちの物語』平凡社新書、二〇一二、「第三章 ビルマ独立への共闘とその限界」を参照。

＊57　三浦英之『五色の虹』前掲書、一三一〜一三二頁。

＊58　『遺書』前掲書、二三七頁、泉三太郎「編者あとがき」による。

＊59　『遺書』前掲書、二二五頁。

＊60　『遺書』前掲書、二二八頁〜を参照。

＊61　建国大学は一九四六年一〇月、中華民国に接収され、国立長春大学に併合された。跡地は現在、

長春大学。二〇一〇年六月に最後の同窓会が開催された。湯治万蔵編『建国大学年表』一九八一。

山根幸夫『建国大学の研究――日本帝国主義の一断面』汲古叢書、二〇〇三など参照。

第五章　敗戦、そして戦後

1 引き揚げと残存と

ソ連参戦

太平洋の戦局の悪化に伴い、一九四三年以降、日本軍の対中国戦線は、南方すなわちビルマ—雲南省（昆明）—重慶を結ぶ援蔣ルートを巡る攻防が焦点になった。関東軍は、一九四一年六月の特殊演習（関特演、前述二五三頁）ののち、その半数以上が次々に南方へ送り出され、一九四五年一月には部隊編成を整え直したが、本土決戦に備え、内地への転用も行われた。

一九四五年二月上旬、アメリカ大統領、フランクリン・ルーズベルト、イギリスの首相、ウィンストン・チャーチル、ソ連の最高指揮官、ヨシフ・スターリンがクリミアのヤルタで戦後体制の大枠について会談。ルーズベルトとスターリンのあいだで秘密裏に、ソ連の極東の利権について調停が行われ、ドイツ降伏後、二～三ヵ月後に、ソ連の対日参戦が約束されていた（ヤルタ密約）。そして四五年五月にドイツが敗北した後、ソ連軍の極東への移動が活発化した。

六月四日、前関東軍総司令官・梅津美治郎《よしじろう》参謀総長は、大連に赴き、日ソ開戦時には、防衛線を段階的に大連・新京・図們《ともん》の三角線まで下げ、持久戦に持ち込む作戦を関東軍に指示した。関東軍は七月一〇日には、改めて一六歳以上六五歳未満の在留邦人中、一般人の男性一五万人、在郷軍人二五万人をいわゆる「根こそぎ」動員し、数の上では七八万人に達したといわれる。一九四一年六月の関特演の際に備えた重火器類は温存してあったものの、訓練されていない「兵」が多数で、個々人の装備もままならない状態だった。

八月六日、米軍が広島に原子爆弾を投下。日本のポツダム宣言受諾は間近と見たのだろう、ソ連は九日未明、日ソ中立条約を一方的に破棄し、「満洲国」、朝鮮、樺太に侵攻を開始した。一〇日、一一日と興安《ウランホト》を爆撃、破壊し、都市機能を麻痺させた。

八月一〇日、大本営は関東軍に朝鮮防衛と司令部の通化への移転を命令し、関東軍は一四日までに防衛線を下げることを決定。退却に際してほぼ二日間で、各地で機密書類の焼却が行われた。だが、浮き足立って、杜撰な処置しかなされなかったため、のちに多くが掘り返され、中国共産党に回収された[*1]。外務省機関はボイラーで完全に燃やしており、責任感のちがいが歴然としている。その間、満洲国軍には動揺が拡がり、蒙古族部隊・興安軍内に叛乱が起こり、かなりの人数がソ連軍に投降することになる。

八月一一日、満洲国の日本人には、最後の全員軍事動員令が出された。基幹機関の役員を除き、男の働き手は総て居住区域を離れた。

八月九日にソ連軍の空爆を受け、開拓村から命からがら逃げだした八歳の少年が、一二日夜、牡丹江の駅のプラットホームに立っていた。眼下の街路は炎に包まれていた。彼は大人たちが関東軍が火を放って逃げたと話しているのを聞いた。そこへ南から無蓋車が到着した。軍服を着た少年義勇軍を満載していた。やがて列車は北の闇へ向けて走り出した。雑踏からは万歳の歓声が起こった。だが、彼は、唱和できなかった。沿線の北方には、日本軍はひとかけらも残っていないことを知っていたからである。*2

ソ連軍の暴虐

一四日、興安省で日本人約千数百人（九割以上が婦女子）が参事官の指揮により、徒歩で避難場所に移動中、ソ連軍に遭遇し、参事官が白旗を掲げたにもかかわらず、銃撃され、銃剣で刺殺され、略奪、暴行を受けた。ソ連軍が引き揚げると「満人」の暴民に襲われた。興安街在満国民学校の児童二〇〇名をふくむ一〇〇〇名以上が虐殺され、また集団自決したという。生き残った子供も暴民に拉致され、売り飛ばされるなどした。退避の目的地の名をとり、葛根廟《かっこんびょう》事件と呼ばれる。興安省では同様の事件が、日本のポツダム宣言受諾後、八月一七日、二五日と続発した。

この惨状は、ソ連軍の侵攻につれて各地に拡散した。ラジオや時計も奪われ、情報は口コミに頼るしかなく、時刻の打ち合わせもままならない。鉄道の運行も乱れに乱れた。小集団ごとに狼狽や試行錯誤に見舞われながら、ツテを頼りに一旦、疎開するか、ツテがなければ、逃避行を試みるしかなかった。どちらにしても、食糧が手に入らず、老人や幼児ら弱い者から命が失われていった。

このようにして、「満洲国」では国民政府軍が進駐するまでのあいだ、一五五万人がソ連軍の蹂躙にさらされた。朝鮮北部にいた多くの日本人も危難にさらされた。その間の餓死者約三万人ともいわれる。約二〇万人が自力で朝鮮半島を経て引き揚げようとしたが、残虐行為を受けた婦女子は数知れない。北緯三八度線を越えることができれば、アメリカ軍の占領地域で、人道主義の立場から、それなりの秩序が保たれていた。

藤原てい（作家・新田次郎の妻）が小説ふうに記した『流れる星は生きている』（日比谷出版社、一九四九、中公文庫、二〇〇二）をはじめ、多くの体験記が敗戦後の日本にあふれた。なかには、中国人・朝鮮人・蒙古人・白系ロシア人に匿われたり、親切を受けたりした体験談も残されている。今日まで引き揚げ者の「自分史」が陸続として記されている。

また、拉致されたり、売られたり、しかたなく預けられたりし、いわゆる「残留孤児」として生きてきた人々が、その生涯を振り返る手記も現れてきた。それをもとにした山崎豊子の小説『大地の子』（文藝春秋、一九九一）は、テレビ・ドラマ化もされ（一九九五）、よく知られた。

無抵抗の婦女子を略奪、凌辱、殺害の対象にすることは、ソ連軍にあっても軍規違反である。ヨーロッパ戦線の激闘に消耗し、下士官も、「満洲国」平定に駆り出された兵士も、質が低下していたことは否めない。先兵には囚人が用いられたともいわれる。それだけではない。ソ連軍の侵攻の大きな目的の一つに、機材など金品に替えられるものの接収（＝略奪）があった。労働者階級はブルジョワジーから略奪してもよいという考え（レーニン的搾取）がその根柢にある。将官たちも「階級的復讐」とみなせば、軍規違反も見逃すことになる。中国共産党軍（八路軍）の秩序は保たれていたという。が、朝鮮族の人民解放軍には、民族的な復讐の情、「三六年間の帝国主義支配への恨み」が噴き出た。

「棄民」問題

関東軍が防衛線を下げたのは、敵を陣の奥まで引き込んで叩く、という内地の決戦方針にならったものである。とりわけ沖縄戦で犠牲が大きかったが、「一億玉砕」が叫ばれ、一般人の保護の考えは消し飛んでいた。民族構成が異なる「満洲国」では、いかにすべきかという作戦は立てられていなかった。圧倒的少数者でありながら、支配民族の位置にあった一般の日本人が秩序の崩壊にさらされることが想像もされなかった。満洲国軍の指揮さえ放棄されていた。

陸軍が蒙疆分離工作でつくらせた蒙古聯合自治政府（徳王）の首都・張家口には、二万人ほど居住邦人がいたといわれる。張家口は、長くシルクロード（草原ルート）と中原の物資の流通口として、万里の長城（外長城）の大境門の中原側に発達した都市である。藁葺き屋根の四合院づくりの商店や住宅が並び、日本の商社や銀行も軒を並べていた。ソ連が対日参戦した際には、モンゴル人民共和国との連合軍が侵攻した。応戦した日本軍（駐蒙軍）とのあいだに、ポツダム宣言受託を越えて、八月二一日まで激戦が続いた。むろん、駐留邦人を退避させるためである。*3

これと比較するなら、「満洲国」の国防を引き受けているはずの関東軍は、司令部が機能停止に陥り、無為無策に陥ったことが明らかだろう。「棄民」と非難されてもしかたあるまい。

なお、日本政府がポツダム宣言の受諾に踏み切り、決戦体制を解いたのは、中立条約を結んでいたソ連が参戦したことで、和平交渉の仲介国が失われたことが決定的な要因だった。ポツダム宣言をよく読むなら、連合国は、日本の立憲君主制には手をつけない構えでいたことがわかる。だが、開戦宣言していない「満洲国」の戦後処理は、ルーズベルトとスターリンの「ヤルタ密約」の内に封じられていた。ソ連軍が日本の降伏以前に戦闘状態に入った以上、それは連合軍の戦闘の一環とみなされたのである。

「満洲国」滅亡

やがて、八月一四日、ソ連と蔣介石国民党政府とのあいだに中ソ友好同盟条約が締結された。ソ連は旅順・大連の租借権、旧南満洲鉄道の共同経営、モンゴルの独立承認などと引き換えに、撤退後の行政権を全面的に国民党政府に委ねると約束した。このとき中国共産党に権限はなく、「東満人民自衛軍」などの名称で、国共内戦に向けた活動を行うことになる。

八月一七日、国務総理大臣・張景恵が主宰する重臣会議は、「満洲国」の廃止を決定、翌一八日未明に、溥儀が大栗子《だいりっし》の地で退位の詔勅を読みあげ（公布されず）、「満洲国」は滅亡した。一九日、旧満洲国政府要人による東北地方暫時治安維持委員会が組織されたが、二四日にソ連軍の指示で解散させられた。溥儀は通化飛行場から飛行機で日本に亡命する途中、奉天飛行場でソ連軍の空挺部隊に拘束され、ソ連のチタの収容施設に護送された。旧政府要人も八月三一日に一斉に逮捕、抑留された。「満人」高官たちも、同じ道を辿った。のち、「満洲国」関係者の多くが、ソ連軍から中国共産党に引き渡され、撫順戦犯管理所で「思想改造」を受けることになった。

溥儀はのち、極東軍事裁判で検察の尋問を受け、自分は「日本軍の完全な傀儡だった」と証言。その後、ソ連から中国共産党政権下の撫順戦犯管理所に移管された。一九六〇年に釈放され、満洲族の代表として政治協商会議全国委員に就いたまま一九六七年に病院で死去した。その間、彼の立場は揺れに揺れた。さまざまに改訂を重ねた『わが半生』（一九六四）の記述にも、屈折が刻みこまれている。

通化に集められたほとんどの関東軍兵士、五七万五〇〇〇人近くが捕虜となり、シベリアや中央アジアなどの強制収容所に送られ、極寒の地で人道上の保証もなく、過酷な強制労働に従事させられた。死亡者の推計は、今日でも、五万八〇〇〇～三四万人まで大きな開きがある。ハルビンで徴用され、関東軍の関連機関で働いていた石原吉郎の『望郷と海』（筑摩書房、一九七二、ちくま学芸文庫、一九九七）、一九四三年にハルビン学院を卒業し、やはり関東軍に徴用されていた内村剛介の『生き急ぐ――スターリン獄の日本人』（三省堂、一九六七、講談社文芸文庫、二〇〇一）をはじめ、多くの手記が遺されている。

ソ連軍と中華民国とが結んだ中ソ友好同盟条約では、三ヵ月以内に統治権の返還と撤兵が行われるはずだった。が、実際には翌年四月までソ連軍の軍政が続いたところもある。撫順市や長春市などには八路軍が進出し、中国共産党が人民政府をつくっていった。毛沢東は「満洲を制することにより、中国革命を達成することができる」と洞察していた。中国内で近代国家のインフラストラクチュアが整い、重化学工業が唯一発達した地域だったからである。それゆえ、国共内戦では各地ですさまじい争奪戦を呈した。その間、悲惨な出来事が、在留していた日本人にも引き起こされた。

通化市には、ソ連軍が去ったあと、一九四六年二月三日、まず朝鮮人民義勇軍南満支隊が入り、そして八路軍が占領した。その工作員が殺害される事件が起き、省県の役員の処刑が行われた。関東軍の大佐が国民党と連絡をとり、蜂起を企てたが、内通者が出て鎮圧された。その際、無差別に拘束された日本人多数が狭い牢屋に閉じこめられたまま、酷《むご》い殺され方をした（通化事件）。

一九三九〜四三年、満鉄総裁を務めたのち、一九四五年一月、大陸科学院長に就任した大村卓一の日記には、その犠牲者約三八〇〇人とある。その大村卓一は、満鉄総裁を務めた廉《かど》で、同年一一月一七日、中共軍に抑留され、通化省海竜県で獄死した。

「留用」と残留

ソ連軍と交渉し、「満洲国」滅亡に伴う手続きを、責任をもって遂行した人々もいた。ここでは、新京と関東州・大連の例をあげる。

新京の中央銀行で銀行券の発行課長をしていた武田英克の『満州脱出――満州中央銀行幹部の体験』（中公新書、一九八五）は、予想もしていなかったソ連軍の侵攻を受けたところから書き起こし、その家族らの疎開、ソ連軍の様子や国民党政府が日本人に「留用」を要請したことを記している。ソ連軍は物資の購入に、チタでつくった赤い軍票を用いたが、撤収と同時に紙切れ同然になった。一一月一五日にソ連軍が長春を引き揚げると共産党八路軍が銀行を占拠したが一週間足らずで撤退、再び、国民党政府の管理下に置かれ、新たな金融通貨体制案づくりにかかった。だが、しばらくは中銀の旧満洲国幣が流通を支えたという。国民党の金融担当者は中銀の通貨管理が独立国のタテマエを守っていたことに驚き、それゆえ武田に残留を要請し、その知恵を借りようとしたのである。が、結局は、蔣介石が無用と判断した。

一九四六年五月にソ連軍は撤退し、満洲は蔣介石率いる中華民国に移譲された。中華民国政府は、行政区分を「満洲国」建国以前の遼寧・吉林・黒龍江の東北三省や熱河省に戻した。しかし、その後、国共内戦が再開され、一九四八年秋、ソ連の全面的な支援を受けた中華民国軍は、人民解放軍に敗北し、中華民国政府は台湾島に移転した。

武田英克は、その後の長春を巡って国共内戦が一進一退した様子、とくに八路軍による長春包囲・兵糧攻めにあった現場の様子、そして、彼自身の脱出行、上海経由で日本に帰還するまでを、よく整理して記している。

一九四九年に中国共産党は中華人民共和国を成立させ、「満洲国」領だった東モンゴル地域に新たに内モンゴル自治区を設置した。「満洲国」期に教育を受けた多くのモンゴル人たちが、内モンゴル人民革命党に粛清された。

もう一例、大連の満鉄中央試験所の丸沢常哉《つねや》の留任とその関連事業について挙げておく。中央試験所は、満鉄解体期にも傘下の研究所や大陸科学院と連絡を保っていた。前・中央試験所所長、満鉄最高顧問・丸沢常哉は、化学兵器開発のため、新京の化学工業委員会委員長に就任し、中央試験所所長の後任には、生え抜きの佐藤正典が就いた。ところが、丸沢は関東軍としばしば対立した。そのため、満鉄総裁・山崎元幹《もとき》は、佐藤を化学工業委員にし、丸沢を中央試験所の所長に戻した。このとき丸沢は六六歳だった。

ソ連軍の科学施設担当官は、原爆の開発が行われていなかったかなど調査したのち、調査部・地質部・鉄道技研・満蒙資源館・大連図書館・南満工専などを統一し、新しい科学研究所に統合する方針を定め、日本人を留任させ、各責任者につけた。国民党が遼東湾を封鎖したため、帰還を待つまで所員の生活を賄うため、科学研究所は丸沢所長の下で化学製品の生産を手掛けた。国民党政権が行政を握ると、科学研究所は長春鉄路公司に接収されたかたちになった。このうち、大連図書館は科学研究所中央図書館と名称が変わる。以前、大連図書館長を務めていた柿沼介《かたし》は、一九四三年に顧問に就いていたが、この移管で館長に復帰、目録作成と引き継ぎのため、四八年まで勤めている。

旧「満洲国」の満鉄図書館の日本人館員には、引き継ぎ業務のため残留した人々がかなり見受けられる。満鉄時代から受け継がれた文化資産としての図書への責任感があったと想われるが、中国の知識社会がそれを要請した面もあろう。なお、敗戦時、大連に避難していた日本人は五万人ほどという。

その間、中央研究所でも組合運動が盛んになり、日本人の組織は「日僑勤労者組合」と呼ばれた。石堂清倫《いしどうきよとも》がその委員長を務めていた。戦前は左翼理論に活躍したが、転向して満鉄調査部に入社、大連で甘粕正彦が関与していた関東州労務協会にかかわり、満鉄調査部赤化事件（第二次）で検挙、投獄された。一九四四年に釈放、関東軍に動員され、ハルビンで敗戦を迎えたが、大連に職を求めた。

一九四九年、科学研究所は大連市政府に移管され、大連大学校の付属研究機関となり、研究教育機関として再出発した。中国共産党が大連を掌握したのと同じ月である。科学研究所は、共産党政権下、優秀な中国人科学技術者が輩出する。この間もその後も、丸沢常哉の身には紆余曲折があった。が、一貫して新中国の科学技術振興に寄与しつづけた。彼が日本に帰国したのは、一九五五年のことだった。

2　そして、戦後——「満蒙」の経験

戦後政治

旧満蒙と戦後政治のつながりを代表するのは、何といっても岸信介だろう。ソ連と対峙する戦略基地・「満洲国」の重化学工業化を五ヵ年計画で進行し、戦後はアメリカと安全保障条約を結んで、冷戦体制の片棒を担いだ。

もう一人、戦後の首相をあげる。大平正芳は大蔵官僚として興亜院から一九三九〜四〇年、張家口の蒙疆連絡部に勤務し（前述、二二一頁）、帰国後も大陸経営にかかわった。戦後は外務大臣として、池田内閣の日韓交渉、田中内閣の日中国交正常化交渉を推進した。

とくに後者はアメリカの中共封じ込め政策の間隙を縫って実現し、しかもODA(政府開発援助)で、日本語教育の高等機関、通称「大平学校」を設立している(一九八〇~八五年、のち『北京日本学研究中心』)。一種の贖罪意識のなせるワザであろうと憶測がはたらく。興亜省こそアジアを蹂躙した日本軍国主義の中心機関であり、その資金をアヘンに頼っていたことも歴然としている。

政治家ではないが、東京帝大法学部教授・蠟山政道と「満洲国」とのかかわりについては、すでに見てきたが、『東亜と世界――新秩序への論策』(改造社、一九四一)で「満洲国」を「大東亜共栄圏」の北方モデルと言明していたことをここに補足しておく。戦後は一度、公職追放にあいながら、お茶の水女子大学学長などを歴任。一九五〇年代から六〇年代にかけては、反共親米的な社会民主主義の普及に努めた。

これらの人々の戦前・戦中における「満洲国」ないし満蒙の経験は、戦後日本における親米反ソのリアル・ポリティックスにかなりの役割をはたした。逆にいわゆる左翼勢力の中国とのかかわりは、一九五〇年代後半から、米ソ平和共存路線をめぐる中ソ対立が絡み、かつ、文化大革命(一九六六~七六年)の評価をめぐって、また天安門事件(一九八九年)、そして改革開放路線の進捗をめぐって、極めて複雑な様相を呈して今日に及んでいる。

旧「満洲国」に蓄積された鉄道、鉄鋼、電電、放送、印刷、農産、煙草等々の産業技術は、残留技術者もふくめ、革命中国建設のインフラストラクチュア構築のために活かされた。だが、各種文化財や図書館蔵書、学術の蓄積の評価は、そのときどきの政治の動きに左右され、今なお屈曲を孕んでいる。

ただ、日本の学者の「外地」経験が、のちに国際学術への寄与に結実したる例は枚挙に暇《いとま》がない。今西錦司は一九三九年の京都帝大内蒙古学術調査隊を端緒に、白頭山、大興安嶺探検、蒙古聯合自治政府首都・張家口の西北研究所長（一九四四年〜）など、北方アジアでの経験を積み、戦後は生態学を中心に世界各地へのチーム・リサーチを展開した。第三高等学校の山岳部は、一九四〇年、白頭山に登頂。そのとき以来、梅棹忠夫が寄せてきた北アジアへの関心が『文明の生態史観』（一九六七）につながった。以下、途中でふれなかった人々について概括しておく。

東京大学東洋文化研究所教授、江上波夫が一九四八年に発表し、話題を呼んだ「騎馬民族征服王朝説」は、彼が東方文化学院研究員として一九三五年から四一年にかけて内蒙古オロンスム遺跡調査に従事し、その後も「満洲国」に滞在中に着想を得たものである。「征服王朝」は、中国の外来民族による支配をいう用語を借りたものだが、江上の雄大な仮説は直接、外来勢力が一挙にヤマト朝廷を築いたと主張しているわけではない。古墳時代中期の大規模古墳には馬具や金属装飾品が副葬されており、またヤマト朝廷による地方豪族の統一が蒙古馬と鉄器によるものであることは、今日、ほぼ定説になっていよう。埼玉県の稲荷山古墳より出土した鉄剣の金象嵌の文字「ワカタケル大王」は、五世紀後半の雄略天皇に比定されている。他方、六世紀前半と推定されている滋賀県の鴨稲荷山古墳は、中規模の前方後円墳で豪華な副葬品は朝鮮半島南部との共通性がいわれ、継体天皇を支えた勢力と推測されている。日本の上代史と大陸及び朝鮮半島との関係は、その他、さまざまに深い謎をはらんでいる。

一九四一年、東京帝大卒業後、底辺で働くことを希望した隅谷三喜男《すみやみきお》は、昭和製鋼所に勤務、満洲労働経済の研究から出発し、第二次大戦後、幅広く活躍した。

これら華々しい成果とは別に、いささか周辺に及ぶが、中国語研究のかたわら、中国古代の史書中の北方の「倭」に注目し、日本語の起源の考察をライフワークにした長田《おさだ》夏樹は、一九四〇年代に華北交通株式会社に勤務し、蒙古聯合自治政府調査官を張家口で経験していた。

また京都帝大左派の経済哲学に独自の足跡を刻む梯《かけはし》明秀《あきひで》は、転向して北支那開発会社調査局（北京）に勤務した。第二次世界大戦後、その経験と真摯に向きあった『戦後精神の探究――告白の書』（一九四九）も、転向左翼の思想史上、逸することができない。

文芸など

満映文芸部に所属した橘外男は「満洲国」に生きたアルメニア人姉妹を、日本の敗戦期のソ連軍の暴虐を背景に『妖花 ユウゼニカ物語 長春より引揚げて』（一九五〇）に書いた。このように、広く「外地」体験に根ざしたフィクションが戦後の文芸ジャーナリズムには続々と溢れた。また『秘録大東亜戦史』（満洲篇上下、富士書苑、一九五三）など、やや際物に属するような手記の類、雑誌記事も盛んに出まわった。

五味川純平《ごみかわじゅんぺい》は大連に生まれ、東京外国語学校（現・東京外国語大学）英文科卒業後、鞍山の昭和製鋼所に勤務。隅谷三喜男と知り合う。一九四三年応召し、「満洲国」東部国境各地を転々としたが、ソ連軍侵攻時に所属部隊はほぼ全滅したという。一九四八年引き揚げ後、従軍体験をもとに戦時を生きる日本人の実態をフィクションに描いた長篇『人間の條件』（三一新書、一九五六〜五七）は、一三〇〇万部を超えるベストセラーになり、映画化もされた。『ノモンハン』（文藝春秋、一九七五）などもある。

戦後ジャーナリズムに大活躍した司馬遼太郎の広範な仕事も、ノモンハン事件の頃、北満で「ブリキの戦車」に乗せられた下級兵士の経験が原点になっている。

清岡卓行も大連生まれ。第一高等学校から東京帝大仏文科へ進み、大連に戻っていたとき、敗戦。引き揚げて卒業した。失われた故郷・大連と亡き妻の回想を重ねる小説『アカシヤの大連』（一九六九）で芥川賞を受賞。一般に叙情的とされるが、回想の観念のはたらきに敏感なところに特徴がある。『鯨もいる秋の空』（一九七二）など大連もののち、八〇年代には中国を訪問、短編集『大連小景集』（一九八三）、『大連港で』（一九八七）など書き継いだ。

安部公房は、一九四四年末、東京帝大医学部に在籍していたが、奉天で開業医をしていた父母のもとへ帰り、敗戦を迎えた。父親を発疹チフスで失い、奉天の混乱のなか家族を支えて生き延び、北海道の祖父母の下へ送り届けた。『終りし道の標《しる》べに』（真善美社、一九四八）の、もとの草稿は、満洲の匪賊の虜になった青年のノートの形式で記されていた。

のちに世界的な版画家として活躍する池田満寿夫《ますお》は奉天市の生まれだが、中学生のとき、敗戦を張家口で迎えている。歳若くして外地で秩序の崩壊にさらされた経験が、既成の論理への不信感を原点に置いた仕事に向かわせたらしい。池田は『エーゲ海に捧ぐ』（角川書店、一九七七）で芥川賞を受賞。

長谷川濬の弟、長谷川四郎についてはこれまで、ロシア文学の翻訳について言及したが、彼はのち、関東軍に動員され、北方のソ満国境地区で逮捕され、シベリアに抑留された。抑留生活の一コマ一コマや、さまざまなロシア人の日常生活、また「満洲国」の敗戦期の中国人の命運などを淡々と、ときにイソップ寓話のもつような不条理観を漂わせながら、連作短篇『シベリヤ物語』（筑摩書房、一九五二）、『鶴』（みすず書房、一九五三）などに著した。[*4] それは自らの「罪」を認識し、抑留生活を当然のことのように受けとめた稀有な境地が生んだものといえよう。

戦前・戦中・戦後を繋いで、「覇道」に走った現代日本を告発する高橋和巳に『堕落』（一九六九）がある。「満洲国」で決して賞賛されてはならない罪を負った男が、戦後占領軍の落とし子の孤児院を経営し、表彰されたところから、自罰のデカダンスがはじまる。*5

宮尾登美子が一九四四年、満蒙開拓団として家族で満洲に渡ったときの経験は、自伝的長篇『朱夏』（一九八五）に引き揚げ体験とともに書かれている。

満洲像の変貌

戦後日本の満洲像も変化した。日本人は長く中国には戦歿者の慰霊などに訪れることができなかった。一九七二年、日中国交正常化が一つのきっかけになり、漫画家・ちばてつや（一九三九年、東京築地生まれ、二歳で奉天へ移住）ら、発表手段をもつ者たちが、平穏な幼少期を送った「ふるさと」の思い出と悲惨な引き揚げ体験を語り、また描きはじめた。幼い日の曖昧な記憶を史料にあたり、年長者の記憶を探って埋める作業が重ねられ、作詞家・なかにし礼（一九三八年、牡丹江生まれ）らも筆をとった。自伝的小説『赤い月』（新潮社、二〇〇一）から郷愁をこめた「赤い夕陽の満洲」像も浮かび出た。

上田トシコ（一九一七年生まれ、ハルビン出身）、赤塚不二夫（一九三五年、熱河省生まれ）、古谷三敏（一九三六年、奉天生まれ）、北見けんいち（一九四〇年生まれ、新京出身）ら満洲育ちの漫画家九人による画文集『ボクの満州――漫画家たちの敗戦体験』（亜紀書房、一九九五）も親しまれた。マンガでは、メキシコに亡命したレフ・トロツキーを招く計画とノモンハン事件を絡めた安彦良和『虹色のトロツキー』（一九九〇〜九八）も知られる。フィクションのエンターテインメントだが、船戸与一『満州国演義』全九巻（新潮文庫、二〇一五〜一六）は、丁寧にクロニクルを辿って構成されており、ハードボイルドで鍛えた技巧で飽きさせない大作。文字通り、彼のライフワークだった。

しかし、他方、一九八〇年代から、中国、韓国と日本の政府間で歴史教科書をめぐる批判の応酬がなされ、二〇〇〇年を前後する時期から、自国の加害者意識を強調する議論を「自虐史観」と非難する声が大きくなった。冷戦体制崩壊後、世界的にナショナリズムがむき出しになる機運がはたらいている。今日なお、そのような時流はつづいている。

あまたの歴史事象をめぐって、史料の根拠、証言の背景、アプローチの角度や分析のスキームが問われ続けている。互いに欠陥を補いあう共同作業が国際的に保証されてゆかなくてはならないと思う。「満洲国」の歴史に、知性を回復する作業にも終わりはない。

注

＊1　軍規違反を取り締まる憲兵隊が機密書類の処分も疎かにして逃げ出したことは、関東軍の質の低下を如実に示している。本書の註で何度か触れた『鉄証如山』のシリーズは、焼け残った史料の写真版に中国語、英語、ロシア語、韓国語への翻訳を付した諸版、またガリ版や漢字仮名タイ

プから現行の日本語フォントに起こした版があり、今日までに一四冊を刊行。第一巻は南京虐殺事件に関する内地の新聞報道の新資料も含む。鈴木貞美『「文藝春秋」の戦争』（前掲書）「あとがき」を参照されたい。

＊2　黒岩卓夫『医者の父から七人のこどもたちへ』前掲書、二二一〜二二三頁。

＊3　そののち、張家口は共産党軍が占拠、国民党軍が侵攻したが、共産党軍が奪い返した。一〇〇人ほどの日本人技術者が残留し、とくに印刷と煙草の工場を支えたと伝えられている。中国共産党晋察冀中央局編『毛沢東選集』四巻本（一九四七）は、そこの印刷によるとも。

＊4　長谷川四郎「〈私の処女作〉『シベリヤ物語』」『週刊言論』一九七一年一〇月二九日号。佐々木基一「もしも戦争がなかったら」、長谷川四郎『鶴』講談社文芸文庫、一九九〇、二七一〜二七二頁を参照。

＊5　鈴木貞美「高橋和巳に誘われ――『悲の器』『堕落』「六朝美文論」とその周辺」太田代志朗・田中寛・鈴木比佐雄編『高橋和巳の文学と思想――その〈志〉と〈憂愁〉の彼方に』コールサック社、二〇一八を参照。ただし、「満洲国」の貿易に関して、山口重次『消えた帝国 満州』（前掲書）「序文」の初出（出典未詳）から借りたデータなどは精確さを欠いている。史料の収集もままならない時期が長かったことを思うべきだろう。

あとがき

日清・日露戦争に幕を開けた日本の二〇世紀は、満洲を抜きに語ることはできない。やや図式的にいうなら、幾多の矛盾・葛藤のなかから誕生した「満洲国」は、その性格を「満洲帝国」に受け継ぎ、「大日本帝国」と支えあいながらも、その大陸侵攻策との葛藤を拡大し、ともに滅亡への道を辿ったのである。そして蒙疆をふくめるなら、満洲の経験は、一九八〇年、首相・大平正芳の急逝に至るまで、戦後政権の中枢で疼いていたのだった。

わたしが「満洲国」の文芸について勉強しはじめたのは、一九八〇年代終わり頃、小学館の『昭和文学全集』の月報の一端を担当させてもらったときである（「『外地』と昭和文学」、保昌正夫ほか『昭和文学の風景』小学館文庫ライブラリー、一九九九に所収）。北村謙次郎『北辺慕情記』（大学書房、一九六〇）がよい手掛かりになった。

そもそもは、尾崎秀樹氏に誘われて、一九八四年に日中青年友好三千人交流に加わったことが機縁だった。中国の同世代の作家たちと親交を結んだ。「文化大革命」という名の争乱が彼らにどれほどの心の傷を残し、また天安門事件後の対処に苦労を重ねているかが痛いほど伝わってきた。とりわけ親交を結んだ陳建功は、やがて中国作家協会の副会長になった。

一九九〇年を前後する時期、遼寧大学・日本研究所の馬興国氏に招かれ、「昭和文学」と「満洲文学」の関係について講演した（「近代中国东北与昭和文学―关于研究的基本要素」馬興国訳、『中日关系研究的新思考』辽宁大学出版社、一九九三）。その折、『緑色的谷』（一九四三）の作家、梁山丁氏にインタヴューする機会を得た。彼の重い口が解けるのに二時間ほどかかったが、その作品の日本語訳にあたって、「大内隆雄が反日的なところを外して翻訳してくれた」という話を聞いた。「そうでなければ、抗日分子として逮捕されていただろう」とも。「満洲国」の文芸は一筋縄ではいかないことを痛感させられ、それ以来、わたしは「満洲国」の日本語文芸雑誌に刻まれた時代の襞を探りはじめた。

その後、長春で二度、梁山丁氏の講演を聴く機会があった。当然ながら、ときどきで見方の角度が変わる。彼は回想記にも『緑色的谷』では、反満抗日の馬賊（緑林）の英雄が書きたかったと書いている。文化統制が強くなった時期、メロドラマ仕立ての新聞連載小説に、一つのモチーフを紛れこませたことは十分理解できる。が、作品の主眼は「満系」の置かれた現状への批判に力を注いでいる。大内隆雄は『緑色的谷』が一旦、出版差し止めになったのち、それを救済するために当局と交渉して、「抗日」要素を削除していたのだった。

一口に「反満抗日」というが、「反満」と「抗日」に微妙なズレが生じることもある。

民衆が礼教に縛りつけられている現状への批判は、直接には、いわば「反満」である。

本書で明らかにしたように、関東軍が溥儀を担いで建国したのは、あくまで政治力学が作用してのこと。彼らは溥儀を崇拝していたわけでも、礼教を信奉していたわけでもない。そんなことは、「満洲国」に関心をもつ人なら、みなわかっているはずだ。が、溥儀や政府をカイライと決めつけてしまうと、「反満」と「抗日」のあいだに開いた空隙に気づかない。そこに空隙があったことは、溥儀に言及しない建国宣言を読めば、一目瞭然であろう。

国務院文教部は、四八ヵ所の文廟（孔子廟）の修復をはかり、豪勢で典雅な王道主義国家の典礼を毎年行っていた。関東軍将校の想いつくようなことではない。羅振玉ら旧帝政派が推進したことだ。植民地即ち、「文化侵略＝近代化」のスキームには意外な盲点があり、その盲点は「建国の綻び」とつながっていた。

わたしは二〇一〇年夏、長春偽満皇宮博物院で講演した折、清朝旧帝政派と日本政府筋との関係に着目すべきではないか、と提案した。日清戦争後の清朝洋務派系政治家と日本の政治家との関係をめぐっては、康有為らと近衛篤麿の水脈を辿っていた（「知られざる日本の親中国派と上海」鈴木貞美・李征共編『上海一〇〇年――日中文化交流の場所《トポス》』勉誠出版、二〇一三）。その線は、自ら顧みれば、かなり以前、宮崎市定『中国史』（下、岩波全書、一九七八）から示唆を受けたものだった（岩波文庫、二〇一五、二七七頁）。

だが、思想の変転著しい時期にあって、それは必ずしも大きな流れとはいえない。実際に溥儀の担ぎ出しを関東軍に提案したのは建川美次・参謀第一部長だが、やはり「黒幕」がいた。その一人は柳条湖事件を「満洲国」独立に導いた宇垣一成だった。ところが宇垣は溥儀擁立に傾かなかった。もう一人は、とうてい「黒幕」とはいえない。溥儀擁立によって外交突破をはかろうとした内田康哉だった。ともに幕末、慶応年間の生まれだが、内田の方が三つ上である。

宮崎市定は、溥儀を担いだ「満洲国」の建国を「時代離れした大芝居」と見ていたが、それは当時、三〇歳を過ぎていた彼の実感に根差した評価だろう。宮崎市定『中国史』は、ユーラシア大陸の東、西アジア、そして西欧までを見渡す浩瀚な中国史の概説書であり、満洲事変にふれた部分は、いわば寄り道的な記述にすぎない。わたしは宮崎市定『中国史』から、中国における貨幣および紙幣の発達をはじめ、『尚書』（書経）が書体の手本帖にされていたことなど（上、岩波文庫版、一三八頁）、幾多の基礎知識を学んできた。今度、読み直して、満洲と名づけられる以前の満洲で、契丹族が早くから鋳鉄を錬鉄ないし鋼鉄に吹き替える技術をもっていたのではないか、という推察などにも感心させられた（下、同前、一一五頁）。他にも語るべきことは多いが、ここにそれを溢れさせるわけにはいかない。二一世紀への転換期の中国に戻る。

中国の研究者たちは、専門の場では、特急「あじあ」は、一九七〇年まで走っていた、偽満洲国のインフラストラクチュアが革命中国を支えた、などなど盛んに議論していた。わたしは、二〇世紀前半の日本帝国主義の政策すなわち「満洲国」の「民族協和」が国際情勢の屈折とともに近衛文麿内閣の「東亜新秩序」建設声明へ、また「大東亜共栄圏」構想に繋がることを軸に置き、それへのリアクションとしての文芸文化史を中国各地で論じてきた。日本における「文学」概念の近代的再編や新しい近・現代文学史の概説のほか、環境汚染問題にも積極的にふれてきた。その半ば以上をプロデュースしてくれた中国社会科学院外国文学系教授・魏大海氏が、わたしのレクチュアが一〇〇回を超えたと教えてくれたのは、偽満皇宮博物院での講演の頃だったろうか。その頃には中国東北訪問の回数も二五回を超えようとしていたと思う。

中国東北では、国際日本文化研究センター（日文研）の同僚・劉建輝氏を中心に、シンポジウムやレクチュアを開催し、その合間に彼の恩師・東北師範大学教授で「満洲の生き字引」、呂元明先生に案内していただき、長春を中心に東三省のあちこちを巡った。

そして呂元明、劉建輝両氏と共編で『満洲浪曼』『藝文』の復刻版を、ゆまに書房から出すことができた（二〇〇二〜、二〇〇八〜）。また西原和海氏の協力を得て『満洲公論』も復刻（二〇一一）しえた。関連して、小林秀雄や横光利一、三木清らの新資料を発掘し、『文藝春秋』『文学界』周辺と「満洲国」「大東亜共栄圏」とのかかわりをかなりの程度、明らかにしえた（『「文藝春秋」の戦争──戦前期リベラリズムの帰趨』筑摩選書、二〇一六）。

そして呂元明先生の発案で『満洲事典』の企画編集に着手した。

張作霖や張学良政権についての研究、また「満洲国」の諸文化について諸外国で新しい研究が進展していることも知った。が、項目立てに手間取り、ようやく、その形が見えはじめたところで、呂先生とは永い別れを告げなくてはならなかった（二〇一五年）。わたしは、その霊前に、日中研究者の互恵的な関係を築く誓いを新たにした。

前後して、わたしは吉林大学外国語学院の客座（客員）教授に就任し、日文研退職後も、毎年、国際シンポジウムと集中講義に長春に出向いてきた。学院長の周異夫氏は、わたしが三〇歳の頃からの畏友である。現在、中国日本語教育研究会会長の要職にある。忙しい職務の傍ら、長春市内を案内してもらっているうち、わたしは、今日の長春をほとんど知らなかったことに気づかされた。なぜなら、呂元明先生が案内してくれたのは「満洲国」の遺跡に限られていたからである。

本来なら、長く編集にかかわってきたちくま学芸文庫版『満洲事典』の刊行を待って、本書を上梓するのが筋であろう。井村哲郎・川島真・劉建輝の編集委員各氏には編集会議等でさまざまな示唆を受けてきたし、わたしがお願いした執筆者諸氏の原稿も見ているからである。教示を受けたものは、その旨、注記したが、ご海容のほどを願いたい。新たな研究領域の拡大を告げる貴志俊彦・松重充浩・松村史紀編『二〇世紀満洲歴史事典』（吉川弘文館、二〇一二）にもお世話になった。編集の過程で、最近の内外の研究の動きにふれているうち、もうそろそろ「満洲国」について、見晴らしを変えるべきではないかと思い、葛藤する諸相を映し出す総合文化史の必要を強く感じたのも、たしかである。感じれば、非力を承知で、挑まなくては気がすまないのが我が性分らしい。粗漏が残るのは、いつものことながら、大方のご寛恕を請いたい。

最後になったが、本書の執筆を勧めてくれた編集者の今井章博氏と、丁寧に草稿に朱を入れてくださった平凡社の蟹沢格氏、丹念なデータチェックをしてくださった校正担当の方、それらの導きがなければ本書はとうてい刊行にこぎつけ得なかった。各氏に深い感謝を捧げたい。

二〇二〇年九月一八日　新型コロナウィルス禍の東京で

著者識

【外国人】

●は行

●ま行

●か行

●さ行

人名索引

＊原則として、本文に登場する主要人名に限った。
また必要に応じて、人物の情報として、読みの後に本名、筆名などを補った。

【日本人】

●あ行

【著者】
鈴木貞美（すずき さだみ）
1947年山口県生まれ。東京大学文学部仏文科卒業。国際日本文化研究センター及び総合研究大学院大学名誉教授。著書に『「生命」で読む日本近代』（NHKブックス）、『日本人の自然観』『『死者の書』の謎』『歴史と生命——西田幾多郎の苦闘』（以上、作品社）、『日本の文化ナショナリズム』『戦後思想は日本を読みそこねてきた』『日本語の「常識」を問う』『入門 日本近現代文芸史』『日記で読む日本文化史』（以上、平凡社新書）、『日本人の生命観』（中公新書）、『自由の壁』（集英社新書）などがある。

平凡社新書967

満洲国
交錯するナショナリズム

発行日——2021年2月15日 初版第1刷

著者———鈴木貞美
発行者——下中美都
発行所——株式会社平凡社
東京都千代田区神田神保町3-29 〒101-0051
電話 東京（03）3230-6580［編集］
東京（03）3230-6573［営業］
振替 00180-0-29639
印刷・製本—株式会社東京印書館
装幀———菊地信義

ISBN978-4-582-85967-6
NDC 分類番号222.5 新書判（17.2cm） 総ページ340
平凡社ホームページ https://www.heibonsha.co.jp/